Kirpal Singh
Die Lehren Kirpal Singhs
Band 1 + 2
«Der heilige Pfad und die Meditation»

Die Lehren Kirpal Singhs

Band 1 und 2

Der heilige Pfad

und

Die Meditation

Edition Naam

Titel der amerikanischen Originalausgabe:
«*The Teachings of Kirpal Singh*
Volume I: The Holy Path
Volume II: Self-Introspection and Meditation»

© Copyright Edition Naam, Cadolzburg 1995,
2. überarb. Auflage

Alle Rechte vorbehalten. Abdruck nach vorheriger schriftlicher Vereinbarung mit dem Verlag möglich.

Printed in Germany

Umschlag: Heide Birkelbach, Wangen

ISBN 3-930103-27-3

Inhalt

Vorwort 9

Band I
Der Heilige Pfad

1 Des Menschen Lage: Bindung an die Welt 12
2 Dem Gemüt und den Sinnen preisgegeben 16
3 Der Ausweg: Der Meister,
   das größte Geschenk Gottes 24
4 Äußeres und inneres Wissen 39
5 Der heilige Pfad: Surat Shabd Yoga 41
6 Einweihung: Das Erwachen 43
7 Meditation: Alles ist innen 50
8 Satsang: In Seiner Gegenwart sein 51
9 Das Gebet: Dein Gespräch mit Gott 58
10 Pflichten und Verantwortung
   nach der Einweihung 63
11 Selbsteinschätzung: Die neue Richtung 68
12 Gehorsam: «Wenn ihr mich liebt,
   haltet meine Gebote» 71
13 Der Schüler wird geprüft 80
14 Zeit spielt eine große Rolle 80
15 Karma: Das bindende Rad 82
16 Abkehr vom Pfad 91
17 Seine Gnade anrufen 95

Band II
Die Meditation

Teil 1:
Selbstprüfung

	Vorwort	103
	Tagebuchblatt (Abbildung)	104
1	Die Bedeutung des Tagebuches	105
2	Selbstprüfung und Menschwerdung	107
3	Gebundenheit	113
4	Selbstbeherrschung und die Wichtigkeit der inneren Verankerung	115
5	Ändert euer Verhalten	119
6	Die Bedeutung der Zeit	124
7	Die Notwendigkeit des Betens und Bemühens	124
8	Reinigung: Reue, Vergebung und Enthaltung	127
9	Über das Führen des Tagebuchs	130
10	Ahimsa: Nicht-Verletzen	134
11	Wahrhaftigkeit	142
12	Brahmcharya: Keuschheit	144
13	Liebe zu allen: Liebe weckt Liebe	158
14	Ernährung	163
15	Drogen	167
16	Selbstloser Dienst: Körperlich	169
17	Selbstloser Dienst: Finanziell	174
18	Spirituelle Übungen: Meditation	176
19	Konzentration des Geistesstromes	179
20	Der Nutzen der drei Kontrollen und ihre Anwendung	182

Teil 2:
Meditation

	Vorwort	187
1	Die Wichtigkeit der Meditation	189
2	Ändert die Richtung	194
3	Ein Meister ist erforderlich	196
4	Shabd, das Wort	198
5	Vorteile aus der Vereinigung mit Naam	204
6	Hilfreiches	213
7	Regelmäßigkeit	220
8	Bildet neue Gewohnheiten	223
9	Der spirituelle Hintergrund	226
10	Entwicklung braucht Zeit	227
11	Geduld und Ausdauer	229
12	Simran	231
13	Sich über das Körperbewußtsein erheben	233
14	Die strahlende Gestalt des Meisters	235
15	Schwierigkeiten in der Meditation	238
16	Wie man Ungenauigkeiten in der Meditation überwindet	248
17	Gefahren auf dem Weg	251
18	Durststrecken auf dem Weg	254
19	Verzögerungen	256
20	Beschreibung des Gemüts	258
21	Intellekt	260
22	Eigenschaften des Gemüts	261
23	Behinderung durch das Gemüt	264
24	Schließe Freundschaft mit dem Gemüt!	271
25	Das Gemüt zur Ruhe bringen	275
Nachweis der englischen Quellen		283
Glossar		306

Vorwort

Kirpal Singh (1894-1974) verfaßte eine Reihe von Büchern, die sich mit den Grundlagen des geistigen Lebens, der Spiritualität, befassen: *Mysterium des Todes, Rad des Lebens (Karma), NAAM oder das Wort, Gottmensch, Krone des Lebens* u.a.m. Diese Werke kann man zur Standardliteratur oder zum Grundlesestoff für geistig, spirituell und religiös interessierte Menschen zählen.

Die *Lehren Kirpal Singhs*, deren erster und zweiter Band uns hier vorliegen, unterscheiden sich jedoch von den zuvor genannten Werken. Wir erhalten hier eine Gesamtübersicht, ein "Kompendium" des geistigen Lebens in einer Form, wie es sonst kaum zu finden ist. Beide Seiten des Lebens werden behandelt: Die innere Seite mit der Meditation, aber auch unser Leben im Alltag, z.B. die Art und Weise, wie wir mit uns selber und unseren Mitmenschen umgehen sollten.

Ursprünglich verfaßte Kirpal Singh die *Lehren* für jene, die den Weg des *Surat Shabd Yoga*, des *Sant Mat*, gehen, der auch "Meditationsweg des inneren Lichts und Tons" oder "Pfad der Meister" genannt wird. Es ist ein Weg, dessen Wurzeln sich in uralten Zeiten verlieren. Andererseits ist er besonders zeitgemäß: Er umfaßt alles, was ein nach Erkenntnis und echter Liebe suchender Mensch braucht. Er steht jedem offen und läßt sich nahtlos in das tägliche Leben integrieren. So erfüllt er schrittweise die uralte Sehnsucht des Menschen nach dem wirklichen, echten, vollen und "Neuen Leben".

Der Inhalt der *Lehren* geht aber weit über den *Surat Shabd Yoga* oder *Sant Mat* hinaus. Er verweist auf die zeitlosen Bedingungen eines Lebens, das sich auf dieser physischen Ebene und gleichzeitig in den inneren Bereichen bewegt, sein Zuhause aber in den Regionen der Seele und des Göttlichen findet. So ist das Studium dieses Buches für jeden fruchtbar.

Liebe Leserin, lieber Leser, es ist ein besonderer Vorzug unserer Zeit, daß der spirituelle Reichtum in einer solchen Fülle vor Ihnen ausgebreitet wird. Öffnen Sie Kopf und Herz, wenn Sie dieses Werk lesen! Es enthält wie ein Festessen viele Gänge. Manche sind einfach und leicht bekömmlich, andere scheinbar im Moment schwer zu verdauen. Wir wachsen an beidem. Und unsere eigene Sehnsucht wird den weiteren Weg weisen und uns alle innere und äußere Unterstützung zukommen lassen.

Band I

Der Heilige Pfad

Des Menschen Lage:
Bindung an die Welt

Alle wahren Meister sagen, daß Gottverwirklichung eine einfache Angelegenheit sei. Was ist schon dabei, Gott zu erkennen? Reiße einfach die Aufmerksamkeit hier aus und pflanze sie dort ein! Es ist nur eine Sache des Zurückziehens und Sammelns der zerstreuten Energien.[1] Das Ganze hängt von eurer Aufmerksamkeit ab oder dem *Surat*, wie sie genannt wird, die der äußere Ausdruck eurer Seele ist. Womit auch immer ihr euch aufmerksam beschäftigt - die daraus entstehenden Gedanken werden ständig in euch widerhallen. Wir sollen natürlich den besten Gebrauch von äußeren Dingen machen, dürfen uns aber nicht an sie binden. Wenn wir unsere Seele nur an etwas Höheres in uns binden könnten, wären wir auf dem richtigen Weg.

Was ist aber das Ergebnis, wenn eure Seelenkräfte durch die nach außen gehenden Sinne so sehr zerstreut werden, daß sie sich mit den äußeren Dingen identifizieren? Ihr könnt dann eure Aufmerksamkeit nicht davon wegnehmen. Es geht dabei einzig um die Richtung der Aufmerksamkeit. Ihr könnt sie auf äußere Dinge lenken oder nach innen kehren und sie an euer Überselbst binden. Deshalb müßt ihr aufpassen, wohin ihr von den nach außen gehenden Fähigkeiten, dem Sehen, Hören, Riechen, Schmecken und Fühlen, getrieben werdet. Das sind die fünf nach außen gerichteten Kräfte, die durch die fünf physischen Ausgänge wirken. Solange diese Kräfte nicht von außen zurückgezogen werden, werdet ihr nicht fähig sein, euer eigenes Selbst auch nur ein wenig zu erkennen oder mit dem höheren Selbst, mit Gott in euch in Verbindung zu kommen, der sich als Licht und als Tonstrom in eurem Inneren zeigt.[2]

Was ihr auch tut, sei es einen Tag lang, zwei Tage, zehn Tage, einen Monat oder zwei, wird natürlich zur Gewohnheit. Die Gewohnheit verstärkt sich und wird zur Natur. Wenn ihr in die eine Richtung gehen wollt, es euch aber woandershin zieht, werden eure Gedanken in die eine und eure Füße in die andere Richtung gehen. Wißt ihr jetzt, was notwendig ist? Gott ist in euch, wie könnt ihr ihn aber erreichen, wenn ihr euch nicht von außen zurückzieht? Wenn ihr an äußeren Dingen hängt, könnt ihr euch nicht nach innen wenden. Wenn du dieses Gebäude verläßt, bleibst du derselbe. Wenn du diesen Körper verläßt, bist du auch kein anderer. Du bleibst, was du jetzt bist. Nachdem du den Körper verlassen hast, kannst du nichts mehr dazulernen.[3] Wenn ihr hier, während ihr in der Welt lebt, an sie verhaftet seid, wird eure Aufmerksamkeit auch noch nach dem Verlassen des Körpers in der Welt sein. Wohin werdet ihr also gehen? Dahin, wo ihr gebunden seid! Woran sollten wir uns also binden? Die Seele ist eine bewußte Wesenheit und sollte noch während des Lebens an das Überselbst, das die Allbewußtheit ist, gebunden werden. Dann werdet ihr, während ihr in der Welt lebt, nicht an der Welt hängen. Ihr werdet in der Welt sein und ihr doch nicht gehören. Wenn ihr dann den Körper verlaßt, werdet ihr in den Schoß des Herrn gelangen.[4]

Solange wir im Körper bleiben, wird unserem Körper Ehrerbietung entgegengebracht, aber wir sind Gefangene in ihm und bleiben es, bis wir von der alles beherrschenden Kraft aus ihm befreit werden. Wie können wir diese Kraft erfahren? Durch die Sinne kann sie nicht erkannt werden, denn wenn Sinne, *Gemüt* und Verstand nicht ruhig sind, gibt es keine Erfahrung. Gott kann also nicht durch Sinne, Gemüt, Intellekt und nicht einmal durch *Pranas* (die Lebenskräfte) erkannt werden. Allein durch die Seele können wir ihn erfahren, wenn die Seele durch tatsächliches Herauslösen des Selbst dahin gelangt, sich selbst zu erkennen. Trennen wir die Materie vom Bewußtsein, können wir erkennen, was all unsere Sinneskräfte beherrscht. Man kann sagen, daß wir dadurch etwas über unsere Aufmerksamkeit erfahren können, denn ohne die Aufmerksamkeit arbeiten nicht einmal die Sinne. Ihr werdet zum Beispiel bemerkt haben, daß ihr nichts hört, selbst wenn euch jemand ruft, wenn eure Aufmerksamkeit voll auf etwas anderes konzentriert ist.[5]

Wir müssen also alle unsere nach außen gerichteten Fähigkeiten in der Gewalt haben. Wir sollten in der Lage sein, sie zu gebrauchen, wenn wir es möchten, ohne uns dabei nach außen ziehen zu lassen. Dafür sind die Tagebücher gedacht. (Der Autor empfahl seinen Schülern, täglich aufzuschreiben, was sie an Schwächen und Gebotsübertretungen festgestellt hatten, wie lange sie meditierten und mit welchem Ergebnis) Ihr müßt erkennen, wo ihr gebunden seid. Durch die Gnade Gottes wurde euch eine innere Verbindung gegeben. Ihr seht in euch das Licht Gottes und hört den Tonstrom. Wendet ihr dem Tonstrom eure ganze Aufmerksamkeit zu, wird er euch wie ein Magnet nach oben ziehen. Aber selbst wenn einer eine Verbindung mit dem Herrn im Innern erhalten hat, wird er sie verlieren, falls er keine Selbstbeherrschung übt. Nur wenn ihr euch in der Gewalt habt, könnt ihr eure Aufmerksamkeit richten, wohin ihr wollt.[6]

Wir sind also hier, um von allen äußeren Dingen den besten Gebrauch zu machen, nicht aber, um an ihnen zu hängen. Wir sollten sie zu einem Sprungbrett machen, um das höhere Selbst zu erreichen. Wenn ihr aber irgendwelchen Vergnügungen so sehr zugetan seid oder sie euch so wichtig sind, daß ihr euch nicht davon lösen könnt, wie könnt ihr euch dann nach innen kehren und in euch diese Verbindung mit Gott aufrechterhalten, die euch bei der Einweihung (in die Meditation auf das Licht und den Tonstrom im Inneren, welche die Offenbarungen der schöpferischen Gotteskraft sind) gegeben wurde? Diese äußeren Kräfte sollten also von euch beherrscht werden. Wann immer wir möchten, sollten wir von ihnen den besten Gebrauch machen, aber sie sollten uns nicht nach außen ziehen.[7]

Wenn ihr selbst seht, daß ihr der Bewohner des Körperhauses seid und nicht das bewohnte Haus, was ihr bis jetzt beharrlich glaubtet, dann wird euer Blickwinkel vollständig geändert und ihr beginnt, alles von anderer Warte aus zu sehen. Ihr könnt das durch ein Beispiel klarer verstehen; es ist nämlich die Widerspiegelung eures eigenen Seelenstromes, der euch ein Gefühl von Freude oder Vergnügen vermittelt, wenn er an etwas gebunden ist: Ihr sitzt in einem Opernhaus und genießt genau wie alle anderen Zuschauer die Vorstellung. Die Handlung läuft, und jeder ist in das sogenannte Vergnügen vertieft. Plötzlich kommt ein Bote in den Saal und bringt die Nachricht, daß euer Sohn verunglückt und vom Hausdach gefallen und wegen eines schweren Schocks bewußtlos sei. Trotz dieser schrecklichen Nachricht geht die Vorstellung weiter wie bisher, aber eure Aufmerksamkeit ist abgelenkt und ihr seid wegen der großen Bindung an euren lieben Sohn, der verletzt ist, voll Sorge und Gewissensnot. Das Ergebnis ist, daß dieselbe schöne Vorstellung, die eure Aufmerksamkeit so sehr in Anspruch genommen hatte, nun uninteressant ist und keinerlei Vergnügen mehr bereitet.

Das zeigt, daß der Genuß nicht in der Vorstellung lag, sondern lediglich die Widerspiegelung eurer ungeteilten Aufmerksamkeit war, die ihr dieser geschenkt hattet. Genau der gleiche Grundsatz wirkt überall und zu allen Zeiten. Der Meister kennt ihn und sieht ihn so lebendig wirken, wie wir einander sehen. Und er kommt zu unserer Befreiung und rät uns, unsere Aufmerksamkeit mit etwas zu verbinden, das von dauerhaftem Wesen ist und uns ewiger Freude und Glückseligkeit näher bringt. Alles, was wir mit Hilfe unserer physischen Augen sehen, ist in ständigem Fluß und ändert sich dauernd in Form und Farbe.[8] Nicht das, wovon wir es glauben, vermittelt uns Befriedigung; das Vergnügen entsteht vielmehr dadurch, daß unsere Aufmerksamkeit darauf gerichtet ist. Das Glücksempfinden liegt also nicht in der Sache, sondern in uns selbst. Wie könnte auch die reine Bewußtheit (die Seele) irgendwelche Freude aus der Materie erlangen?[9]

Dem Gemüt und den Sinnen preisgegeben

Der Herr ist nicht von uns getrennt und wir nicht von ihm. Da wir uns aber nach außen, dem Sinnesplan zuwandten, haben wir das Wissen um unser wahres Sein verloren. Es ist notwendig, daß wir unsere Aufmerksamkeit von den weltlichen Bestrebungen lösen und «innen anklopfen», wie *Emerson* es nennt. Dies ist der Vorgang des Zurückziehens. Das bedeutet nicht, daß wir unsere Sinne unterdrücken sollen. Aber wir sollten sie in solche Bahnen lenken, daß sie dem Geist auf den physischen wie auch auf den inneren Ebenen helfen. (Die Meister des göttlichen Lichts und Tonstroms nennen fünf «innere Ebenen», die der Schüler auf dem Weg zu seinem wahren Selbst in der Meditation zu durchqueren hat, bis seine Seele, von allen stofflichen und feinstofflichen Hüllen befreit, die fünfte, erste rein geistige Ebene und somit Einssein mit dem Überselbst erreicht. Für die ersten drei dieser Ebenen können wir westliche Begriffe verwenden: 1. Astralebene, 2. Kausalebene und 3. Superkausalebene)[10]

Das Gemüt ist in seinem gegenwärtigen Zustand mit einer riesigen karmischen Last (s. *Karma*) aus den vergangenen Leben beladen. Es steht unter dem Joch der nach außen gerichteten Sinneskräfte und wird dadurch hilflos in den Abgrund sinnlicher Genüsse gelenkt. Das ABC des inneren Fortschritts beginnt mit der Herrschaft über die Wünsche. Es heißt, daß wir, ohne die Gedanken beruhigt zu haben, die Erfahrung der Selbstverwirklichung nicht erlangen können. Der menschliche Körper ist wie ein Wagen, auf dem die Seele gefahren wird. Das Gemüt ist der Fahrer, der Verstand der Zügel und die Sinne sind die mächtigen Rosse, die im Sumpf der Sinnesbefriedigung Amok laufen. Um diesen Tatbestand zu ändern, müssen die Sinne streng geschult, der Verstand beruhigt und das Gemüt beherrscht werden, so daß wir die innere Erfahrung der Seele erlangen können. Durch Zeitalter hindurch war das Gemüt daran gewöhnt, außen umherzustreifen. Wenn ihm innen nicht etwas angeboten wird, das ihm mehr Freude macht, kann es nicht beherrscht werden. Die vier Haupteigenschaften des Gemüts müssen vergöttlicht werden, bevor irgendein wahrnehmbares rechtes Verstehen dieses Themas eintreten kann. Gerade so, wie wir gegenwärtig von den Dingen des äußeren Lebens so sehr beeindruckt sind, daß wir wenig oder nichts über die höheren spirituellen Wahrheiten voll göttlicher Glückseligkeit wissen - was grobe Unwissenheit ist -, gleichermaßen besteht keine Hoffnung, daß unser Gemüt die rechte Wendung nimmt, solange wir vom Leben im Jenseits nicht fest überzeugt sind. Nur in der Gegenwart des lebenden Meisters, der volle Gewalt und Herrschaft über sein Gemüt hat, finden wir die strahlende Widerspiegelung innerer Ruhe und des Gleichgewichtes des Gemüts. Ein Heiliger verkündet treffend:

«Wenn du fest entschlossen bist,
auf den geliebten Herrn zuzuschreiten,
so setze einen Fuß auf das Gemüt,
und der nächste Schritt wird dich befähigen,
den direkten Weg zum Freund zu
erreichen.»[11]

Das Ich ist der Freund des Selbst und es ist auch der Feind des Selbst. Das Gemüt, das die Rolle eines Sklaven für die Sinne spielt und den Sinneserlebnissen nachläuft, entwürdigt sich selbst. Als leichtfertiger Sämann karmischer Saaten muß es in einer endlosen Folge, Leben für Leben, gezwungenermaßen einen überreichen Ertrag ernten und speichern. Die arme Seele, in deren Licht und Leben das Gemüt arbeitet, ist hoffnungslos und hilflos in den Hintergrund verbannt und das Gemüt maßt sich die Befehlsgewalt über die Festung des Körpers an. Welch ein Jammer! Die Prinzessin von königlichem Blut wird durch die Ränke eines Betrügers mitgerissen, der sich seinerseits voll Freude von den Sirenengesängen der Sinne narren läßt und ahnungslos nach ihren Weisen auf der Ebene weltlichen Lebens tanzt. Kein Wunder, daß das Gemüt für die Sicherheit und Unversehrtheit der Seele, die ein Hindernisrennen mit gewaltigen und manchmal unüberwindlichen Hürden läuft, eine Gefahr darstellt. Deshalb müssen wir diesen hartnäckigen Feind unterwerfen, bevor wir den spirituellen Pfad ungehindert beschreiten können. Das Gemüt gewaltsam zu unterwerfen, ist unmöglich. Es muß durch ständige Überredungskunst gewonnen werden und dadurch, daß ihm ein Vorgeschmack auf die echte Glückseligkeit gegeben wird, was wiederum nur ein Meister-Heiliger tun kann.[12]

Das menschliche Gemüt wurde durch die Vorsehung so geformt, daß es nicht gefangen sein möchte. Bevor wir nicht unsere wahre Wohnstatt erreichen, ist es immer ruhelos. Das Gemüt ist als Werkzeug der negativen (bindenden) Kraft jeder Seele beigestellt und wird dieser nicht erlauben, dem wahren Heim des Vaters näherzukommen. Die Meister unterweisen uns, wie wir es für den höheren Zweck des spirituellen Fortschritts gefügig machen können. Es ist eine Tatsache, daß das Gemüt dem Ansturm der Sinne gegenüber hilflos ist, die ihrerseits in die Wirrnis der Befriedigung getrieben werden. Eine sorgfältige Untersuchung wird zeigen, daß die niederen Gattungen der Schöpfung, in denen ein Sinn besonders vorherrscht, dem Tode geweiht sind oder ihr ganzes Leben in Gefangenschaft verbringen. So ist zum Beispiel die Motte wegen ihres Gesichtssinnes überwältigend auf das Licht versessen, das ihr das kostbare Leben nimmt. Eine Motte wird niemals zögern, sich in der flammenden Kerze zu verbrennen. Die Biene ist in Geruch und äußeren Duft vernarrt. Sie eilt hin zu den blühenden Blumen und zieht es eher vor, darin zu sterben, als sie zu verlassen. Der Fisch ist das schnellste Geschöpf und erfreut sich seines Lebens, während er durch das Wasser flitzt. Er hat eine Schwäche für Geschmack oder Zungenreiz. Der Fischer befestigt etwas Eßbares an der Angel und der Fisch wird hilflos am Haken gefangen und dann selbst gegessen. Die Gazelle ist eines der schnellfüßigsten Tiere und kann kaum von einem Pferd überholt werden. Aber sie hat eine Schwäche für das Hören. Die Jäger gehen in den Wald und schlagen die Trommel auf solch bezaubernde Weise, daß das Wild unbewußt und unwiderstehlich angezogen wird, seinen Kopf auf die Trommel legt und auf Lebenszeit seine Freiheit verliert. Der Elefant ist eines der mächtigsten Geschöpfe, aber er hat die Schwäche der Lust, wodurch er leicht gefangen werden kann. Man gräbt im Dschungel tiefe Gruben und bedeckt sie mit Zweigen und Gras. Das Bild eines Elefantenweibchens wird als Lockvogel daraufgestellt. Das lüsterne Tier eilt darauf zu und stürzt in die tiefe Grube, worin man es einige Tage hungern und dürsten läßt. Wenn es herausgeholt wird, ist es so matt und schwach, daß es für das ganze Leben unter den eisernen Stachelstock kommt.

Aus all diesen Beispielen wird sehr klar, daß die Seelen, die in den niederen Formen der Schöpfung gebunden sind, bereits von einem einzigen Sinn überwältigt werden. Welche Chance haben dann die menschlichen Seelen, die unentwegt von all den fünf mächtigen Sinnen - dem Sehen, Riechen, Hören, Schmecken und Fühlen - verlockt werden? Durch reine Gewohnheit wurde das Gemüt verdorben und streift in der Welt umher wie ein wilder Elefant in den Wäldern. Da es sich jeden Augenblick mit äußeren Vergnügungen überfütterte, entwuchs es allen Maßstäben. Geistige Schulung ist ihm lästig und unangenehm, weil sie seine Bewegungsfreiheit einschränkt. Aus diesem Grunde findet das Gemüt keinerlei Gefallen an Disziplin und wendet alle Arten von Tricks an, um ihr auszuweichen. Gelegentlich gibt es sich als ehrbarer Mahner, der sich zugunsten unserer Freunde und Verwandten einsetzt, und spricht salbungsvoll über unsere Pflichten und Aufgaben gegenüber der Welt in den verschiedenen Bereichen des Lebens. Wenn wir nicht sehr wachsam und mit einer raschen Unterscheidungskraft ausgestattet sind, können wir seine Streiche nicht durchschauen und fallen leicht auf sie herein.

Es ist die ausgestreckte, gnadenvolle Hand des Meisters, die uns hilft, den Dschungel der Sinnesverwirrungen zu durchdringen. Ethische Schulung ist, wenn sie unter der schützenden Führung des Meisters gepflegt wird, hilfreich für den spirituellen Fortschritt; Ethik und Spiritualität gehen Hand in Hand. Erstere ist der Acker und letztere die Saat, die unter günstigen Umständen sprießt und blüht.[13]

Die menschliche Gestalt ist, weil die Seele in ihr wirkt, die höchste in der ganzen Schöpfung und wird als die Form angesehen, die Gott am nächsten ist. Sie ist Gott am nächsten, ist ein Teil Gottes, und da sie vom gleichen Wesen ist wie Gott, ist sie ebenfalls eine bewußte Wesenheit; und doch ist sie - trotz alledem - voller Elend. Da sie sich an das Gemüt gebunden hat, ziehen die Leidenschaften und Verhaftungen der Sinne sie von einem Ort zum anderen. Die Freuden der Welt beherrschen die Sinne, die Sinne bestimmen das Gemüt und das Gemüt hat den Verstand in der Gewalt. Dieser Vorgang wird *Kam* (leidenschaftliche Wünsche und andere Gelüste) genannt. *Kam* bedeutet aber auch Arbeit, und wenn wir diesen Wunsch oder Trieb umkehren und uns in die entgegengesetzte Art von Arbeit vertiefen, werden wir den wahren Frieden des Lebens erlangen. Ein wahrer Meister betet immer: «Oh Herr, halte meinen Verstand in Deiner Obhut.»

Gegenwärtig ist die Reihenfolge umgekehrt, denn eigentlich sollte das Pferd den Karren ziehen, statt dessen aber ist der Karren vorne. Die Seele sollte dem Gemüt Kraft geben, wann und wie sie es will. Aber Gemüt, Verstand und Sinne stehlen ihr die Kraft, wobei ihnen die Seele zum hilflosen Sklaven wird. Es ist alles verkehrt. Deshalb raten die Meister: «Erkenne dich selbst!», denn dies ist der einzige Weg, um das Böse an der Wurzel zu packen. Seid ihr jemals in der Lage gewesen, eure Sinne zu beherrschen und sie zu veranlassen, jeweils das zu tun, was ihr wolltet, ihr Wirken dann zu beenden, wann ihr es wolltet? Habt ihr diese Stufe erreicht? Eine Maschinerie wird von einem Elektromotor betrieben, der mit dem Kraftwerk verbunden ist. Diese Maschine umfaßt viele Teile und man kann jedes Teil in

Sekundenschnelle ausschalten. Ähnlich sollten wir unser Sein in der Hand haben und fähig sein, unsere ganze Betriebsamkeit abzuschalten, wann immer wir es möchten.[14]

Gott ist bereits in euch, er braucht nicht erst von außen zu kommen. Es ist unser Ich oder Ego, das im Wege steht. Dieses Ego kommt dazwischen, wenn ihr euch eures Körpers bewußt seid, sei es des physischen, des astralen oder des kausalen. Wenn ihr euch über den physischen Körper erhebt, ist das physische Ich aufgehoben. Wenn ihr euch über den astralen Körper erhebt, verliert ihr das astrale Ich. Erhebt ihr euch über den kausalen Körper, werdet ihr vollkommen erkennen, wer ihr seid. Euer Wille ist dann der Wille des Herrn. Des Herrn Wille ist in euch.[15]

Wenn wir in diese Welt kommen, ist die höchste Erkenntnis, die wir haben können, daß nur in der physischen Gestalt die Wahrheit oder Gott zu verwirklichen ist. Wie können wir Gott erkennen? Durch Sinne, Gemüt, Intellekt oder durch die *Pranas* (die Lebenskräfte) kann er nicht erkannt werden. Wenn Gott verwirklicht werden soll, kann das nur durch die Seele geschehen. Wann kann die Seele diese Erfahrung der Verwirklichung erlangen? Wenn sie sich von Gemüt und Sinnen befreit hat.[16]

Solange wir keine innere Erfahrung von der Seele haben, verbleiben wir in äußerster Dunkelheit. Buchwissen wird zu einer drückenden Last, da es das Gemüt durch die Sinne in die Welt zieht und - durch die ständige Verbindung mit der Welt - uns glauben läßt, wir seien die Sinne. Im Gegensatz dazu stillt die Selbsterkenntnis das der Seele angeborene Sehnen und Verlangen nach Frieden und Glücklichsein. Alles was wir erforschen sollten, ist das Buch des Lebens im Menschen, denn das wichtigste Studium für den Menschen ist der Mensch selber.[17]

Oft sehen wir die leblosen Körperhüllen, die zur Verbrennungsstätte gebracht werden, und haben vielleicht gelegentlich die Flamme mit eigenen Händen entzündet, aber es ist uns nie in den Sinn gekommen, daß auch wir eines Tages sterben werden. Das kann wohl der Tatsache beigemessen werden, daß wir uns - als Widerspiegelung der Wahrheit - für ewig und allselig halten. Gott ist alle Glückseligkeit. Auch wir möchten vollkommenes Glück, und aus diesem Grunde suchen wir ständig danach. Wie lange währt unsere irdische Freude? Solange unsere Aufmerksamkeit, die in sich Glückseligkeit ist, auf die Glücksursache gerichtet ist. Es mag etwas Gutes oder etwas Schlechtes sein, richten wir aber unsere Aufmerksamkeit darauf, so gewinnen wir daraus Freude, denn im Kern sind wir selbst Allglückseligkeit.

Warum sind wir uns dieses angeborenen Wesens nicht voll bewußt? Weil wir vergessen haben, wer wir sind. Der Beginn all dieses Vergessens war die Geburt in die physische Hülle. Dieser Körper ist der Ursprung der Täuschung. Wir sind nicht der Körper - wir sind sein Bewohner. Der Körper ist deshalb anziehend, weil wir (die Seele) ihn beleben. Wir sind von den Sinnen eingeschlossen und mit Hilfe des Verstandes suchen wir nach einer Lösung. Ach, wenn wir doch nur in uns selbst erwachen würden... Die ganze Welt liegt im Schlaf durch Verhaftetsein und Vergessen; alles ist Täuschung. Weil wir die Seele mit dem Körper gleichsetzen, verliert sie sich mehr und mehr in Bindungen und erschafft sich eine neue Welt - eine Wahnwelt, die davon herrührt, daß wir die Dinge in einer anderen als ihrer tatsächlichen Erscheinungsform wahrnehmen. Wir denken, der Körper und seine Umgebung seien ein Teil der Wahrheit - das ist eine Täuschung. Können wir nicht sogar beobachten, daß der Körper und sein Zustand nie beständig sind? Wie kann jemand, der zum Abbild des Körpers wurde und sich äußeren Übungen hingibt, erwarten, sich über den Körper zu erheben? Es gibt nur eine Lösung und die ist, jemanden ausfindig zu machen, der selbst der Täuschung entkommen ist; für uns ist es unmöglich, uns selbst zu befreien.[18]

Der Ausweg: Der Meister, das größte Geschenk Gottes

In seinem *Jap Ji* sagt uns *Guru Nanak*:

> «Es gibt die eine Wirklichkeit,
> den Ungeoffenbarten-Offenbart.
> Ewig-Seiend ist er Naam,
> der alldurchdringende Schöpfer;
> ohne Furcht, ohne Feindschaft,
> der Zeitlose, der Ungeborene,
> der aus sich selbst Bestehende,
> vollkommen in sich selbst.
> Durch die Gnade seines wahren Dieners,
> des Meisters, kann er erkannt werden.»

Der einzig wahre Reichtum und das größte Geschenk Gottes ist der Gottmensch, jener Mensch, der durch Selbsterkenntnis in seiner Göttlichkeit ruht. Er ist in gewissem Sinne in verkörperter Form Gott oder ein Pol, durch den Gott sich selbst seinem Volk offenbart. Gott ist grenzenlos und unendlich und kann durch ein begrenztes Vorstellungsvermögen nicht erfaßt werden. Wir können ihn jedoch im Meister annähernd begreifen, so wie wir die Weite des

Meeres am Ufer mit den Badestellen erahnen können, wo das Meerwasser sacht fließt, so daß die Badenden gefahrlos hineingehen können.[19]

So wie sich Gleichartiges anzieht, so muß auch der Mensch notwendigerweise einen Menschen als Lehrer haben, denn niemand sonst kann ihn lehren. Der Weg zu Gott führt deshalb über den Menschen. Allein ein Gottmensch kann uns vom «Weg hinaus» aus dieser Welt berichten und vom «Weg hinein» ins Reich Gottes, das nun für die Menschheit im allgemeinen ein verlorenes Reich ist. Der Fall des Menschen kam durch den Menschen, und auch die Erneuerung des Menschen muß durch den Menschen kommen. Aber es besteht ein weiter Unterschied zwischen Mensch und Mensch - wenn einer von ihnen «Gott-im-Menschen» ist.[20]

Wenn die Leute den Meister wie einen gewöhnlichen Menschen leben sehen, essen, trinken usw., dann werden sie leichtfertig in Gedanken und vergessen die Ehrerbietung. Ihr solltet immer daran denken, daß das Leben eines Meisters zwei-in-einem ist. Er ist der Menschensohn, nimmt alle als Brüder an, hegt gegen niemanden üble Gedanken, lebt wie ein richtiges menschliches Wesen, teilt Freud und Leid mit anderen. Er leidet auch an der Traurigkeit anderer und vergießt manchmal Tränen des Mitgefühls. Aber als sein göttliches Selbst führt er die Seelen im Innern und nach oben. Jene Unglücklichen, die ihn bloß als Menschen betrachten, verbleiben auf der menschlichen Stufe und versäumen die kostbare Gelegenheit.[21]

Das höchste Gebet, das der Mensch Gott darbringen kann, ist deshalb die Bitte um sein grenzenloses Erbarmen, Er möge uns mit seinem Propheten verbinden, der uns gottwärts führen kann. Der Gottmensch oder Prophet zeigt uns den Weg - die große Hauptstraße, die zu Gott führt. Sie ist nichts anderes als der Tonstrom oder Ur-Ton, den die verschiedenen Weisen unterschiedlich benennen: Das *Wort* oder der Heilige Geist bei den Christen, *Kalma*, *Bang-e-Asmani* oder *Nida-e-Arshi* bei den Mohammedanern, *Udgit*, *Akash Bani*, *Naad* oder *Sruti* bei den Hindus und *Shabd* oder *Naam* bei den Sikhs.[22] Zoroaster nennt es *Sarosha* und die Theosophen «Die Stimme der Stille». Christus spricht davon als «Die Stimme des Gottessohnes.» Gott fließt im Meister über und vereinigt den Menschen mit dem *Wort*, damit er in seine wahre Heimat zurückkehren kann.

Dieser Tonstrom ist das Mittel zur Erlösung. Er ist der Hauptschlüssel, der das Himmelreich öffnet. Er verleiht dem Menschen ewiges Leben und bringt ihn wieder in das Paradies zurück, aus dem er wegen Ungehorsams gegenüber Gott vertrieben wurde. Welch größere Gnade kann ein Mensch von Gott erbitten, als die Rückführung in das Reich, das er verloren hat. Es bedeutet das Ende seiner langen Verbannung durch zahllose Jahrhunderte, wenn der Meister die verlorenen Schafe in seine Herde zurückruft. Er ist der gute Hirte, der das alles aus Mitleid für die irrende Menschheit tut. Solch hohe Seelen haben einen Auftrag vom Allerhöchsten.[23] Nicht länger ist der Mensch Verbannter in der Welt, sondern Erbe des Reiches Gottes - wieder in seiner eingeborenen Göttlichkeit gefestigt.

Das ist die wahre Erfüllung des Bündnisses zwischen Gott und Mensch und die wahre Auferstehung oder Erhebung von den Toten, wie sie der Gottessohn dem Menschen gewährt. Das ist die Erfüllung von Gottes Gesetz und der Zweck der menschlichen Geburt. Hierin liegt die Bedeutung der Meister-Seelen. Sie bewirken die Wiedervereinigung von Mensch und Gott. Die so lange anhaltende Zeit der Trennung geht zu Ende und das verlorene Kind wird wieder zum Vater zurückgebracht. Dies bedeutet die große Rückkehr durch endlose Prüfungen und Drangsale. Die rettende

Gnade Gottes wird durch den Gottmenschen bewegt und der Zweck des Lebens erfüllt. Hinfort sind der Sohn und der Vater nicht nur versöhnt, sondern werden eins.[24]

Es ist wie beim Aufpfropfen, wobei der Ast eines Baumes in einen anderen Baum eingesetzt wird. Was geschieht? Die Frucht des zweiten Baumes nimmt, während sie die eigene Form und Farbe beibehält, den Geschmack und die Würze des anderen an. Genau das geschieht, wenn die Meisterkraft, der Lebensantrieb des Meisters im Schüler wirkt. Während der Schüler (äußerlich) so bleibt wie zuvor, ist er im Innern nicht länger derselbe, weil er mit einem Lösegeld freigekauft wurde. Um mit Gott (*Fana-fil-allah*) eins zu werden, muß man zuerst mit dem Gottmenschen (*Fana-fil-sheikh*) eins sein. Das ist der leichteste Weg, um Gott zu erreichen.[25]

Wir haben bisher Gott noch nicht erfahren und deshalb weder von ihm noch von seinen Kräften eine Vorstellung. Unser Wissen über ihn, wie gering es auch sei, stammt aus zweiter Hand, vom Bücherlesen oder von Menschen, die genauso wenig über Gott wissen wie wir. In solch einem Zustand können wir zu keiner inneren Betrachtung gelangen. Aber vielleicht gibt es einen Menschen, der unmittelbares Gotteswissen hat und im Innern mit dem Unendlichen in Einklang ist. In seiner Gegenwart liegt ein besonderer Zauber. Seine gewichtigen Worte der Weisheit sinken sofort tief ins Gemüt. Seine Äußerungen - getränkt mit seiner Kraft - haben magnetischen Einfluß. Man fühlt eine Art Heiterkeit und innerer Ruhe in seiner heiligen Gegenwart. Er redet über Gott nicht vernunftmäßig, sondern spricht einfach mit Vollmacht über ihn, denn er hat Gott aus erster Hand erfahren und lebt jeden Augenblick seines Lebens bewußt in ihm. Solch einen Menschen kann man einen Propheten, einen Messias oder einen Gottmenschen nennen. Die Evangelien sagen uns, daß Gott durch seine Propheten oder Auserwählten spricht. Das ist eine ganz natürliche Sache. Nur ein Mensch kann Lehrer des Menschen sein, und für die Wissenschaft Gottes brauchen wir einen Gottmenschen, der uns diese lehrt. Der *Sant Satguru* ist der Pol, von dem das Licht Gottes ausstrahlt. Nur durch ihn können wir von dem Pfad, der zu Gott führt, erfahren; und er kann der sichere Führer sein, auf den wir in Wohl und Wehe, hier und danach, bauen können. Aus dem oben Gesagten folgt notwendigerweise, daß der Gottmensch oder *Sant Satguru* die richtige Persönlichkeit ist, an die wir zuallererst herantreten und all unsere Gebete richten sollten. Glaube ist der Schlüssel zum Erfolg in all unseren Bemühungen. So müssen wir festen und vollen Glauben in die Fähigkeit des Meisters haben. Mit Liebe und Demut müssen wir uns ihm nähern, wenn wir in der göttlichen Wissenschaft einen Anfang machen wollen. Wir müssen zu ihm aufrichtig aus der Tiefe unseres Herzens beten. Wir sollten es wirklich als günstiges Geschick betrachten, wenn er uns in seiner Gnade annimmt, um uns Selbsterkenntnis und Gotterkenntnis zu vermitteln, die tatsächlich die Grunderfahrungen sind, aus denen alles weitere Wissen entspringt.[26]

Wir sollten zum *Satguru* gehen und ihn bitten, uns hier herauszuholen. Er hat die Liebe und wir sind Gefangene - er kommt auch in dieses Gefängnis, nur um unseretwillen - er nimmt dieses schmutzige Gewand an, diese menschliche Gestalt, nur um uns zu befreien. «Oh *Satguru*, wenn Du uns nicht hilfst, wer kann es dann?» Wer das Haus verlassen hat und auf dem Dach steht, kann die Hand eines anderen ergreifen und ihn dann hochziehen. Der mächtige *Guru* zieht die Seele heraus. Der vollkommene Meister gibt uns einen Auftrieb, eine Erfahrung vom Erheben über das Körperbewußtsein. Wir brauchen diese Hilfe, wie könnten wir uns andernfalls durch uns selbst nach oben erheben? Wir bekommen eine innere Verbindung und einen Vorgeschmack auf *Maha Ras* - den reinen Nektar, der einen vollkommen aus dem Einflußbereich der äußeren Reize herauszieht. So kann das Gemüt mit *Naam*, dem *Wort*, beherrscht werden. Und um mit *Naam* verbunden zu werden, müssen wir zum *Satguru* gehen.[27]

Woran erkennt man einen vollendeten Meister? *Swami Ji Maharaj (Seth Shiv Dayal Singh*, 25.8.1818 - 15.6.1878) hat diese Frage im *Sar Bachan* (Prosa und Gedichtform seiner Lehre) sehr schön beantwortet, indem er riet: Sobald ihr von einem Heiligen oder Meister hört, geht einfach zu ihm und setzt euch in tiefer Demut und Verehrung zu ihm hin. Schaut einfach in seine Augen und auf seine Stirn, voll inniger Empfänglichkeit wie ein Kind. Ihr werdet fühlen, daß eure Seele nach oben gezogen wird und werdet die göttliche Ausstrahlung seiner Augen und seiner Stirn wahrnehmen. Nebenbei werden, wenn ihr irgendwelche Fragen auf dem Herzen habt, diese ohne euer Zutun durch seinen Vortrag von selbst beantwortet werden. Das wichtigste aller Prüfmerkmale für den vollkommenen Meister ist, daß er innen die bewußte Verbindung mit dem heiligen *Naam* geben kann, dessen unterste Glieder man in Form des göttlichen Lichts und des heiligen Tonstromes bei der Einweihung bekommen muß. Weiter sollte er fähig sein, seinen Schülern in der Astral-Ebene Führung zu gewähren und die Seele beim Verlassen des Körpers zu beschützen.[28] Wenn ihr in voller Aufrichtigkeit und Demut zu einem gottverwirklichten Menschen geht, fragt ihn, soviel ihr nur mögt, und wenn ihr dann befriedigt seid, dann nehmt diesen Pfad auf und arbeitet dafür. Ihr solltet auch daran denken, daß kein wahrer Meister jemandem seinen Willen aufdrängen wird, sondern er wird dessen besseres Verstehen entwickeln, bis die Sache für ihn anziehend wird.[29]

Der Mensch zögert und fürchtet sich davor, sich einem Meister-Heiligen zu nähern, weil sein Leben fehlerhaft ist, bei dem einen mehr, bei dem anderen weniger. Fürchtet euch niemals, zu einem Meister-Heiligen zu gehen, weil ihr Sünder seid. Er ist mehr für die Sünder da als für andere. Er hat ein Heilmittel für jede Wunde. Wendet euch an ihn und durch ihn wird ein Weg gefunden, euch von den Sünden zu befreien. Ist jemand weit entfernt, kann er an ihn schreiben. Er hat Mittel und Wege, jedem Fall gerecht zu werden. Er ist zu allem befähigt.[30]

Die Gottmenschen kommen nicht in die Welt, um neue Gesetze zu schaffen oder die bestehenden aufzuheben, sondern nur, um das allumfassende göttliche Gesetz - unveränderlich wie es ist - aufrechtzuerhalten. Ihre Botschaft ist eine der Hoffnung, Erfüllung und Erlösung für jene, die auf der Suche nach dem Göttlichen im Menschen sind. Somit bilden sie eine große festigende Kraft, die alle Glaubensbekenntnisse und -lehren übersteigt, und zeigen einen gangbaren Weg heraus aus den theoretischen Meinungsstreitigkeiten der sogenannten religiösen Hochburgen. Sie steigen hoch in den feinstofflichen Bereich des Geistes auf, und einer Feldlerche gleich errichten sie eine bleibende Verbindung zwischen dem weltlichen Leben auf der Erde und dem makellosen geistigen Zufluchtsort. Gottmenschen sind im Einklang mit allen Religionslehren, und doch bindet sie keine, denn sie zeigen der Menschheit, was das Wesentliche und Erhabene im Kern einer jeden ist.[31] Sie kommen nicht, um eine neue Religionsgemeinschaft zu gründen und sie predigen aus keiner bestimmten Schrift; sie kommen von ihrer göttlichen Wohnstatt mit einem eigenen besonderen Gesetz, und deshalb gelingt es den weltlichen Menschen oft nicht, sie zu verstehen. Was die strengen Prüfungen und Proben betrifft, um festzustellen, ob ein Suchender bereit ist, so ist es erfreulich zu erfahren, daß diese während des *Kali Yuga* (Eisernes Zeitalter) abgeschafft worden sind; aber wann immer es erforderlich ist, werden dem Anwärter prüfende Fragen gestellt.[32]

Der Meister spricht immer mit einer Bestimmtheit, die aus Überzeugung geboren ist. Er weiß und kennt alles aus erster Hand, denn sein Wissen entspringt seinem unmittelbaren Einssein mit dem allumfassenden Urgrund, der Seinsquelle.[33] Jedes Wort, das ein Heiliger äußert, ist von der unveränderlichen Wahrheit geprägt, die weit jenseits menschlicher Erkenntnis liegt.

«Sie sind das Sprachrohr Gottes,
und was sie auch äußern,
kommt von oben zu ihnen,
obwohl es scheinen mag,
daß es aus sterblichen Kehlen kommt.»

Jeder, der sich aufrichtig nach dem Herrn sehnt, wird ihn ganz bestimmt erlangen. Viele werden sagen: «Ich möchte Gott», aber sie sollten ihren Wunsch einmal genau untersuchen und herausfinden, warum sie nach Gott verlangen. Es wird sich zeigen, daß sie in Wahrheit die Gesundheit ihrer Kinder ersehnen, Reichtum, Namen und Ansehen, die Beseitigung ihres Unglücks oder Frieden im Jenseits und viele andere Dinge. Jeder sucht nach besonderen Gunstbezeigungen; niemand möchte wirklich Gott und nur Gott allein. Alle schreien nach weltlicher Befriedigung, und Gott gewährt weiterhin ihre Wünsche. Der Vater *Kirpal* (der Barmherzige) hat folgendes angeordnet: «Was sich ein Kind auch wünscht, soll ihm gegeben werden.» Und wer wahrlich den Herrn und einzig den Herrn möchte, der wird ganz bestimmt seinen Herzenswunsch erfüllt bekommen. Solch ausschließliche, auf ein Ziel gerichtete Hingabe ist die ideale Voraussetzung, um den Herrn zu verwirklichen.

«Ich möchte weder Swarg (den Himmel)
noch Vankunt (den höheren Himmel);
ich möchte nur zu den Lotus-Füßen
meines Gurus ruhen.»

Wie kann man Gott erreichen, wenn man sich die Früchte dieser Welt oder der nächsten wünscht? Durchforscht euer Herz und findet heraus, ob ihr wirklich den Herrn möchtet. Wahres Verlangen besteht wohl, es ist jedoch sehr selten.[35]

Das Wichtigste für den Menschen ist, sich auf die Stufe Gottes zu erheben. Im Gottmenschen ist Gott vollkommen offenbart. Wenn wir *Guru*-Menschen werden, erheben wir uns auf die Stufe Gottes, und wir beginnen, die Kraft und den Geist Gottes in ihm zu sehen. Von Gott können wir uns weder ein Bild machen noch über ihn nachsinnen, da er formlos ist. Im Meister nimmt Gott eine Gestalt an. Hingabe an den *Guru* ist somit Hingabe an Gott in ihm. Der Guru ist in Wirklichkeit nicht der Körper, sondern die Gotteskraft, die in und durch diesen Körper wirkt. Er ist der menschliche Pol, durch den die göttliche Kraft arbeitet und das Werk der geistigen Wiedergeburt ausführt. Diese Kraft wird nie geboren noch stirbt sie. Sie bleibt ewig dieselbe.[36]

Ihr könnt ihn mit jedem beliebigen Namen bezeichnen - *Guru, Sadhu, Mahatma*, Meister oder sonstwie. Als man *Hazoor* (*Sawan Singh*, 1858 - 1948, *Kirpal Singh*s Meister) fragte, wie man ihn nennen solle, sagte er: «Nennt mich Bruder oder seht mich als Lehrer oder wie euren Vater, aber lebt gemäß meinem Rat; und wenn ihr die höheren Ebenen erreicht und die Herrlichkeit des Meisters seht, dann mögt ihr euer Herz sprechen lassen.»[37]

Unsere Mitmenschen zu lieben, sie zu verehren und ihnen dankbar zu sein, heißt Gott zu lieben und zu verehren. So ist auch Liebe zum sichtbaren Meister, der unser engstes Bindeglied zu Gott ist, in Wahrheit Liebe zum höchsten Vater. Diese Liebe hat Spiritualität zum Ziel und ist nicht Anbetung eines Menschen. Die Umgebung, in der solch ein wahrer Meister sich bewegt, ist mit Strömen des Friedens und der Liebe aufgeladen, die alle anziehen, die mit ihm in Berührung kommen. Sogar Briefe, die von ihm oder in seinem Auftrag geschrieben werden, tragen einen Strom der Berauschung in sich, der die innersten Tiefen des Herzens beeinflußt. Der *Guru* geht Gott voraus.[38] So wandelt also Gott verkleidet als gewöhnlicher Mensch. Als Mensch kann ihn äußerlich niemand erkennen, außer jenem, der mit dem Meister-Heiligen innen in Verbindung kommt. Das ist gemäß der göttlichen Wissenschaft, d.h. es entspricht den Gesetzen, die Gott zum Gebrauch für die Menschen festgelegt hat. Wenn wir äußerlich einen Meister-Heiligen als gewöhnlichen Menschen betrachten, können wir keinen Nutzen von ihm haben. Wenn wir ihn als Übermenschen anerkennen, ist der Nutzen schon größer. Wenn wir ihn als Alles-in-Allem annehmen, wird es ein wahrhaft großer Segen für uns sein. Sobald wir mit dem Meister im Inneren in Verbindung kommen, erreichen wir einfach alles.[39]

Der Meister kann über einen Menschen, der ihm begegnet, alles wissen. Er verhält sich jedoch so, daß die Menschen durch sein Verhalten nicht in Verlegenheit gebracht werden, und versucht, ihnen auf ihrer Ebene zu begegnen. Er sieht uns so, wie wir sehen können, was in einem Einmachglas enthalten ist - Essiggurken oder Marmelade - , aber aus lauter Güte versucht er es zu verbergen, da dies sonst eine Übertretung der ethischen Gebote wäre. Ein Eingeweihter des vollendeten lebenden Meisters trägt die strahlende Gestalt des Meisters am Augenbrennpunkt, und der lebende Meister kann diese sehen.[40]

Er ist sein eigener Herr und kann seine göttlichen Segnungen jedem nach seiner Wahl verleihen. Aber der Beginn sollte nicht als der Endpunkt betrachtet werden. Von dem Schüler oder der Schülerin wird verlangt, sich einem lebenslangen Ringen und unentwegter Bemühung zu unterziehen, denn es muß für die Entwicklung der inneren spirituellen Erleuchtung gesorgt werden. Tatsache ist, daß der Schüler in dem Augenblick, da ihm die unverletzliche Gabe der heiligen Einweihung gewährt wird, ein vollgültiges «Visum» zum Betreten der inneren Reiche bis hinauf zur wahren Heimat des Vaters erhält. Aber es gibt nur sehr wenige, die hart dafür arbeiten und ihr Leben so führen, wie es der Meister einschärft, und die innen fortschreiten können. Bitte lest in diesem Zusammenhang im *Jap Ji*, Strophe 33, wo dies ausführlich erklärt wird:[41]

> «Du hast nicht die Kraft zu sprechen
> oder still zu sein,
> keine Kraft zu verlangen oder zu geben,
> du hast keine Macht über Leben und Tod,
> keine Macht über Reichtum oder Ansehen,
> und deshalb bist du immer ruhelos.
> Du hast keine Macht über spirituelles
> Erwachen,
> keine Macht, die Wahrheit zu erkennen
> oder deine eigene Erlösung zu erlangen.
> Wer die Kraft zu haben glaubt,
> möge es versuchen.
> Oh Nanak! Niemand ist hoch oder niedrig,
> es sei denn, durch seinen Willen.»[42]
>
> Jap Ji 33

Ohne einen Gottmenschen kann das Geheimnis der Seele niemals gelöst werden. Es bleibt ein versiegeltes Buch. Der Aufstieg der Seele in die höchsten Regionen ist unmöglich, wenn man in diese Ebenen nicht eingeführt wird. Gewiß, man kann durch *Simran* (Wiederholung heiliger Namen) den Geist vom Körper bis zum Augenbrennpunkt zurückziehen oder manchmal etwas Licht sehen, aber es ist niemand da, der einen übernimmt oder nach oben führt. Viele Menschen wurden Zeitalter um Zeitalter in diesen Grundstufen festgehalten und keine Hilfe kam, um sie hochzuziehen. Manche nannten diese Stufe das ein und alles, aber noch immer leiden sie in den Randgebieten der groben und im Bollwerk der feineren Materie. Genau da ist die Hilfe von jemand Kompetentem notwendig, um die Ergebenen aus dem eisernen Griff der feinsten Materie zu befreien. Dieser Jemand sollte ein Mensch sein, der durch die verschiedenen Stufen der inneren Entwicklung gegangen und zur Ebene des reinen Geistes, *Sat Naam* (fünfte innere Ebene), gelangt ist - weit jenseits des Zugriffes der Materie.[43]

Wenn ein *Guru* einen Schüler auf diesem Pfad einweiht, wird er ihn nicht verlassen, bis er ihn in den Schoß des *Sat Purush* - Gott in seiner wahren Form - gebracht hat. Danach wird ihn der *Sat Purush* selbst nach *Alakh*, *Agam* und *Anami*, den Bereichen des unwahrnehmbaren, unfaßbaren und namenlosen Gottes, bringen (sechste, siebte und achte innere Ebene). Die Pflicht eines *Guru* stellt sehr hohe Ansprüche an ihn. In Wahrheit ist ein Meister Gott selbst. Der jeweilige Pol, in dem sich Gott selbst offenbart, ist als *Sadhu*, *Sant*, *Mahatma* oder Meister bekannt. Er sagt nie: «Ich bin der Handelnde», sondern beruft sich immer auf den Willen Gottes.[44] Es ist Gottes Gesetz, daß niemand ihn erreichen kann - es sei denn durch eine Meisterseele. Das wurde von nahezu allen Heiligen, die bisher kamen, verkündet.[45]

Positive und negative Kraft sind die zwei Seiten des Absoluten, die von ihm ihre Kraft beziehen. Die Aufgaben dieser Kräfte sind entgegengesetzt - die eine dient dem inneren Zurückziehen jenseits der Sinne, wohingegen die andere nach außen führt. Ein Meister der höchsten Ordnung weiht die Seelen in die Geheimnisse des Jenseits ein, damit sie zur wahren Heimat des Vaters zurückgelangen können. Sein Werk ist rein spirituell und basiert auf der ethischen Lebensweise. Die negative Kraft ist die Kraft, welche die physische Ebene beherrscht und - gemäß dem Gesetz des *Karma* - Ausgleich für jeden Heller verlangt. Den Schülern wird für ihren eigenen spirituellen Erfolg geraten, die heiligen Gebote zu befolgen, um die karmische Last so gering wie möglich zu halten, und sich innen auf das heilige *Naam* abzustimmen, um - in seinem Willen und in seinem Wohlgefallen ruhend - der Last zu entkommen. Jedes Vergnügen hat seinen Preis - das ist das Gesetz dieser Kraft. Die Gottsuchenden sollten ihr Leben auf strenge spirituelle Disziplin einrichten und diese so erhabene Lebensweise beibehalten.[46]

Ihr seid vom ersten Tag, an dem er die Einweihung gewährt, in der Obhut eines wahren Meisters. Er wird zum Lebensodem des Schülers. *Baba Sawan Singh* sagte immer, daß von dem Tag, an dem der Meister die Segnungen von *Naam* gibt, der *Guru* neben der Seele zum Bewohner des Körpers wird. Von diesem ersten Augenblick an beginnt er, das Kind mit Liebe und unter seinem Schutz zu formen, bis er es schließlich in den Schoß der Überseele bringt. Bis dahin verläßt er es nicht eine Minute.[47] Nur aus dem ihm eingeborenen Mitleid heraus belebt er uns mit seinem eigenen Lebensatem der ihm innewohnenden Göttlichkeit.[48]

Es ist wahr, daß der Meister das *Karma* abwickelt, aber nicht einfach nur so; er richtet es so ein, daß es die Menschwerdung der Schüler fördert. Er nimmt die Kinder in seine Obhut, aber bevor er sie heimbringt, wird er sie zu etwas

Wertvollem machen. Es ist seine Pflicht, sie zunächst zu reinigen - niemand packt schmutzige Kleider zur Aufbewahrung weg. Wenn die Menschen initiiert sind, freuen sie sich und sagen: «Wir haben einen Meister, wir sind erlöst.» Wenn ihr dem *Satguru* begegnet, werdet ihr Erlösung erlangen, wenn ihr seine Worte befolgt.[49] Der *Guru* kann Freude oder Leid geben, denn er muß aus einem rohen Stein eine schöne Form machen und deshalb alles *Karma* abwickeln. Aber ein wahrer Schüler wird niemals klagen, gleich welche Bedrängnis der Meister zuläßt.[50]

Die Bande oder die Beziehung zwischen Meister und Schüler sind die stärksten in der Welt. Nicht einmal der Tod kann sie trennen, denn sie sind durch den heiligen und allmächtigen Willen Gottes verknüpft. Der Meister bleibt beim Schüler, wo dieser auch sein mag. Tod und Entfernung sind in der Beziehung zwischen Meister und Schüler unwesentlich. Er ist immer an seiner Seite, hier und im Jenseits.[51] Wer sich dem Willen des Meisters hingibt, unterstellt sich ihm ganz. Der Meister seinerseits beeilt sich, die Göttlichkeit im Schüler zu erwecken. Er spricht von Angesicht zu Angesicht mit seinem Ergebenen und gibt ihm in Notzeiten Rat. Er formt den Schüler zum Ebenbild Gottes und macht ihn zu einem lebenden Tempel göttlicher Bewußtheit.[52] Wessen Gedanken mit vollem Glauben bei ihm verweilen, dem wird er vollkommenen Frieden geben. Es besteht Hoffnung für jeden. Die Meisterkraft kommt in die Welt, um die Sünder zu erlösen und sie auf den Weg zurück zu Gott zu stellen. Es liegt an euch, ihr ergeben zu bleiben und ihre Gebote zu halten. Das übrige muß sie tun.[53]

Der Meister verleiht die Lebenskraft - ein unvergleichliches Geschenk. Es gibt viele Arten von Geschenken, doch das Geschenk von *Naam* steht über allen anderen. Hat der Meister es einmal gegeben, dann entwickelt er es in euch, denn er möchte, daß ihr dieselbe Stufe erreicht wie er. Er möchte, daß ihr die gleiche Glückseligkeit genießt, deren er sich erfreut.[54]

So müßt ihr wissen, daß ihr dem Herrn begegnet seid, wenn ihr einen wahren *Guru* getroffen habt. Er ist nicht nur ein Lehrer, sondern ein Botschafter, der gekommen ist, euch zu Gott zurückzuführen. Geht dorthin, wo er euch hinführt! Wenn ihr ihm gehorcht, werdet ihr werden, was er ist. Kommt euer Gemüt hinzu und greift ein, werdet ihr nicht in der Lage sein, auch nur in seine Nähe zu kommen. Wer einem vollkommenen Meister begegnet, ist wahrlich gesegnet.[55] Ein wahrer Meister möchte nichts von seinen Kindern; er ist nur dankbar, daß wieder eine Seele frei wurde und zu ihrer Heimat zurückkehrt. Er liebt die Seele wahrhaftig.[56]

Kein vollendeter Meister hat jemals seine Schüler im Stich gelassen. Werdet euch völlig darüber klar, daß dieser Eine euch nicht verlassen wird. Denkt einmal gründlich über diese außergewöhnliche Gunst nach; eine göttliche Fügung wurde euch gewährt. Der Meister ist nicht der Körper. Er ist die Kraft, die durch den Körper wirkt, und er gebraucht seinen Körper, um den Menschen zu lehren und zu führen.[57]

So behaupten die Meister mit Überzeugung, daß hier nicht der Ort für den ständigen Aufenthalt eurer Seele sei, sondern nur ein Rasthaus für eine begrenzte Zeit, die euch zu dem höheren Zweck eurer spirituellen Vervollkommnung zugewiesen wurde. Wenn ihr die Dinge von diesem hohen Gesichtspunkt aus betrachtet, wird euch klar werden, daß unser Leben bis jetzt so unnütz war wie nur irgendetwas. Für jeden von uns ist das eine Sache von tiefer Bedeutung und wir müssen unsere Lage sorgfältig abschätzen, bevor es zu spät ist und wir gezwungen sind, ein verlorenes Spiel zu spielen.[58]

Ohne die Anweisungen des Gottmenschen kann man sich mit dem *Wort* nicht vereinen. Erlangt man aber die Vereinigung, führt dies die Seele zum Herrn, von dem das *Wort* ausgeht, und all unsere Anstrengungen werden reichlich belohnt. Wenn ihr aufgrund eines unermeßlich guten Schicksals solch einen heiligen Menschen findet, dann haltet mit ganzem Gemüt und ganzer Seele an ihm fest, denn durch ihn könnt ihr das Ziel eures Lebens erreichen - die Selbsterkenntnis und Gottverwirklichung. Schaut nicht auf seine Religionszugehörigkeit oder auf seine Hautfarbe. Erlernt von ihm die Wissenschaft des *Wortes* und verschreibt euer Herz und eure Seele der Ausübung des *Wortes*. Der Meister ist eins mit dem *Wort*. Das *Wort* ist in ihm, es verkörpert sich im Menschen, um die Menschen zu lehren. Wahrlich, das *Wort* wird Fleisch und wohnt unter uns.[59]

Äußeres und inneres Wissen

Die äußeren Lehren sind hilfreich, doch sollte man sie nicht einfach blindlings übernehmen. Forscht nach den Gründen, warum gewisse Riten durchgeführt werden - warum Lichter entzündet und Glocken geläutet werden usw. Wenn ihr eure Nachforschungen fortsetzt, bis ihr wirklich Erklärungen findet, dann habt ihr eure Zeit gut verbracht. Blindlings frommes Brauchtum auszuführen, kann zu etwas Gemütsruhe führen, bietet aber nichts von Wert.

Wenn wir nicht mehr und mehr erwachen, wird alles, was wir tun, wenig einbringen. Lernt zu unterscheiden! Macht euch das Erbe der Wahrheit zu eigen, aber gebraucht das Unwahre auf sinnvolle Weise. Geht zu jemandem, der voll erwacht ist, der die volle Unterscheidungskraft hat. Ihr könnt ihn nennen, wie ihr wollt. Obwohl wir alle Menschen sind, ist nur der *Gottmensch* ein Erwachter - ein wahrer Mensch. Er ist mit der Wahrheit selbst eins. Wir alle sind bewußte Wesen und wir sind in der glücklichen Lage, die menschliche Gestalt erhalten zu haben; dies ist die große Gelegenheit, den Herrn zu erkennen.

Äußeres Wissen beinhaltet die äußeren Übungen: Wiederholung von Namen, Mäßigung, Gebete, hingebungsvolle Rituale und Bräuche, Pilgerreisen, Almosen und milde Gaben, Schriftenstudium, Loblieder usw. - sie alle stehen mit dem Gemüt und den Sinnen in Zusammenhang. Für diese guten Handlungen werden wir zwar belohnt werden, aber üben wir sie aus, so bleiben wir die Handelnden und solange wir uns als solche betrachten, werden wir uns weiter im endlosen Rad der Geburten und Tode drehen. Ist das Ego dabei, sind sowohl gute als auch schlechte Handlungen bindend; wie *Lord Krishna* sagte, gleichen sie goldenen und eisernen Fesseln.[60]

Das innere Wissen hat zum Ziel, die Seele mit der Wahrheit zu verbinden. Ego und Verhaftetsein werden durch das Feuer von *Naam*, dem *Wort*, aufgezehrt; der Schüler des Meisters erlangt das immerwährende Licht. Dieses *Wort* kann man nur vom *Guru* erhalten. Es gibt den *wortlosen Gott*, aber als er sich selbst offenbarte, wurde diese Offenbarung *Shabd* oder *Wort* genannt. Durch *Shabd* entstand die Schöpfung, und durch *Shabd* geschieht die Auflösung. Schöpfung, Auflösung und wieder Schöpfung - alles kommt durch die Kraft von *Shabd*. Und wo ist *Shabd*? «*Shabd* ist die Erde, *Shabd* ist der Himmel; durch *Shabd* kam das Licht; die Schöpfung kam aus *Shabd*; oh Nanak, *Shabd* ist in jedem Wesen.» *Shabd* wird auch *Naam* genannt. Und darüber heißt es: «*Naam* ist der Nektar des Lebens, es ist der Name Gottes und wohnt in diesem Körper.» Wann kann man *Naam* sehen? Wenn die Sinne beherrscht, das Gemüt still und der Intellekt ruhig sind - dann erkennt die Seele in kristallener Klarheit. Das ist die erste Stufe, um den Herrn zu erkennen. Die Selbsterkenntnis geht der Gotterkenntnis voraus. Wenn man sich über die Sinne erhebt und erkennt, wer man ist, dann begreift man, warum es heißt: «Selbsterkenntnis ist Gotterkenntnis.»[61]

Der heilige Pfad: Surat Shabd Yoga

Die Hinweise auf Licht und Ton sind nach den Meistern des *Surat Shabd Yoga* nicht bildlich, sondern wörtlich gemeint, und sie beziehen sich nicht auf äußere Beleuchtung oder die Töne dieser Welt, sondern auf die inneren, jenseitigen Welten. Die Meister lehren, daß dieser überirdische Ton und dieses Licht die allerersten Offenbarungen Gottes waren, als er sich als Schöpfung ins Sein brachte. In seinem namenlosen Zustand ist er weder Licht noch Dunkelheit, weder Ton noch Stille, doch wenn er Gestalt und Form annimmt, entstehen Licht und Ton als seine ersten Attribute.[62]

Wenn wir sagen, der *Surat Shabd Yoga* - die Vereinigung der Seele mit *Naam* - sei leicht, so benützen wir die Worte nur vergleichend. Im Vergleich zu anderen Yoga-Formen ist er eben leichter, wie etwa zu *Karma-Yoga*, *Jnana-Yoga*, *Bhakti-Yoga*, *Raja-Yoga*, *Hatha-Yoga* und dem traditionellen *Ashtang-Yoga*. Sie alle verlangen unerbittliche und strenge äußere Disziplin und ein gewöhnlicher, arbeitender Mensch in der heutigen Alltagswelt hat weder Geduld, Zeit, Kraft noch Muße, sich dem mit voller Aufmerksamkeit zu widmen. Den *Surat Shabd Yoga* dagegen kann jeder ausüben, Mann oder Frau, jung oder alt, jeder mit gleicher Leichtigkeit und Mühelosigkeit. Wegen seiner Natürlichkeit und Einfachheit wird er oft *Sehaj-Yoga*, der "Einfache Weg" genannt.[63]

Die Methode des *Surat Shabd Yoga*, wie ihn *Guru Nanak* beschrieben hat, ist die natürlichste. Auch ein Kind kann sie mit Leichtigkeit ausüben. Sie ist von Gott selbst so vorgesehen und nicht durch menschliche Bemühungen. Sie erlaubt deshalb kein Hinzufügen, Abändern oder Einschränken.[64] Ihr glaubt, der heilige Pfad sei ein äußerst schwieriges Unternehmen. Das mag sein, aber durch die Führung und Gnade des Meisters wird er leichter gemacht. Der Segen, den man von diesem Pfad erhält, ist unermeßlich groß. Was ist es dann schon, wenn ein bißchen körperliches Opfer erbracht werden muß, um das große spirituelle Ziel zu erreichen.[65] In den alten Tagen mußte ein Mensch viele Jahre zu Füßen eines *Gurus* verbringen, bevor ihm etwas gegeben wurde. Wer kann das heutzutage noch tun? Nun muß zuerst der Meister etwas geben, und dann lernt der Schüler, sein Leben zu reinigen. Ihr könnt selbst feststellen, daß der Meister umso mehr Gnade verleiht, um jede Seele zu retten, je mehr das *Kali Yuga* (negatives Zeitalter) an Einfluß gewinnt.[66]

Der Pfad ist schmal und eng und schwierig, sehr schwierig und anspruchsvoll, aber einem, der wirklich willens ist, wird jede Hilfe zugesichert. Er kann das Ziel in diesem Leben erreichen - ein Ziel, das alle anderen Ziele in den Schatten stellt, denn außer diesem einen gibt es überhaupt keine Ziele, sondern nur leere Spielerei oder ähnliches, im besten Fall Zwischenstationen.[67]

Einweihung: Das Erwachen

Das menschgewordene Wort, die Meisterkraft, gibt die Einweihung und es tut nichts zur Sache, wo sich der Meister zur Zeit der Einweihung befindet. Es spielt keine Rolle, ob der Meister selbst da ist oder weit weg in fernen Ländern - die Meisterkraft wirkt immer. Wenn er weit weg ist, teilt der Beauftragte die Initiationsanweisung mit - im allgemeinen in den Morgenstunden. Zum Zeitpunkt der Einweihung nimmt der Meister seinen Platz im Dritten Auge des Initiierten ein und trägt hinfort für ihn Sorge. Die angenommenen Sucher, die während der Initiation offen und empfänglich sind, erhalten eine wahrnehmbare innere spirituelle Erfahrung aus erster Hand. (Es besteht ein Unterschied zwischen einer psychischen und einer spirituellen Erfahrung.) Das spirituelle Auge wird geöffnet (das Dritte Auge), um das Licht Gottes zu sehen, und das innere Ohr wird geöffnet, um die Stimme Gottes zu hören - jenen schöpferischen Ton des Jenseits, der eine besänftigende und heilende Wirkung hat. Gelegentlich glaubt ein Sucher aus diesem oder jenem Grund, daß er keine Anfangserfahrung hatte. Das kann Folge seiner Aufregung sein und der Unfähigkeit, diese feinere Art von Erfahrung wahrzunehmen, die ihm in Übereinstimmung mit seinem geistigen Hintergrund gewährt wird. Zu gegebener Zeit erhält er jedoch eine größere Erfahrung, die jedes Gefühl der Unsicherheit, sollte es noch bestehen, beseitigt. Vom Augenblick der Einweihung an führt und schützt die Meisterkraft, sogar nach dem Ende der Welt und darüber hinaus.[68]

Die Einführung in die esoterischen Lehren besteht aus der Erläuterung des *Simran*, d.h. der Wiederholung der Worte, die mit der Meisterkraft aufgeladen sind (nur im Geiste, mit der Zunge der Gedanken), der Konzentration oder Meditation (Festigung des Bewußtseins oder des Blickes) am Mittelpunkt zwischen beiden Augenbrauen und aus der Verbindung des Geistes mit dem Rettungsanker im Innern, welcher der beständige Tonstrom ist, der überall erklingt, der wahre Lebensodem des Universums, dessen lebende Verkörperung der Meister selbst ist. Sobald der Ergebene imstande ist, den physischen Körper zu überschreiten, erscheint die strahlende Gestalt des Meisters in der feinstofflichen Ebene. Sie wird dem Geist zur führenden Kraft auf der Reise in die höheren Bereiche und bringt ihn zurück zur wahren Heimat des Vaters. Hinfort verläßt der innere Meister die Seele nie mehr, sondern hilft und lenkt ständig, sichtbar und unsichtbar, direkt und indirekt, in diesem Leben und im Leben danach, wie es gerade erforderlich ist.[69]

Durch die Einweihung und die spirituelle Übung wird man sich nach und nach seiner Fehler bewußt. Man versucht sie auszumerzen, und je mehr man sich reinigt, umso mehr wächst man ins göttliche Leben hinein. Sowie die Hüllen abzufallen beginnen, werden die wahren Werte des Lebens mehr und mehr sichtbar. Der Geist wird allmählich von den Fesseln der Welt frei und fähig, den physischen Körper zu übersteigen und Flüge in die höheren Ebenen zu unternehmen. Danach «wandelt er nicht nach dem Fleisch, sondern nach dem Geist.» Obwohl er in der Welt lebt, ist er doch nicht länger von der Welt. Er erfreut sich jetzt der Glückseligkeit höherer spiritueller Bereiche und nicht mehr an den Vergnügungen der Sinne und der Sinnesgegenstände. Das Geschenk von *Naam*, dem *Wort*, kommt nur von einer Meisterseele, die durch Übertragen ihres eigenen Lebensimpulses den Initiierten für die geistige Reise befähigt.

Das Ausmaß des Fortschritts und die dafür erforderliche Zeitspanne hängen jedoch von der Veranlagung des einzelnen ab, dem Grund, auf dem er steht, und von den Vorbereitungen, die er vielleicht in vergangenen Leben getroffen hat. Da jeder einen anderen Werdegang besitzt, hat jeder seinen eigenen Ausgangspunkt. Die Saat wird gesät, aber Entfaltung, Wachstum und Entwicklung hängen von der Natur des Bodens ab, in den sie fiel.[70]

Wie bereits gesagt, benötigt jeder einzelne seine Zeit zum Erblühen und zum Heranbilden der Frucht. Die schlummernden göttlichen Fähigkeiten beginnen sich zu regen, und der Schüler spürt in sich eine Art von Fülle, eine Sättigung, ein Gesegnetsein. Das ist ein unvergängliches und unzerstörbares Geschenk. Es kann weder geraubt werden noch mit der Zeit vergehen. Ist die Saat der Spiritualität einmal in die Tiefen der Seele gesät, muß sie Blüten und Früchte tragen, sobald die Zeit reif ist. Keine Macht der Welt kann ihrem Wachstum im Wege stehen oder es in irgendeiner Weise unterdrücken.

Wer einmal von einem vollendeten Meister eingeweiht wurde, dessen Befreiung aus der Gebundenheit des Gemüts und der Materie ist ein für allemal gesichert; es ist nur eine Frage der Zeit. Die Saat der Spiritualität, die in ihn gesät wurde, muß sprießen und Frucht tragen. Wenn das innere Leben einmal erweckt und spirituelle Erfahrung erlangt wurde, muß es sich entfalten. Die Meisterkraft kann nicht zufrieden ruhen, bis das angenommene Kind großgezogen und ins Haus des Vaters heimgebracht worden ist.[71]

Der Mensch hat sich so sehr in das Gemüt und die nach außen gehenden Kräfte verstrickt, daß seine Befreiung daraus nur mit Kampf und Ausdauer zuwegegebracht werden kann. Seine mißliche Lage ist in gewisser Weise der eines Vogels ähnlich, der schon viele Jahre in einem Käfig gefangengehalten wird. Selbst wenn man die Käfigtüre öffnet, ist der Vogel nicht willens hinauszufliegen. Statt dessen wird er von einer Seite des Käfigs auf die andere fliegen, sich mit seinen Krallen an das Drahtgitter klammern, aber nicht danach verlangen, frei zu sein und durch die offene Tür des Käfigs hinauszufliegen.

In ähnlicher Weise wurde die Seele so an den Körper und die nach außen gehenden Kräfte gefesselt, daß sie sich an die äußeren Dinge klammert und nicht von ihnen lassen möchte. Sie hat kein Verlangen danach, durch das Tor zu fliegen, das der Meister bei der heiligen Initiation geöffnet hat und an dessen Schwelle die strahlende Gestalt des Meisters geduldig wartet, um das Schülerkind in Empfang zu nehmen. Wahre Schülerschaft beginnt nicht eher, bevor man sich nicht über das Körperbewußtsein erhoben hat.

Von da an beginnt der Schüler nicht nur Trost zu empfinden, sondern er erfährt auch allmählich die Freude und Glückseligkeit, die ihn im Jenseits erwarten. Sein Begleiter wird die bezaubernde, strahlende Gestalt des Meisters sein, der immer gegenwärtig ist, um die Führung zu geben, die zur Umgehung der Fallgruben auf dem Weg so notwendig ist. Bis dieser Punkt erreicht ist, befindet sich der Schüler gleichsam auf Probe; aber solch eine Bewährungszeit kann nicht wieder abgebrochen werden. Während dieser Probezeit fühlt sich die Seele manchmal unbehaglich. Sie wurde nämlich durch die Sinne so sehr beschmutzt, daß sie ihre ursprüngliche Herzensreinheit verloren hat und nicht bereit ist, aus dem Gefängnis des Körpers herausgehoben zu werden.

Obwohl das Tor geöffnet wurde, ist die Seele so sehr an die Dinge der äußeren Welt gebunden, daß sie dennoch nicht frei sein möchte. Erst wenn sie ihre ursprüngliche Reinheit von Herz und Gemüt wiederzuerlangen beginnt, kann sie schließlich das Verlangen haben, von den körperlichen Wünschen und den äußeren Bindungen frei zu sein. Der Meister versucht in seiner Liebe, das Schülerkind vor allen möglichen Unannehmlichkeiten zu bewahren und erklärt uns deshalb, welche Untugenden zu vermeiden und welche Tugenden zu entwickeln sind, um diese Reinheit wieder zu erlangen.[72] Unglücklicherweise dringen die Worte des Meisters sehr oft nicht tief ein und der Schüler tut wenig oder nichts, um seine Lebensweise anzupassen. Deshalb muß die Meisterkraft härtere Maßnahmen ergreifen, um dem Schüler die Wichtigkeit der Wahrheiten, die in Worten erklärt wurden, klarzumachen. Von daher kommt das Unbehagen, das von den Lieben in ihrem Alltagsleben empfunden wird. Brächte man den Geboten des Meisters unbedingten Gehorsam entgegen, würden alle Schwierigkeiten und Beschwerden verschwinden. Wenn ein Kind sich so schmutzig gemacht hat, daß die Mutter als einzige Möglichkeit, es zu reinigen, nur noch eine Scheuerbürste verwenden kann, ist dann anzunehmen, daß sich das Kind während des Schrubbens wohlfühlen wird? Erst wenn das Bürsten vorbei ist und das Kind sauber und rein strahlt, wird es sich wohlfühlen.

Gottverwirklichte Seelen sind immer in der Welt. Aber schon in der Vergangenheit waren es nur wenige, und auch jetzt sind sie sehr selten. Wer gehört nun zu den Bevorzugten, die ihnen begegnen dürfen? Wer ein aufrichtiges Herz hat. Wessen Herz frei ist von Hinterlist, hat nicht nur das Vorrecht, dem Meister auf des Herrn eigene Vorkehrungen hin zu begegnen, sondern mit einem reinen Herzen kann er auch den vollen Nutzen aus dieser Begegnung ziehen. Die beste Haltung ist, aufrichtig in Demut und in mehr und noch mehr Demut zu dienen. «Dann wird der *Guru* von selbst kommen.» Gott selbst macht die Seele hungrig - und dann füttert er sie. Es ist wirklich nicht nötig, sich um irgend etwas Sorgen zu machen: seid einfach aufrichtig und wahr zu eurem Selbst. Gott sandte euch an den richtigen Platz, und er ist der Gebende. Das ist eine sehr fein durchdachte, anspruchsvolle Sache: was kann ich darüber noch sagen? Selbst wenn ein Mensch nur äußerlich an ihn als *Guru* denkt, wird eine gewaltige Änderung eintreten...[73]

Alle Gaben der Natur sind frei. Auch Spiritualität ist eine Gabe Gottes, nicht der Menschen. Warum sollte man sie verkaufen? Sie ist keine käufliche Ware. Erkenntnis muß frei gewährt werden. Müssen wir etwa für die Sonne bezahlen, die auf uns alle scheint? Warum sollten wir dann für Gotterkenntnis zahlen? Sie ist Gottes Gabe und muß frei und freizügig verteilt werden. Also wird kein wahrer Meister irgend etwas dafür nehmen. Er gewährt sie frei.[74]

Frage: Bitte erkläre die Bedeutung der Einweihung.

Meister: Die Einweihung durch einen vollkommenen lebenden Meister sichert uns für unbekannte Ebenen das schützende Geleit dessen zu, der diese Bereiche selbst oft bereist. Er kennt die herrschenden Gottheiten oder Mächte dieser Ebenen, führt den Geist Schritt für Schritt, berät ihn bei jeder Kurve und Windung des Pfades, warnt uns vor lauernden Gefahren an jeder Stelle und erklärt alles genau, was man wissen möchte. Er ist ein Lehrer auf allen Daseinsstufen: ein *Guru* auf der irdischen Ebene, ein *Guru Dev* (eine strahlende Astralgestalt) in den Astralwelten und ein *Satguru* in den rein geistigen Bereichen. Wenn jemand in diesem Leben auf dieser oder jener Stufe versagt, ist des Meisters langer und starker Arm immer da, um uns zu helfen, sowohl hier als auch beim Verlassen der irdischen Ebene. Er geleitet den Geist ins Jenseits und ist an seiner Seite, sogar vor dem Richterstuhl Gottes.[75] Der Segen des Meisters ist so groß, daß ein Schülerkind, wie unfolgsam es auch sein mag, nie mehr wieder unter die Herrschaft von *Yam Raj* (Todesengel) kommt. Welch ein Zugeständnis! Wenn die Seele Erkenntnis erlangt, werden die Aufzeichnungen von *Dharam Raj* (ein anderer Name für den Herrn des Todes) verbrannt. Die Berichte über die Vergangenheit des einzelnen werden von der negativen Kraft in die Hände der positiven Kraft - d.h. des *Guru* - übergeben.[76]

Frage: Wenn man den inneren *Guru* fühlt, daß er es ist, der führt oder lenkt, ist das die Einweihung - die innere Einweihung? Sollte man dann nach der Einweihung (außen) trachten? Oder sollte man den *Satguru* suchen?

Meister: Die Einweihung durch einen lebenden Meister auf Erden ist erforderlich. Selbst jene, die von anderen geführt werden, sind in verschiedenen Fällen um des weiteren Fortschritts willen zurückgesandt worden. Christus und andere Heilige wurden, als man sie innen traf, gefragt: «Was sollen wir weiter tun?» Und sie verwiesen auf den Meister auf Erden. Fragt, ob sie euch weiter lenken können, und ich denke, sie werden euch auf diesen Weg führen. Das geschah schon in so vielen Fällen; schließlich gibt es dort so etwas wie eine «Regierung». Es besteht keine Gesetzlosigkeit, wißt ihr.[77]

All jene, die von einem lebenden Meister in die Geheimnisse des Jenseits eingeweiht werden, waren bereits dazu bestimmt, seine Schüler zu werden. Es hängt nicht davon ab, ob man nun den Pfad wählt oder der Pfad den Schüler wählt, sondern es ist eher eine Frage des Hintergrundes des einzelnen.[78]

In der Vergangenheit war die Sache sehr ungewiß, denn die Meister waren erst bereit, eine Erfahrung zu geben, wenn man nach langjähriger Bemühung völlig vorbereitet war. Heute kann man sofort sehen, was Spiritualität ist. Welch großartiger Segen![79]

Meditation: Alles ist innen

Gott findet man nicht in Büchern, weil in ihnen nur Erklärungen über ihn stehen. Er ist auch nicht in steinernen Tempeln zu finden, die von Menschenhand gebaut wurden. In diesen kommen wir nur zusammen, um zu Gott zu beten oder ihm für all das zu danken, was er uns gegeben hat. Er wohnt in euch. Der Körper ist der wahre Tempel Gottes. Wenn ihr das verstanden habt, wo sucht ihr ihn dann wohl? Zuerst in euch selbst.[80] Zieht euch von außen zurück, vom Gemüt und den nach außen gehenden Kräften, und steigt hinauf zum Sitz der Seele hinter den Augen. Seid ihr erst fähig, euch über das Körperbewußtsein zu erheben, dann tretet ihr in ein Bewußtsein höherer Ordnung ein, welches außerhalb der Reichweite aller Philosophie und Psychologie liegt. Ihr seid dann nämlich auf dem Weg zum ursächlichen Urgrund, der Mutter aller Ursachen. Wenn ihr ihn kennt, wird euch auch alles andere von selbst bekannt, wie aus einem offenen Buch. Das ist dann das Alpha und Omega der Religion der Seele, die dort beginnt, wo alle religiösen Philosophien und Meinungsverschiedenheiten enden. Hier fällt alles Denken, Planen, Vorstellen und Phantasieren, das ihr in euren Tagebüchern erwähnt, wie Herbstlaub ab.[81] Der einzige Zweck dieses Lebens ist, still zu werden - sich von der äußeren Umgebung zurückzuziehen und sich zu konzentrieren. Ihr habt eine große Kraft in euch, ihr seid Kinder eines Löwen.[82]

Satsang: In Seiner Gegenwart sein

Es ist eine besondere Gnade, in Gottes Namen zusammenzukommen, um seine Barmherzigkeit anzurufen und die heiligen Lehren in sich aufzunehmen.[83] Satsang ist der Kern der heiligen Lehren, und immer schärfe ich den Lieben hier und im Ausland ein, ihn nicht zu versäumen. Denn während dieser kostbaren Momente ist man der Quelle der Glückseligkeit und Unsterblichkeit nahe, kann man die wahre Bedeutung der Lehren verstehen und sich die seltenen Tugenden der Frömmigkeit zu eigen machen, wenn man in der kraftgeladenen Atmosphäre sitzt, die von des Meisters liebevollem Lebensimpuls erfüllt ist. Satsang ist die heilige Arena, in der standhafte Fackelträger der Spiritualität herangebildet werden. Er ist der See jenes Nektars, der glückselige Gottesberauschung gewährt, und alle Unterschiede von Rang, Glaubensbekenntnis oder Staatsangehörigkeit verlieren ihre Bedeutung.[84] So ist euer Bestreben, wenn ihr zum Satsang kommt, die Liebe Gottes in euch einströmen zu lassen, liebevoll an ihn zu denken und euch mit ihm zu vereinen. Mit allen vergangenen und zukünftigen, allen unwesentlichen Angelegenheiten könnt ihr euch zu Hause befassen. Kommt, aber kommt mit den allerbesten Absichten. Bringt die Erinnerung an den Herrn mit euch und nehmt sie mit euch, wenn ihr wieder geht. Hört nicht auf die Gespräche anderer und sprecht mit keinem, es sei denn über die Wahrheit. Dadurch wird euch der Satsang allen Segen bringen - andernfalls werden die Jahre ohne rechten Fortschritt verstreichen.[85] Selbst wenn ihr vielleicht nicht einmal versteht, was gesagt wird - es wird euch dennoch nützen, wenn ihr voll aufmerksam seid. Sind eure Gedanken irgendwo anders, werdet nicht nur ihr um etwas kommen, sondern auch andere werden von der unreinen Ausstrahlung, die ihr schafft, beeinträchtigt werden; denn Gedanken sind lebendig und besitzen große Macht. Betrachtet den Satsang als eine Stätte der Reinheit; sprecht oder denkt über nichts anderes als nur über Gott, und alle, die kommen, werden von der erhebenden Ausstrahlung gesegnet. Wir gehen nicht zum Satsang, um unsere Freunde zu treffen oder um der Geselligkeit willen.[86]

Der Satsang ist sozusagen ein Heiligtum. Was bedeutet «Heiligtum»? - eine Stätte der Heiligkeit. Und er sollte auch ein Ort der Heiligkeit bleiben, nicht einer des Frohsinns und der Lustbarkeit. Besteht darauf, daß jene, die von außen kommen, in aller Hingabe und in der rechten Haltung kommen. Macht den Satsang nicht zu einem Ort von Geselligkeit und Unterhaltung. Liebe - Liebe ist stark, wißt ihr. Wenn ihr eintretet, dann tretet im Gehorsam dem Meister gegenüber ein. Was wird dann geschehen? Die Atmosphäre wird kraftgeladen. Immer wenn ihr eintretet, solltet ihr ein ruhiges Gemüt haben, sonst wird sich die Atmosphäre nicht aufladen. Dieser Ort sollte, wie ich euch schon sagte, eine Stätte sein, an der meditiert und nicht geschlafen werden sollte. Auch keine Geselligkeit oder Unterhaltung, denkt daran - kommt in Ehrfurcht und Reinheit. Wenn ihr das beachtet, wird der Ort in ein oder zwei Monaten kraftgeladen sein.[87]

Der leichteste, kürzeste und einfachste Weg, um größeren Erfolg zu erlangen, ist, euch vollkommen in die heilige Gegenwart eines *Sant Satguru* zu verlieren. Das ist die tatsächliche Bedeutung des Satsangs. *Swami Ji* sagt: «Oh Seele, vertiefe dich vollkommen in den Satsang - wenigstens heute.»

Was ist nun «vollständiges oder vollkommenes Versunkensein»? Es bedeutet, daß ihr in der Gemeinschaft eines Heiligen nicht nur den Ort, an dem ihr sitzt, vergessen solltet, sondern auch die ganze Umgebung, in der ihr euch befindet, überhaupt nicht mehr wahrnehmen und euer innerstes Sein ausschalten solltet - bis auf die heilige Gegenwart des Meisters. Dieses «Leermachen» des Selbst wird «Versunkenheit» genannt. Je mehr sich jemand seiner Weltlichkeit und Kleinlichkeit entledigt, um so mehr wird er mit der göttlichen Gnade aus der göttlichen Gegenwart vor ihm angefüllt werden. Das ist das Geheimnis eines erfolgreichen Satsangs. Leider muß ich sagen, daß es sehr selten ist, einen Satsang oder die Gemeinschaft mit einem wahrhaft vollkommenen Meister zu erhalten, denn solche hochentwickelten Seelen - Seelen, die mit dem Herrn eins sind - sind in der Tat sehr selten. Sie sind nicht so leicht zu finden und zu erkennen, und wenn wir durch sehr großes Glück einem Gottmenschen begegnen, wissen wir nicht einmal, wie wir die Gemeinschaft mit ihm oder den Satsang richtig nützen können. Um das Beste aus solch einer Gelegenheit zu machen und das Höchstmaß an Nutzen daraus zu ziehen, sollte man versuchen, sobald wie möglich zur Stätte des Satsangs zu kommen und in andächtiger Stimmung still zu sitzen, das Gemüt in der erhabenen Gegenwart des Meisters von allen weltlichen Gedanken zu leeren und im Innern seine Worte der Weisheit aufzunehmen. Wenn wir in der Nähe eines Feuers die Wärme verspüren und ein Eisberg uns vor Kälte erzittern läßt, gibt es keinen Grund, warum wir nicht von der göttlichen Aura eines Meister-Heiligen, dessen Ausstrahlung eine unvorstellbare Reichweite hat, beeinflußt werden sollten.[88]

Im Satsang könnt ihr mit Kraft aufgeladen werden, aber ihr müßt mit ihr verbunden sein; es reicht nicht aus, bloß dort zu sitzen. Außerdem sollte eure Aufmerksamkeit nur auf den Meister ausgerichtet sein; auch wenn ihr Tausende von Kilometern von ihm entfernt seid, könnt ihr euch dennoch des Satsangs erfreuen. Natürlich ist der Segen größer, wenn ihr in seiner körperlichen Nähe voll aufmerksam seid, denn dann werdet ihr direkt mit der Kraft aufgeladen; aber ganz gleich, wo ihr euch befindet, ihr werdet Hilfe bekommen, wenn ihr empfänglich seid. Einige Leute fragen, was die tatsächliche Auswirkung des Satsangs sei? Nun, wenn ihr ein wildes Pferd an einen Pfahl bindet, so wird es natürlich fortlaufen, aber nur so weit das Seil reicht, dann wird es mit einem Ruck zum Stehen gebracht. Es wird mehrere Male auszureißen versuchen, aber immer vom Strick zurückgehalten werden. Der Satsang hat eine ähnliche Wirkung auf das Gemüt und nach einigen Versuchen wird die Neigung zum Fortlaufen geringer, bis es schließlich lernt, sich zu beruhigen. Der Satsang reinigt den Besucher, wenn dieser empfänglich ist, auch von den schlechten Gerüchen, die von den Gewohnheiten Lust, Ärger, Gier usw. herrühren. Er wird zu einem anderen Menschen gemacht.[89] Im Satsang ergießt sich die Gnade in euch, darum nehmt so viel wie möglich auf. Merzt all eure Unvollkommenheiten aus, eine nach der anderen. Zu diesem Zweck sage ich euch, daß ihr das Tagebuch führen sollt. Ist der Boden gejätet, ist er für die Saat bereit und dann kann das wahre Wachstum beginnen. Wenn Kieselsteine und Felsbrocken nicht entfernt werden, mag die Saat zwar sprießen, wird aber keine Frucht tragen.[90]

Wenn ihr zu einer verwirklichten Seele geht, um rechtes Verstehen zu erhalten, dann geht in aller Demut und laßt *eure* Ansichten beiseite. Was ihr wißt, das wißt ihr. Während ihr bei ihm seid, versucht zu verstehen, was er sagt. Denkt über die Stufe nach, von der aus er spricht, und dann vergleicht mit eurem eigenen Wissen. Gewöhnlich zögern viele, zu ihm zu gehen, weil sie auf ihr eigenes Wissen stolz sind. Ein Mensch, der eine hohe weltliche Stellung innehat, wird nicht hingehen, denn er ist berauscht von seiner eigenen Macht; und ein reicher Mensch wird nicht hingehen, weil er sich in den Stolz über seinen Reichtum verloren hat. Denkt daran: ein gottverwirklichter Mensch kann weder mit Geld gekauft noch durch Macht beeindruckt noch mit Gewalt gezwungen werden. Wenn ihr zu ihm geht, dann legt eure eigenen Vorstellungen beiseite - schließlich kann sie euch niemand stehlen! Wir machen den Fehler, daß wir das, was er uns zu sagen versucht, an dem messen, was wir bereits wissen: «Wir haben schon davon gehört», «Dieser oder jener sagte das» usw. Brüder, er wird all das sagen und noch mehr, denn er muß zum besseren Verständnis auf unserer Ebene sprechen und wird viele Wahrheiten zitieren, die andere bereits gesagt haben, damit der Suchende leichter seinen Weg findet. Aber die Tatsache bleibt: Wenn der Sucher etwas erhalten möchte, muß er seinen Verstand für eine Weile stillhalten und in aller Demut zuhören.[91]

Ich bin glücklich, daß ihr den Wert der Satsang-Treffen mehr schätzt. Sie sind immer anregend, hilfreich und wohltuend, da dort des Meisters Liebe und Gnade im Überfluß ausgestrahlt werden. Alle Anwesenden erhalten neue Lebensimpulse von der oben wirkenden Meisterkraft. In Gruppentreffen nimmt die ganze Versammlung die überfließende Gnade des Meisters auf, und gelegentlich erfährt die Zuhörerschaft die strahlende Gegenwart des Meisters. Solche Treffen sind von tiefer Bedeutung, da sie die Besucher anregen, und sollten deshalb in aller Liebe und Demut ausgeführt werden.[92]

Satsang ist der Name, den wir der Gemeinschaft mit einer erwachten Seele geben. Ein *Satguru* bewirkt Satsang.[93] Wohin würdet ihr gehen, um Gott zu erkennen? In einen Satsang, wo der Lehrer, *Sant* oder Meister selbst die Wahrheit verwirklicht hat und befähigt ist, diese Weisheit den Anwesenden mitzuteilen. Der Satsang ist tatsächlich das Heilmittel für das Leid und den Schmerz, die beide davon herrühren, daß wir die Wahrheit nicht erkennen und

Antwort auf die Frage suchen: Gibt es einen Gott und wie kann man ihn erkennen?[94] *Hazoor Sawan Singh Ji* (1858 - 1948, Meister von *Sant Kirpal Singh*) sagte immer, daß Satsangs als schützende Hecke um das Feld von *Simran* und *Bhajan* (Seh- und Hör-Meditation) äußerst nützlich sind und dem Zweck dienen, daß sich die lebensnotwendigen und lebensspendenden Vorgänge weiter entwickeln und gedeihen, trotz des sonst geschäftigen Lebens in Familie, Gesellschaft, Freizeit und Beruf.[95] Das erste, was die negative Kraft tut, wenn sie die Herrschaft über eine Seele halten möchte, ist, daß sie diese an *Bhajan* und *Simran* hindert. Der Schüler stellt fest, daß es da immer etwas gibt, das ihn von seiner Meditation weglockt. Das ist die erste Maßnahme, und zum zweiten läßt sie die Frage ins Gemüt einschleichen: «Warum soll ich zum *Guru* oder zum Satsang gehen? Was habe ich davon?» Gerade der Satsang ist der Ort, an dem wir einen Wendepunkt erreichen und falsches Handeln sowie falsche Lebensweise erkennen können. Deshalb wird die negative Kraft versuchen, uns zu überreden, nicht dorthin zu gehen. Habt ihr die Kraft, das nicht zu beachten, dann wird sie euch nahelegen, einfach hinzugehen, zu grüßen und dann wieder zu gehen. Sie wird alle möglichen Zweifel ins Gemüt streuen, und anstatt den größtmöglichen Nutzen vom Satsang zu haben, kehrt der Schüler mit Unzufriedenheit heim oder leidet unter den schlechten Auswirkungen des Geschwätzes und der üblen Reden anderer unsicherer Satsangbesucher. Dies sind zwei sehr mächtige Waffen, welche die negative Kraft ständig einsetzt.[96]

Die Gewohnheit, den Satsang immer zu besuchen, können wir entwickeln, wenn wir regelmäßig gehen, um den Meister und seine Gespräche voll göttlicher Erkenntnis zu erleben. Es wird oft festgestellt, daß Schüler mit geringem spirituellen Hintergrund gut vorankommen, indem sie von der Ausstrahlung der mit Meisterkraft erfüllten Atmosphäre Nutzen ziehen.[97] Oh Brüder, haltet Verbindung mit dem Satsang und all eure Fehler werden zurechtgerückt! Selbst äußeres Leben wird ein Erfolg sein.[98] Wenn ihr im Satsang sitzt, ist sogar der physische Körper gesegnet.[99] Der Satsang dient als schützende Hecke um die heilige Saat der Spiritualität als ein Ort, an dem man sich göttlicher Ausstrahlung erfreut und Klarheit der Sicht erlangt. Den Satsang zu versäumen, um statt dessen der Meditation Zeit zu widmen, ist nicht ratsam.[100]

Frage: Würdest Du darüber sprechen, was mit kleinen Kindern bei Satsangs und Meditationstreffen geschehen soll?

Meister: Ich denke, dafür könnt ihr jemanden einteilen, der mit zwei oder drei kleinen Kindern draußen sitzen kann. Er sollte seine Zeit für das Wohl der anderen opfern, oder die Mütter sollten sie in Ruhe halten - eins von beiden.[101]

Der Satsang kommt vom Meister, und jeder Eingeweihte ist auch ein Teil des Satsangs und kann zur allgemeinen Atmosphäre im Satsang beitragen, indem er durch ein den Meisterlehren entsprechendes Leben ein Beispiel gibt. Christus sagte: «Laßt meine Worte in euch wohnen, so wie ihr in mir wohnt.» Die Worte des Meisters sind der Meister, und der Meister kann nicht von seinen Worten getrennt werden.[102] Die Wichtigkeit, Satsangs oder spirituelle Versammlungen zu besuchen, kann nicht genug betont werden.[103] Der Satsangbesuch gleicht einer schützenden Hecke um eure Meditation; er läßt auch den Ansporn zum Meditieren stärker werden. Besucht den Satsang, selbst wenn eure Zeit begrenzt ist. Streicht, wenn notwendig, eine andere Verabredung, um hingehen zu können, denn die Vorteile des Satsangs sind unschätzbar... Besucht den Satsang und habt den Vorteil einer beschützenden Hecke um eure Meditation. Einmal fragte ich *Hazoor Maharaj*: «Wie lauten Deine Anordnungen bezüglich des Satsangs?» Er sagte mir: «Wenn du sehr krank im Bett liegst, aber dich bewegen kannst, dann besuche den Satsang.» Beachtet, daß er nicht etwa sagte: «Wenn du die Kraft hast zu gehen, dann besuche den Satsang.» Schon aus diesem einen Beispiel könnt ihr ersehen, wie wichtig er ist.[103]

Laßt Hunderte von wichtigen Arbeiten liegen, um die Satsangs zu besuchen![104]

Das Gebet: Dein Gespräch mit Gott

Das Gebet ist der Hauptschlüssel, der das Himmelreich öffnet. Gebet kann beschrieben werden als qualvoller Schrei der Seele in Not oder Hilflosigkeit um Erleichterung und Trost gerichtet an eine Macht, die vollkommener und größer ist als die Seele. Das Gebet ist - im gebräuchlichen und allgemein anerkannten Sinn - eine Anrufung Gottes oder des Gottmenschen (eines lebenden Meisters), der fähig ist, einem von den Schwierigkeiten des Lebens und der Lebensumstände gepeinigten Gemüt Trost und Frieden zu geben.[105]

Die uns angeborene Fähigkeit zu lieben kann nicht zur Auswirkung kommen, wenn wir den Geliebten nicht sehen. Solange wir Gott oder die Herrlichkeit Gottes nicht sehen, können wir nicht glauben, daß es Gott gibt, und ohne Glauben sind alle Gebete umsonst. Der *Guru* oder Gottmensch jedoch ist die Wohnstatt und der strahlende Mittelpunkt göttlichen Lichts. So können wir mit gleicher Wirksamkeit zum Meister beten, der eins ist mit Gott. Da der

Meister mit dem Kraftwerk hinter sich verbunden ist, kann er unsere Sehnsüchte und Wünsche erfüllen.[106]

Wir müssen uns im Gebet an Gott oder einen Gottmenschen wenden, und nachdem wir imstande sind, uns mit ihm zu vereinen, sollten wir uns auf ihn allein verlassen und auf keine andere Macht. Denn nur er ist imstande, uns aus dem mächtigen Strudel und den wirbelnden Tiefen des Gemüts und der Materie herauszuziehen und den verwundeten Herzen, die von leidenschaftlichen Wünschen und Versuchungen zerrissen sind, heilenden Balsam aufzulegen. Er ist die Stärke des Schwachen, der Notanker in den Stürmen des Lebens und eine sichere Zuflucht für den Heimatlosen. Sein gnadenvoller Blick tröstet die gebrochenen Herzen.[107]

Alle Religionslehren stimmen auch in dem Punkt überein, daß ein Gebet am Sitz der Seele (Drittes Auge) alle die im Innern schlummernden göttlichen Kräfte hervorströmen läßt und man dadurch spirituelle Glückseligkeit erreichen kann. Es ist ein Verbindungsglied zwischen dem Schöpfer und seiner Schöpfung, zwischen Gott und Mensch. Es ist ein stützender Stab in den Händen eines Gottsuchers, und eine Pilgerseele kommt vom Anfang bis zum Ende der Reise ohne Gebet nicht aus, denn es bewahrt auch vor mancher Fallgrube auf dem Weg und wandelt das Gemüt vollständig um, bis es zu strahlen und das Licht der Seele widerzuspiegeln beginnt.[108] Üblicherweise beten wir, wenn wir in Not und Bedrängnis sind, aber wenn wir daraus entkommen, beginnen wir zu denken, daß wir die Befreiung durch unsere eigenen Anstrengungen errungen haben und fühlen weiter keine Notwendigkeit für ein Gebet. Wir müssen uns vor solchen schwerwiegenden Irrtümern hüten. Das Gebet ist in Wirklichkeit bei jedem Schritt vonnöten. Wenn wir in Schwierigkeiten sind, müssen wir beten, um daraus zu entkommen. In Bedrängnis, wenn alles andere fehlschlägt, gibt der Gedanke an den Allmächtigen Vater dem Gemüt Trost. Wenn Erfolg in Sicht ist, dann betet, daß ihr nicht stolz und aufgeblasen werdet, bittet um Gottes Gnade und Großmut, denn ohne diese können wir niemals erfolgreich sein. Nach der Erfüllung unserer Wünsche oder Befreiung aus Schwierigkeiten müssen wir dem Allmächtigen für seine Gunst danken. Wenn Gott der liebende Vater ist und wir schließlich ohne ihn nichts tun können, dann muß das Gebet ein Teil unseres Wesens werden.[109]

Wie viele Menschen in der Welt beten wirklich zu Gott um seiner selbst willen? Die *Sikhs* haben folgendes Gebet:

«Beim Gurumukh zu sein,
mit einem Sadhu zusammen zu sein,
von Naam berauscht zu sein;
das ist die wahre Hinwendung,
durch die Dein Name ständig
im Herzen klingt.»

Sie beten auch:

«Nanaks Diener möchte nur diese Freude:
Gib mir die Gemeinschaft
mit einem Sant.»

Inmitten der sich ständig verändernden Erscheinungen der Welt gibt es nur eine unveränderliche Beständigkeit, und das ist Gott und seine Schöpferkraft (der Heilige Geist, *Kalma*, *Naam* oder das *Wort*), die für die Schaffung, Erhaltung und Auflösung zahlloser Universen verantwortlich ist. Warum sollten wir uns dann nicht nach dieser unvergänglichen Lebenskraft sehnen, darum bitten und beten, so daß auch wir «ewiges Leben» erlangen und zu unserem unbegrenzten Erbe kommen, der ewig bestehenden Gottheit, die unser Geburtsrecht ist? Unsere ursprüngliche Heimat ist *Sach Khand*. Zeitalter um Zeitalter sind vergangen, seit wir vom Vater schieden, und noch immer leben wir in Verbannung in dieser Welt. Da wir seit Myriaden von Zeitaltern von ihm getrennt sind, sollten wir nun nach einer Wiedervereinigung mit dem Geliebten verlangen.[110] Schließlich und endlich öffnet das Gebet unsere Augen für die Wirklichkeit und befähigt uns, die Dinge so zu sehen, wie sie sind. Es gibt dem Leben neue Werte und bringt den Menschen allmählich in eine neue Welt und weiht ihn in eine neue Ordnung ein.[111] Mit einem Leben im Gebet erhebt sich der Mensch schließlich in das kosmische Bewußtsein und er sieht die verborgene Hand Gottes dessen Willen und Absichten ausführen, was andernfalls ein versiegeltes Buch bliebe, zu schwierig für den Durchschnittsmenschen, es zu öffnen und einen Blick hineinzutun. Je mehr diese innere Verbindung gefestigt wird, desto mehr Göttlichkeit wird vom Geist aufgenommen. Und nur wenn vollkommenes Einssein zustandekommt, wird man sein bewußter Mitarbeiter.[112]

Wir können Gott nicht durch Schmeicheleien oder leere Wiederholungen gewinnen, noch hat er Gewinn oder Verlust dadurch, daß wir beten oder nicht. Da er voll Erbarmen ist, wirkt seine Barmherzigkeit immer und in allen gleichermaßen, denn ohne sie könnten wir gar nicht bestehen. Wir können seine Gunst jedoch zu unserer Hilfe heranziehen, indem wir zu einem aufnahmebereiten Gefäß für sie werden. Demut und Glaube reinigen das Gemüt und machen es zu einem brauchbaren Werkzeug für Gottes Gnade. Beides sind Hilfen, um den Kelch des Gemüts umzudrehen, der jetzt auf die Sinne ausgerichtet ist. Solange wir nicht imstande sind, ihn nach oben zu wenden, kann Gottes Gnade nicht unmittelbar hineinströmen.

Demütige und aufrichtige Gebete helfen, zwischen dem Gemüt des Menschen und Gottes Wohlwollen einen Gleichklang herzustellen. Alles, was wir brauchen, ist ein liebendes, reines Herz, das auf seine Gnade abgestimmt ist, und diese wird dann von selbst angezogen. Das Gebet hat große dynamische Kraft in sich. Es stärkt den Menschen und bereitet ihn vor, dem Kampf des Lebens entgegenzutreten und ihn mutig und erfolgreich zu bestehen. Es ist tatsächlich das einzige Heilmittel gegen alle Arten von Krankheiten. Es ist der Schlüssel, der das Himmelreich aufschließt.[113]

Das Gebet muß sich aus der Tiefe der Seele erheben. Es sollte keine sinnlose Wiederholung leerer Worte ohne viel Bedeutung sein. Das, worum wir beten, müssen wir wirklich wünschen, nicht nur mit dem Verstand, sondern aus dem tiefsten Grund unseres Wesens. Es muß die Seele bis in ihre Tiefen aufwühlen, und der Klang des Gebets sollte aus dem Innersten hervorbrechen und in jedem Nerv, jeder Faser des ganzen Körpers erklingen und uns alles andere vergessen machen, außer der lieblichen Musik der Seele.[114]

Das Geheimnis eines erfolgreichen Gebets liegt nicht so sehr in den Worten, die wir gebrauchen, noch in der Zeit, die wir dafür aufbringen, noch in der Mühe, die wir anwenden, sondern in der gänzlich gesammelten Aufmerksamkeit, die wir ihm am Sitz der Seele zuwenden, um es mit Seelenkraft zu erfüllen. Die natürlichste Form eines fruchtbaren Gebetes ist das Sehnen einer Seele ohne die Zuhilfenahme von Worten, seien sie hörbar oder nur mental - mit der Zunge der Gedanken - gesprochen. Ein derartiges Gebet erzeugt und setzt eine solche Fülle göttlicher Kraft frei, daß all die kosmischen Kräfte angezogen werden und sich zusammentun, um die Dinge so gut wie möglich zu gestalten.

Wahres Gebet ist ein ununterbrochener Vorgang, unabhängig von Form, Zeit und Raum, und führt schließlich zu vollkommenem Gleichmut und völliger Wunschlosigkeit.

Das ist der Höhepunkt eines echten Gebetes. Und hier hört das Gebet auf, ein Gebet zu sein, und wird zum Seinszustand, da man sich allmählich zuerst ins kosmische und dann ins überkosmische Bewußtsein erhebt - den göttlichen Willen klar erkennend. Das ist das ein und alles des Gebets.[115] Wo alle menschlichen Anstrengungen versagen, hat das Gebet Erfolg.[116]

Pflichten und Verantwortung nach der Einweihung

Der Meister hat seine und die Schüler haben ihre Arbeit zu tun, nämlich die, mit vollem Vertrauen voranzuschreiten. Es gibt zu viele Schüler, die sich auf schönen Vorstellungen ausruhen, und zu wenige, die tatsächlich üben. Die Meditationszeit sollte nicht nur aus angenehmen Gefühlen bestehen. Die Eingeweihten sollten alles dem Meister übergeben und gewillt sein, zu sterben und ihr Leben für Gott hinzugeben. «Lernt zu sterben, damit ihr zu leben beginnen könnt.» Der Meister weiß, wie er sich am besten darum kümmert. Unsere Aufgabe ist, in der lebendigen Gegenwart gut zu handeln, wie es uns vom Meister aufgetragen wurde. Wenn wir nach seinen Geboten leben, wird er uns niemals «versäumen bis zum Ende der Welt».

Wir aber glauben, daß wir nach der Einweihung von allen Verpflichtungen frei seien und es uns freistünde, zu tun, was wir möchten, indem wir einfach unseren Glauben in seine Gnade setzen. Diese Einstellung ist ein großes Hindernis auf dem Pfad und verzögert jeden wahren Fortschritt. Es zahlt sich nicht im mindesten aus, unsere Augen absichtlich in Selbstgefälligkeit vor der harten Wirklichkeit unserer Lage zu verschließen, die jedem einzelnen in gleichem Maße Rechte und Pflichten auferlegt. Wir können uns nicht herausnehmen, was wir gerne möchten. Wir müssen uns deshalb vor solch einer hinderlichen Einstellung hüten und selber unseren Weg erarbeiten, denn es gibt keine Abkürzungen in der Wissenschaft des Geistes. Es ist für den Geist ein langer und arbeitsreicher Vorgang der Entfaltung, und wir haben notwendigerweise bei jedem Schritt auf die höheren Werte des Lebens zu achten, wenn es uns mit unserer Suche nach der Wahrheit ernst ist. Es ist ein steiler Pfad, und wenn wir ihn gehen wollen, ohne zu stolpern, müssen wir ihn beschreiten, unser Herz unentwegt auf das Ziel und die allernächsten Schritte vor uns gerichtet. Wir haben keine Zeit zurückzuschauen, denn das könnte uns nur erschaudern und zittern machen. Unwissenheit ist die einzige Krankheit, an der die Seele leidet. Sie kann nur durch Erkenntnis geheilt werden, und erkennen kann nur die Seele. Ihr Wissen ist ohne Hilfe der Sinne vollkommen, obwohl sie ohne deren Dienste auf der physischen Ebene nicht auskommen kann. Wahre Erkenntnis dämmert nur auf der Ebene, die jenseits der Reichweite der Gedanken liegt, wo äußere Sinne nichts mehr nützen. Aber bis diese Stufe der unmittelbaren Vereinigung mit der strahlenden Gestalt des Meisters erreicht ist, muß man bei allem vorsichtig sein, denn der Pfad ist schlüpfrig und mit versteckten Fallen übersät, die den unachtsamen Pilger auf dem Pfad jeden Augenblick einfangen können. Gleiten wir einmal aus, ist die goldene Gelegenheit verloren und wir wissen nicht, wann wir wieder einmal eine Geburt als Mensch erhalten. Wenn wir schon soviel Nachdruck auf die Mittel legen, wie z.B. vegetarische Kost und das *Karma*, dann sollten wir die innere Einkehr und das Zurückziehen von den Sinnen noch viel mehr betonen und für diesen Zweck mehr Zeit einsetzen.[117]

Denkt an das Gleichnis vom Sämann, das Jesus Christus gab. Die Saat wurde gesät. Einige Körner fielen auf den Weg, einige in dornige Hecken, einige auf Felsen und einige Saatkörner fielen auf einen völlig gereinigten und von allen Fremdkörpern gesäuberten Ackerboden. Die Saat, die auf den harten, offenen Boden oder auf den Weg fiel, fraßen die Spatzen. Die Samen, die auf die Felsen geworfen wurden, wuchsen zwar, aber es war kein tiefer Boden unter diesen Körnern, und so hörte das Wachstum nach und nach auf. Natürlich wird die Saat, die in die dornigen Hecken fiel, zu wachsen beginnen, doch kann sie sich nicht voll entfalten - ihr Wachstum verzögert sich. Aber jeder Same, der auf gut bestelltes Land fiel, wird in Fülle wachsen. Wenn ihr dort irgendein Samenkorn hineinlegt, wird dieses eine euch Hunderte von Körnern seiner Art bringen. Steckt ihr zum Beispiel einen Mangokern in den Boden, so wird er einen Baum hervorbringen, der Hunderte von Mangos trägt. So gibt es Überfluß in der Natur.

Was zeigt nun dieses Gleichnis? Die «Saat» ist die Verbindung mit dem Licht und dem Tonstrom, dem Ausdruck des göttlichen *Wortes* oder von *Naam* in den Herzen der Eingeweihten. Bei jenen, die es einfach nur nehmen, brauchen es die negativen Kräfte auf, denn sie setzen niemals Zeit dafür ein, obwohl ihnen die «Saat» gegeben wurde. Der Same wurde in sie gesät - aber da sie der Pflege keine Zeit widmen und sich nicht darum kümmern, geht die Saat nach der Einweihung wieder verloren. Was nun jene Saat betrifft, die auf Felsen oder auf eine dünne Schicht Boden fiel, so sollte diese nach der Initiation durch den Satsang genährt werden, denn wenn diese Saat nicht durch den Satsang bewässert wird, dann vergeht sie natürlich und wächst auch nicht. Diese Initiierten kommen ein paar Mal und dann lassen sie es wieder. Deshalb sage ich den Menschen immer:

«Laßt Hunderte dringender Arbeiten,
um die Satsangs zu besuchen.»

Jene Saatkörner, die in die dornigen Hecken fielen, werden dort nicht wachsen, da sie durch die ablenkenden Gedanken und andere Arten von Begrenzungen behindert werden. Dies entspricht jenen, die zu viele Eisen im Feuer haben. Sie haben keine Zeit, sich diesen Dingen zu widmen - d.h. sie behaupten, keine Zeit zu haben. Solche Menschen können auch nicht weiter wachsen. Nur jene Samen, die auf gut bereitetes Land fielen, tragen Frucht im Überfluß. Ihr werdet erkennen, daß der Sinn, das Tagebuch zu führen - wie ich es euch immer wieder ans Herz lege - darin besteht, alle eure Unvollkommenheiten vom Grunde des Herzens auszurotten. Wer das Tagebuch regelmäßig führt, schreitet natürlich fort. Wenn er nicht vorankommt, ist irgendwo etwas anderes falsch, das sich klärt, wenn er dieses Gleichnis von Christus betrachtet.[118]

Spiritualität, das höchste Ziel im Leben, ist gleichzeitig das schwierigste. Nur jene, die wirklich auf der Suche nach der Wahrheit sind, sollten es wagen, diesen Pfad zu gehen.[119]

«Der Meister vereinigt uns in einer wahren Bindung, die niemals gelöst werden kann.» Es ist eine Verbindung mit Gott selbst, der sich in menschlicher Gestalt offenbart. Es ist eine Beziehung, die niemals aufgelöst werden kann, nicht einmal nach dem Tod, vom gegenwärtigen Leben ganz zu schweigen. Wir aber mit unserem geringen Verständnis behaupten uns mit Stolz, Ego und niederen Gewohnheiten und möchten anerkannt werden. Die Folge ist, daß es uns nur gelingt, mehr Leid auf unsere Häupter zu laden. Welchen Sinn hatte es, den Satsang schon so lange zu besuchen, wenn ihr nicht bereit seid, eure unerwünschten Gewohnheiten zu ändern? Trockenes Land kann wieder grün werden, wenn man ihm Wasser gibt, aber was nützt bewässertes Land, das doch unfruchtbar bleibt? Euer Satsangbesuch wurde zur rein mechanischen Angelegenheit. Ihr könnt aber durch Gleichgültigkeit keine Erlösung erlangen - so werdet ihr sie wahrhaftig nicht erlangen![120]

Wenn ihr wüßtet, daß irgendwo ein Schatz versteckt ist, würdet ihr ihn nicht ausgraben wollen? Wenn ein Dieb zu einem unbewachten Haus käme, wo keiner sehen könnte, was er tut, glaubt ihr, daß er in dieser Nacht schlafen würde? So viele sagen, daß Gott in uns sei, und dennoch schlafen sie, ohne sich darum zu kümmern. Warum graben sie die Wahrheit nicht aus? Begegnet man aber jemandem, der einem helfen kann, diese Wahrheit ans Licht zu bringen und bekommt man auch etwas Verständnis vermittelt und hat dann immer noch keine Lust zu graben: Wie unglückselig ist ein solcher Mensch! Wie kann man so einen Unglücklichen nur bezeichnen? Wäre er sich dieser Sache nicht bewußt, würde es sich anders verhalten. Wenn uns aber jemand ein wenig von dem inneren Schatz gezeigt hat und wir uns dennoch nicht darum kümmern, was kann man da noch machen? Die übliche Entschuldigung lautet: «Ich habe keine Zeit!», ist es nicht so? Soll denn ein anderer den Schatz für euch ausgraben?[121]

Wenn jemand Gottes Gnade erhalten hat und des Meisters Barmherzigkeit mit ihm ist, warum zeigt sich das nicht weiterhin? Viele Menschen sind dadurch verwirrt. Der Grund ist, daß die Seele mit sich selbst kein Erbarmen hat. Gottes Gnade gab uns diese menschliche Gestalt und erst durch sie begann auch das Sehnen nach ihm. Des weiteren brachte er den Sucher zu Füßen eines Gottmenschen, in dem er sich offenbart. Als der Gottmensch die innere Verbindung gab, schenkte er uns auch seine Barmherzigkeit. Wenn ihr, die Seelen, nun kein Erbarmen mit euch selbst habt, was kann man dann noch tun? Mein

Meister sagte immer: «Der Doktor gab euch das Heilmittel, ihr aber nehmt es nicht ein. Wie kann da die Heilung erzielt werden?» Ohne das Erbarmen der Seele mit sich selbst wird die Saat nicht Frucht tragen. Es ist wahr, daß der Same gesät wurde und niemals mehr zerstört werden wird, aber wir werden immer wieder in die Welt zurückkommen müssen, wenn auch nicht niedriger als in menschlicher Gestalt. Macht den besten Gebrauch von der großen Gelegenheit, die vor euch liegt. Ein großer Teil eures Lebens ist bereits vertan. «Viel ist vergangen, wenig bleibt übrig; tut in der verbleibenden Zeit eure Arbeit.» Leben über Leben und noch mehr Leben seid ihr schon von Gott getrennt und der Vater sehnt sich danach, daß seine Kinder nun reumütig zurückkehren.[122]

Selbsteinschätzung: Die neue Richtung

Wenn einzig und allein der Gedanke im Gemüt vorherrschen würde: «Wer bin ich? Wohin gehe ich?», dann könnte das unsere ganze Lebenseinstellung ändern.[123] Ihr *könnt* euer eigenes Schicksal lenken...[124] Ich rate euch, einen dicken Vorhang vor die Vergangenheit zu ziehen und einfach alles zu vergessen, was geschehen ist, da keine noch so große Reue oder Ärger es ungeschehen machen können. Ihr müßt eurem Leben eine neue Zielsetzung geben.[125] Unschätzbare Anleitungen stehen in den heiligen Büchern, aber leider bleiben sie dort oder dringen nur verstandesmäßig in uns ein. Wir müssen aber die Erkenntnis aufnehmen und danach leben, denn nur dann wird sie ein Teil des Lebens. Die Nacht ist wie ein schützender Wald - tut eure Arbeit am Tage und zieht Nutzen aus der Nacht. Der wahre

Sinn, einen menschlichen Körper zu haben, liegt darin, täglich dem großen Ziel näher zu kommen. So nehmt euch jeden Tag Zeit und seht, wo ihr steht. Das Tagebuch zu führen, ist von äußerster Wichtigkeit, aber nur sehr wenige verstehen das voll und ganz. Entfernt jene Dinge, die euren Fortschritt aufhalten - rottet eure Unvollkommenheiten eine nach der anderen aus. Ein starker Mann freut sich seiner Kraft und ein schwächerer wundert sich, wie jener sie bekommen hat. Wenn ein Ringer außer Haus geht, schauen die Leute ihm nach und machen Bemerkungen über seine Stärke. Er hat sie nicht über Nacht erlangt, sondern durch hartes Training in vielen Nächten. So wie der Entsagende alles verläßt und in die Wälder geht, so könnt ihr euch jede Nacht zu Hause hinsetzen, die Welt vergessen und euch von allen Verstrickungen befreien.[126]

Wenn ihr einen Schritt geht, wird er Hunderte von Schritten entgegenkommen, um euch zu begrüßen.[127] Ganz gleich, wie eure Vergangenheit war - haltet ein! Betrachtet die Tatsachen und macht einen neuen Anfang! Steht still und werdet ruhig, oder ihr werdet keinen Erfolg haben.[128]

Wiederum ist es eine Frage der Ernsthaftigkeit. Verlangt es uns wirklich nach Gott? Manchmal bitten wir um Gott. Sogar unser Verstand fühlt zeitweise die Notwendigkeit Gottes. Aber will unser Gemüt Gott? Das ist der Kern der Frage. Wir bitten um Dinge mit gedanklichen Vorbehalten, nur wenn sie uns auf der physischen Ebene von irgendwelchem Nutzen sind. Andererseits ist das Gemüt gänzlich von der Farbe der Welt durchdrungen. Es hat keine Zeit, an irgend etwas anderes zu denken. Es besitzt große Kraft und betet für das, was es möchte, inbrünstig. Zeitweise weint es sogar darum. Gott spielt dabei nur als Mittel zur Befriedigung seiner weltlichen Wünsche eine Rolle. Tag und Nacht denkt man dann an nichts anderes. Das ist der tatsächliche Zustand unseres Gemüts. Ihr könnt es selbst ergründen.

Habt ihr aufrichtiges Verlangen nach Gott? Nein! Wir wollen ihn nur als Mittel zum Zweck - unser Ziel sind äußere Freuden und Annehmlichkeiten. Andernfalls hat Gott für uns keine Bedeutung. Es ist eine Sache von Bedarf und Versorgung. Wenn wir Gott wirklich wollen, hilft uns dieses Naturgesetz: Wo Feuer ist, kommt ihm Sauerstoff zu Hilfe. Alles was wir machen müssen, ist, unsere Zunge, den Verstand und das Gemüt in Einklang zu bringen. Eine solche Einstellung läßt die Gemütskräfte anwachsen. Wo die Gemütskraft stark ist, kann uns nichts im Wege stehen. Wir müssen wahr zu unserem Selbst sein, dann wird alles, was wir wünschen, erfüllt werden.[129]

Entscheidet euch also von heute an, versteht ihr - entscheidet, was euer Ziel im Leben sein soll! Wir werden getrieben, ziellos umhergetrieben; das Ergebnis ist, daß wir diesen Weg nur beginnen, einige Tage vorwärts gehen, einige Tage zurück. Einige Tage schreiten wir fort, einige Tage fallen wir zurück. Wir graben so viele Löcher in die Erde, einige einen Meter, einige zwei Meter und andere eineinhalb Meter tief. Aber Wasser kommt nirgends! Seht ihr nun alle den Weg klar vor euch? Dann geht ihn wirklich! Beginnt ab heute; denn was vergangen ist, ist vergangen - kümmert euch nicht um die Vergangenheit. Träumt aber ebensowenig von der Zukunft. Wenn ihr auf den Weg gestellt seid, werdet ihr das Ziel erreichen. Und womit müßt ihr in Berührung kommen? Mit dem Licht und dem Ton in euch. Wenn ihr euch zum Meditieren hinsetzt, ist der Tonstrom wie ein Fahrstuhl da, das ist alles. Wie ich euch vorher schon darlegte: der geistige Weg ist nicht schwer, wir sind es, die ihn schwierig machen, das ist es. Folgt ihm einfach. Lebt ein einfaches Leben und übt hohes Denken.[130]

Der Mensch ist die höchste aller Arten und steht auf der obersten Sprosse der Schöpfungsleiter, denn ihm hat Gott die Urteilskraft gegeben, mit der er das Wahre vom Unwahren unterscheiden und so das erreichen kann, was in keiner anderen Schöpfungsform möglich ist.[131]

Es macht nichts, wenn ihr bisher noch nicht nach den heiligen Geboten leben konntet. Eure zu Gott gerichteten Bemühungen um Vervollkommnung sind lobenswert. «Bis hierher und nicht weiter» sollte der Leitspruch sein. Wenn ihr diesem goldenen Lebensgrundsatz folgt, werdet ihr euch zu gegebener Zeit sicherlich wandeln. Langsame aber beständige Schritte verkürzen die Reise. Ein Schritt in die richtige Richtung unter der beschützenden Führung der Meisterkraft wird den Ball ins Rollen bringen. Ihr solltet bitte beachten, daß jedes Vergnügen seinen Preis hat und jedes Leiden einen entsprechenden Ausgleich findet.[132]

Gehorsam: «Wenn ihr mich liebt, haltet meine Gebote»

«Wenn ich nur ihm gefalle,
ist's der Pilgerfahrt genug;
wenn nicht, sind weder Riten noch Mühen
von Nutzen.
Wohin ich auch immer schaue, sehe ich,
daß in seiner Schöpfung keiner
ohne seine Gnade die Erlösung fand -
ungeachtet allem Karma kannst du in dir
ungeahnten spirituellen Reichtum entdecken,
wenn du nur den Lehren deines Meisters folgst.
Mein Meister lehrte mich das eine:
Er ist der Herr von allem,
möge ich ihn niemals vergessen.»[133]

Jap Ji 6

Wenn ihr dem Meister buchstabengetreu folgt, dann wird er euch zum Herrn in eurem eigenen Haus machen.[134] Natürlich wird das Kind, das des Vaters kleinsten Wunsch beachtet, sich seines Wohlwollens erfreuen. Wer jedoch auf den eigenen Vorstellungen beharrt und nicht gehorchen möchte, wird zwar zweifellos auch des Meisters Liebe erhalten, aber der innere Schlüssel wird ihm nicht anvertraut werden.[135] Entscheidet, ob ihr euch nach den Eingebungen des Gemüts oder nach den Geboten des Meisters richten wollt. Die Wahl liegt in euren eigenen Händen; ihr seid frei zu wählen; niemand sonst kann die Wahl für euch treffen. Die Welt mag euch verurteilen, wenn ihr des Meisters Weg wählt. Dennoch braucht ihr euch nicht zu sorgen, denn ihr habt den richtigen Weg aufgenommen.[136]

Wir sollten jene Eigenschaften nützen, die uns helfen werden, uns wieder mit Gott zu vereinen, und alle Charakterzüge ablegen, die dazu neigen, uns von ihm wegzuführen. Es ist nicht schwierig, den Herrn zu erkennen, aber es ist äußerst schwierig, ein Mensch zu werden - ein wahres menschliches Wesen. Hundertmal und mehr beugen wir unsere Häupter und sagen: «Ja, ja, ich werde es tun», aber wir handeln dann doch, wie es uns gefällt. Das zeigt, daß wir den spirituellen Pfad bis jetzt noch nicht richtig verstehen.

Wenn ihr eure alten Gewohnheiten noch nicht geändert habt, so tut es ab sofort. Fangt *jetzt* an. Wenn ihr schlecht von anderen denkt, feindschaftlich Partei ergreift, wie ein Staatsanwalt über die Lebensweise eurer Mitmenschen urteilt - glaubt ihr nicht, daß euch das innerlich hitzig macht? Jeder Mensch sieht nur von seiner eigenen Warte aus, der Meister aber sieht alle Ereignisse aus anderer Sicht. Habt ihr erkannt, daß jemand höher ist als ihr, dann hört auf ihn.[137]

Den Meister nur anzuschauen, bringt keine Erlösung - denkt daran! Durch bloßen Anblick des *Guru* kommt die

Erlösung nicht, wenn ihr nicht die Worte des *Satgurus* liebt. Tut, was immer der Meister sagt, folgt seinem Rat, gehorcht ihm und werdet für ihn empfänglich, denn durch Empfänglichkeit erlangt die Seele Stärke. Arbeit, die eben noch unmöglich erschien, wird nun leicht. In Gemeinschaft mit einem wahren Meister werden alle Sünden weggebrannt, und von einem wahren Meister könnt ihr die Gabe von *Naam* erhalten. Der *Satguru* ist so mächtig, daß nicht nur der Schüler gesegnet ist, sondern auch jene, die den Schüler lieben, werden des Meisters Schutz bekommen. Dies beweisen uns Berichte, die in den heiligen Büchern stehen.[138]

Es besteht weniger Hoffnung für jene, die nur dem Körper des Meisters Gehorsam leisten, verglichen mit denen, die seine Worte befolgen. Letzteren ist die Erlösung eindeutig sicher und gewiß. Worte, die der Meister spricht, sollten wir daher befolgen und sie achten. Dann werden wir sicher in das Haus unseres Vaters heimkommen. Wer aber dem Meister nur äußerlich Gehorsam leistet und nicht nach dem lebt, was er sagt, braucht noch länger. Die Zeit spielt dabei eine wichtige Rolle.[139]

An den Lehren des Meisters festzuhalten, ist genau wie auf eines Messers Schneide zu gehen. Je mehr man auf der Schneide eines Messers geht, desto mehr wird man sich die Füße zerschneiden. Was bedeutet das? Je mehr ihr euch an die Lehren des Meisters haltet und dem folgt, was er sagt, desto mehr müßt ihr euer altes Ansehen - das, was ihr seid, ob hoch oder niedrig - zerstören. Ihr habt nur noch auf den Meister zu achten.[140]

Die erste Schwierigkeit auf dem Weg zur Hingabe an den Meister ist also, daß ihr das befolgen müßt, was er sagt, ohne Rücksicht darauf, ob die Welt euch lobt oder nicht. Es kann schon sein, daß er etwas sagt, was eurem Intellekt nicht gefällt - was ist dennoch eure Pflicht? Wenn der Offizier im Feld «Feuer!» befiehlt, was wird der Soldat tun?

Er muß feuern. Der Meister jedoch wird niemals etwas verlangen, was nicht gut für uns ist. Es ist möglich, daß ihr im Augenblick nicht versteht, was er meint, doch er hat dabei stets einen edlen Zweck im Auge, der eurer Verbesserung dient. Deshalb ist es sehr schwierig, den Geboten des Meisters zu gehorchen.[140a]

Wo beginnt das ABC? - Wenn ihr die Gebote des Meisters befolgt. Was sagt der Meister? Er sagt: «Haltet euer Leben rein - laßt das Äußere eine Zeitlang beiseite und geht nach innen - erhebt euch über das Körperbewußtsein! Verbindet euch mit der offenbarten Gotteskraft, dem Licht und dem Tonstrom in euch! Dann erhebt euch über den astralen und den kausalen Körper! Dann werdet ihr erfahren, was gemeint ist mit: 'Ich und mein Vater sind eins.' Ihr könnt euch dann noch weiter in einen 'überbewußten' Zustand erheben. Das ist das Endziel.»[141]

Also meine Brüder, befolgt meine Ratschläge! Führt eure Meditationen aus - auch wenn es nur sehr wenig ist! Erweitert die Erfahrung, die euch gegeben wurde! Achtet auf jede Handlung in eurem täglichen Leben und führt das Tagebuch. Versäumt nicht eure Hör- und Sehmeditation. Gegen Fehler gibt es ein Heilmittel, aber es gibt kein Heilmittel gegen Ungehorsam, und für solche Leute ist der Weg sehr lang. Wer *Naam* erhalten hat, wird Gott bestimmt erreichen, aber es wird für jeden, der den Anweisungen nicht folgt, eine lange Reise sein. Ihr müßt es ja doch tun, ob nun in einer Geburt, in zwei oder vier, warum also nicht jetzt? Denkt daran, daß der Schüler, dessen Gesicht allzeit dem Meister zugewandt ist, die Aufmerksamkeit des Meisters anzieht. Wenn ihr jemanden im Herzen bewahrt, werdet ihr in seinem wohnen.[142]

Die ganze Schöpfung ist in der Hand Gottes, so wie ein Kraftwerk alle angeschlossenen Maschinen antreibt. Der Verantwortliche für die Leitung des Kraftwerkes wird euch sagen, daß keine einzige Maschine sich ohne seine Anordnungen bewegen kann. Jene, die unter ihm arbeiten, sagen: «Achte darauf, daß du nicht gegen seine Anweisungen verstößt oder ungehorsam bist, sonst könnte dir ein Körperteil von der Maschine abgeschlagen werden!» Sein Wunsch ist wie ein Gesetz und kann nicht umgangen werden. Gott wird mit den Namen *Shabd*, *Naam* oder *Wort* bezeichnet. Das, was wir die beherrschende Kraft nennen, ist Gottes Wunsch, seine Anordnung, oder wir können es auch seinen Willen nennen. «Durch *Shabd* kommt alle Glückseligkeit und durch die Liebe zum wahren *Naam*.» Die Seele ist ein Teil Gottes, so wie sie ein Teil von *Shabd* ist. Wenn die Seele mit Gott eins wird, ist sie voll Glückseligkeit. «Wenn du dich nach ewiger Glückseligkeit sehnst, gib dich Gott hin». Begib dich unter den Schutz jener Kraft, die ständig in allem schwingt.[143]

Du wirst weiterhin kommen und gehen, bis du dein ganzes Wesen dem Meister übergibst, und das bedeutet: Leben in Übereinstimmung mit seinen Wünschen, denken, wie er es rät. Der Herr des Verstandes ist nunmehr der *Guru*. *Maulana Rumi* betet zu Gott und sagt: «Dieser Verstand wird mein Gesicht von Dir abwenden; halte Deine Hand darüber, dann bin ich gerettet, andernfalls bin ich verloren.» Es dauert nicht lange, bis Milch verdorben ist. Der Verstand wirkt ähnlich. Wenn euer Gemüt dem Meister hundertprozentig gehorcht, dann werdet ihr erfahren, wer Gott ist. Laßt euren Intellekt nicht im allergeringsten das anfechten, von dem ihr wißt, daß es wahr ist. Wer gewillt ist, dem Meister zu gehorchen ohne zu fragen, wird den Schatz erhalten. Das ewig erklingende Lied von *Naam*, des Herrn kostbares Juwel, ist in der Obhut des *Sadhu*. Man kann auch sagen, daß Gott seinen Schatz dem Meister übergeben hat. Was geschieht dann? Der Meister breitet ihn vor dem aus, der seine Worte als Wahrheit nimmt.

Einen *Guru* zu finden, der das tun kann, ist die Krönung eines guten Schicksals. Ohne gutes Schicksal begegnet man dem *Satguru* nicht.[144]

Wer einen wahren Meister gefunden hat, der auf den Herrn eingestimmt und sein Sprachrohr ist, und ihm in allen Dingen vollkommen und absolut gehorcht, wird sicher die hydraköpfige Schlange des Ego zerstören und seine himmlische Heimat eines Tages erreichen. Im Verlauf einer solchen Liebe wird es Augenblicke geben, in denen man die Gültigkeit der Anweisungen des Meisters anzweifelt, weil man vom eigenen begrenzten Verständnis aus urteilt. Aber solche Augenblicke sind nur Prüfungen, um unsere Selbsthingabe vollkommener und sicherer zu machen, und wer diese Proben erfolgreich besteht, wird eines Tages in der Herrlichkeit Gottes erstrahlen.[145]

Zu gehorchen und sich selbst hinzugeben, sind zwei verschiedene Dinge. Den Wünschen des Meisters Gehorsam zu leisten, heißt noch nicht, daß man sich selbst hingegeben hat, obwohl jemand, der sich ganz hingegeben hat, natürlich auch gehorsam ist. Wenn man sich aber selbst hingegeben hat, wird man nicht an das Warum und Wozu denken, sondern einfach tun, was er sagt. «Ich habe mich unter deine Verfügungen gestellt, tue also, was du willst.» Als *Hazrat Ibrahims* Sklave gefragt wurde, wo er schlafen und welche Kleider er tragen möchte, antwortete er: «Herr, Ihr habt mich gekauft, was Ihr auch wünscht, werde ich tun.» Das ist es, was Selbsthingabe bedeutet. Diesen Schritt zu tun, ist sehr schwierig, denn Hunderte von Zweifeln kommen uns in den Sinn.[146]

Wenn ihr jemals erkennt, was ein Meister ist, dann bleibt nichts mehr zu lernen übrig. Der Meister lehrt das mit Liebe und mit Überzeugungskraft, schließlich sind wir seine Kinder! Wenn ein Kind voll Schmutz ist, kann er es deshalb doch nicht töten. Unter dem Einfluß des Gemüts hat ein Ergebener der Welt nur geringes Verständnis; er gehorcht dem Meister nicht, er lebt nicht zur Freude des Meisters, sondern er ist mit seinem eigenen Willen beschäftigt. Der Grund dafür? Er hat wenig oder keine Verbindung mit *Shabd*. Wenn ein Mensch diese Verbindung bekommt, sollte er sie aufrechterhalten und nicht unterbrechen! Nur dann werden die Tugenden ohne Anstrengung hervorkommen. Die kostbare Eigenschaft wahrer Demut wird im Herzen wachsen. Schon das Lauschen auf *Shabd* ist ein Schatz, der alle Tugenden in sich birgt.[147]

> «Wie lange wirst du versuchen,
> deinen Meister zu täuschen?
> Erkenne nun, was er ist!»

Ihr verbergt die wirklichen Tatsachen und denkt: «Was weiß denn schon der Meister? Das, was *wir* tun möchten, ist richtig.» Ihr haltet an einer Vorstellung fest, stellt diese über alles andere und glaubt, jeder andere müsse sich irren - selbst wenn euch euer Meister etwas anderes sagt. Wie lange wollt ihr damit weitermachen? Täuscht euch nicht, er beobachtet jede unserer Handlungen, denn die Meisterkraft wohnt in unserem innersten Wesen. Aber törichterweise denken wir, er sei nicht gegenwärtig, um uns zu sehen, und glauben, wir könnten irgend etwas tun, ohne daß er davon weiß. Er fleht uns an, doch zu versuchen zu erkennen, was ein Meister ist. Der Meister ist nicht die physische Gestalt - er ist nicht die menschliche Hülle, sondern die allmächtige Gotteskraft, die sich darin offenbart. Es wird allgemein anerkannt, daß Gott überall ist und alles sieht. Setzt alles ein, um zu lernen, was der *Guru* ist, und dann macht es zu eurer eigenen Erfahrung.[148]

Werdet von heute an ein würdiger *Sikh*, ein Schüler - würdig, sogar ein *Gurusikh* genannt zu werden, der Lieblingsschüler des Meisters. Das könnt ihr erreichen, wenn ihr den Worten des Meisters gehorcht. Ihr wollt es nicht? Ihr werdet es tun *müssen* - wenn nicht in dieser Geburt, dann in der nächsten. Oh, liebe Brüder, welchen Sinn hat es, wieder und immer wieder zu kommen? Warum tut ihr es nicht gleich jetzt? «Wenn diese Geburt vergeht, werdet ihr sie nicht wieder bekommen, und das kostbare Leben wurde vergeudet.»[149]

Schon oft mag uns die menschliche Geburt gewährt worden sein, aber Stolz und Selbstsucht töteten uns immer wieder, machten all unsere gute Arbeit zunichte und nötigten uns, immer wieder zum gleichen Schauplatz zurückzukehren. In der Vergangenheit war das unser Verderben und es gewinnt auch schon in der Gegenwart die Oberhand. Gehorcht nicht eurem Gemüt - gehorcht den Worten des Meisters, denn das wird euch große Freude bringen, Nachgiebigkeit dem Gemüt gegenüber aber unendliches Leid. Das Gemüt brachte schon immer nur Sorgen hervor. Wascht Ärger mit Liebe weg, so wie es euer Meister tut. Wenn ihr nicht verstehen wollt, dann kann man nichts machen.[150] Ihr müßt dann eben weiterhin für eure Fehler bezahlen.[151] Folgt der Einweihung durch den Meister unbedingter Gehorsam gegenüber seinen Wünschen, dann werden alle Sünden für immer weggewaschen nebst all den Kümmernissen des weltlichen Lebens.[152]

Warum kommen die Meister, und was ist ihre Aufgabe? Sie befreien die Seele vom Gemüt und den Sinnen und verbinden sie mit *Naam*. Sie kommen ausschließlich zu diesem Zweck, obwohl sie dabei durch viele Schwierigkeiten gehen und hart arbeiten. Geht zum *Satguru* und gehorcht ihm! «Die Worte eines vollkommenen Meisters nehme ich mir zu Herzen.» Nehmt seine Worte tief in euch auf - sie sollten nicht zu einem Ohr hinein- und zum anderen hinausgehen - haltet sie sicher in eurem Herzen fest![153]

Wenn sich jemand während des Lebens spirituell entwickelt hat, bleibt er es auch im jenseitigen Leben, ist er aber nicht so weit, wie kann er sich dann nach dem Tode entwickeln? Jetzt im menschlichen Körper haben wir eine kostbare Gelegenheit, weil wir uns zu jedem beliebigen Grad von Vollkommenheit entwickeln und von den Dingen dieser Welt lösen können. Wer sich in Liebe und Hingabe an den Meister überzeugend entwickelt hat und spirituell so weit fortgeschritten ist, daß er losgelöst ist von weltlichen Belangen, braucht nicht zum irdischen Leben zurückzukehren. Vielmehr wird er unter der Führung der Meisterkraft, die in ihm wohnt, auf den inneren Ebenen vorwärtsschreiten. Wenn die Schüler doch nur so handeln und sich so verhalten würden, wie ihnen gesagt wird, dann würden sie sich sicher in diese Bereiche des Lichts und der höchsten Freude erheben und dem strahlenden, bezaubernden Meister von Angesicht zu Angesicht begegnen. Es mag schwierig erscheinen, ist aber eine erfahrbare Möglichkeit und mit der Gnade des Meisters in jedermanns Reichweite. Alles, was heilig, liebenswert und gut ist, erreicht man schwer, aber die Belohnungen sind die allerherrlichsten.[154] Jeder Schüler eines befähigten Meisters ist dazu ausersehen, seine wahre ewige Heimat zu erreichen. Die Geschwindigkeit wird sehr beschleunigt, wenn der Schüler den Worten des Meisters gehorcht. Auf diese Weise kann er hier und jetzt großen Fortschritt erzielen.[155]

Durch Worte gewinnt ihr den Meister nicht, sondern durch Taten - «Wenn ihr mich liebt, dann haltet meine Gebote.»[156] Wenn wir gewissenhaft nach seinen Anweisungen handeln, wird er uns zu gegebener Zeit zu einem Heiligen machen, wie er selbst es ist.[157]

Der Schüler wird geprüft

Der Meister prüft den Schüler immer wieder, um festzustellen, wieviel dieser opfern kann, wieviel liebende Hingabe er hat und bis zu welchem Ausmaß er noch unter den Einflüssen des Gemüts steht. Wer alles um seines Meisters willen hingibt, hat alles erreicht.[158]

Zeit spielt eine große Rolle

Mahatma (große, reine Seele) wird man nicht an einem Tag. Rom wurde nicht an einem Tag erbaut. Der Mensch ist im Werden... Ihr braucht an eurem inneren Fortschritt nicht zu zweifeln, da es jenseits des Gesichtskreises oder Begriffsvermögens des Menschen liegt, das innere Wachstum zu beurteilen. Die göttliche Liebe des Meisters ist wie der Funke einer Flamme, die in kurzer Zeit alles zu Asche verwandelt.[159]

Im *Gurbani* steht, daß reine Gedanken und Ausdauer notwendig sind. Möchtet ihr etwas Wertvolles werden, oder nicht? Wenn wir solche Worte hören, wird zwar die Bereitschaft dazu erweckt, aber die Arbeit kann nicht an einem Tag vollbracht werden. Ein Kind, das lesen lernt, liest einige Zeilen und vergißt sie sofort wieder. Es muß sie immer wieder lesen. Aber nach vielen Anstrengungen beim Lernen kann es eines Tages in der Lage sein, selbst ein Buch zu schreiben. Jeder Heilige hat seine Vergangenheit und jeder Sünder eine Zukunft. Menschen, die heute noch so sind wie wir, können morgen schon etwas werden. Dazu brauchen wir wahre Führung von jemandem, der selbst sieht - von niemandem sonst. Das zweite Erfordernis ist unbedingter Gehorsam unserem Meister gegenüber. Des Meisters Worte sind nicht nur Worte allein, sondern sie sind der Meister selbst! Hinzu kommt noch, daß Ausdauer notwendig ist.[160] Jene, die jetzt in einer besseren Lage sind, mögen vor einiger Zeit wie ihr oder sogar noch übler daran gewesen sein. Sie hielten durch und taten das Richtige. Das gab ihnen Kraft und Stärke. Ihr könnt das gleichermaßen tun. Es geht nur darum, einen neuen Anfang zu machen. Beginnt jetzt sofort! Der Meister sehnt sich danach, euch fortschreiten zu sehen. Er möchte, daß seine Schüler sich in erhabene Höhen erheben und ihre Becher bis zum Rande mit dem Nektar der Gottesbewußtheit füllen lassen.

Aber aus den Gefäßen muß zuerst der Unrat, den sie enthalten, entfernt werden, um Raum zu schaffen, damit der Nektar hineingetan werden kann.

Trachtet nur nach dem Umgang, der euch hilfreich ist. Gebt alle andere Gesellschaft liebevoll und behutsam auf. Ihr werdet sicherlich fortschreiten. Aber denkt an eines: Rom wurde nicht an einem Tag erbaut. Es erforderte über einen langen Zeitraum einen riesigen Arbeitsaufwand von Hunderten und Tausenden von Leuten.

Eure Anstrengung muß vielleicht nicht so hart sein, aber das, was ihr haben möchtet, ist andererseits auch nicht ganz so einfach zu erlangen. Ihr müßt dafür arbeiten. Seid aber sicher, daß ihr mit ein bißchen Anstrengung bessere Ergebnisse erzielen werdet. Der Meister möchte, daß ihr alle Liebe und Demut entwickelt. Diese beiden Eigenschaften müssen mit Duldsamkeit in die Tat umgesetzt werden. Die spirituelle Wissenschaft ist klar und eindeutig, und wer ihr folgt, und sei er der Schlechteste der Schlechten, wird zum Besseren verändert. Wenn einige, die auf den Weg gestellt wurden, sich nicht zum Besseren verändert haben, so ist das allein ihr Fehler, und es liegt nicht daran, daß diese Wissenschaft nicht stimmte.

Dies ist der vollkommenste Weg, wie er von allen vergangenen Meistern aufgezeigt wurde. Unser tägliches Leben sollte ein lebendiges Zeugnis dessen sein, wozu wir uns bekennen. Das ist das ganze Geheimnis dieser Sache. Jeder muß es lernen, und je eher, desto besser. Reformer werden benötigt, aber nicht solche, die andere reformieren, sondern sich selbst. Es ist besser, seine eigenen Mängel zu erkennen und zu versuchen, sie abzulegen, als andere zu bekritteln.[161]

Karma: Das bindende Rad

Für jeden Gedanken, jedes Wort und jede Tat muß in der Natur Rechenschaft abgelegt und Ausgleich geschaffen werden. Jede Ursache hat eine Auswirkung, und jede Aktion bringt eine Reaktion hervor. Beseitigt die Ursache, und die Auswirkung verschwindet. Das taten die Meister, die diese Gesetze überwanden. Alle anderen aber sind durch die Bande des *Karma* gebunden. Es ist die Grundursache physischen Lebens und von der Natur geschickt eingerichtet, um dieses Dasein in Gang zu halten. Das Gesetz des *Karma* achtet darauf, daß wir Auge um Auge und Zahn um Zahn in Form von Freude oder Leid bezahlt werden. Es ist die antreibende Peitsche in den verborgenen Händen der Natur. Das Gemüt zieht *Karma* an, legt eine Hülle um die Seele und beherrscht den Körper durch die Organe und die Sinne. Obwohl es die Seele ist, die dem Gemüt Kraft verleiht, hat sich letzteres unumschränkte Gewalt angeeignet und beherrscht nun seinerseits die Seele. Deshalb ist das Beherrschen des Gemüts der erste Schritt zur Spiritualität. Sieg über das Gemüt ist Sieg über die Welt. Sogar große *Yogis* und Mystiker, die zu hohen spirituellen Bereichen aufsteigen können, bleiben von der Hand des *Karma* nicht verschont. Die Heiligen teilen das *Karma* in folgende drei Gruppen ein:

1. *Sanchit* (Vorrat): Gute oder schlechte Taten, die auf unserem Konto stehen. Diese haben wir in all unseren früheren Körpern der Schöpfungsordnung verdient und uns zugezogen - angefangen vom Tag des ersten Lebens auf der Erde. Der Mensch weiß leider nichts von ihnen oder ihrem Ausmaß.
2. *Pralabdha* (Schicksal oder Bestimmung): Die Ergebnisse und Auswirkungen des *Pralabdha-Karma* bringen den Menschen in seinen gegenwärtigen Körper und müssen in diesem Leben abgetragen werden. Die Auswirkungen dieser *Karma* kommen unerwartet und unbemerkt, und wir haben auch nicht die geringste Gewalt über sie. Ob gut oder schlecht, wir müssen dieses *Karma* erdulden oder ertragen, lachend oder weinend, wie es uns gerade paßt.
3. *Kriyaman* (Nachweis unserer Handlungen und Taten im gegenwärtigen Körper): Dieses *Karma* unterscheidet sich von den oben angeführten zwei Gruppen, da hier der Mensch - innerhalb gewisser Grenzen - frei ist, genau das zu tun, was ihm beliebt. Ob wir es wissen oder nicht, begangene Handlungen, die unter diese Überschrift gehören, tragen Frucht. Die Ergebnisse einiger dieser Taten ernten wir noch bevor wir sterben, und der Rest wird auf das Vorratslager übertragen.

Das *Karma* ist die Ursache der Wiedergeburt, und jeder Geburt folgt wiederum der Tod. So setzt sich der Kreislauf von Vergnügen und Leid, den Begleitumständen von Geburt und Tod, fort. «Wie du denkst, so wirst du» ist das unabänderliche Naturgesetz, von dem das Bestehen dieses Weltalls herrührt. Kein Ausmaß an Redlichkeit oder besonderer Begabung kann einen Menschen befreien, solange noch die leiseste Spur von *Karma* vorhanden ist. Unkenntnis des Gesetzes ist keine Entschuldigung, und obwohl es bei von Menschen gemachten Gesetzen unter bestimmten Umständen gewisse Zugeständnisse oder Milderungen geben kann, gibt es bei diesem Naturgesetz keine derartige Nachsicht. Gebet, Glaubensbekenntnis und Buße können eine Zeitlang gedankliche Erleichterung bringen, aber nicht das *Karma* überwinden. Alles *Karma* muß vollkommen getilgt sein, bevor wir ewige Erlösung haben können.[162]

Die Philosophie des *Karma* hat einen besonderen Platz in der spirituellen Wissenschaft. Aber sie sollte auf keinen Fall so angewandt werden, daß sie unter Schülern und Nicht-Eingeweihten ein Gefühl der Hilflosigkeit und Enttäuschung verursacht. Der Mensch gestaltet selbst sein Schicksal, und obwohl wir nicht in der Lage sind, die Vergangenheit zu ändern, können wir doch die Zukunft schmieden, so gut wir es vermögen. «Bis hierher und nicht weiter» geht die äußerste Grenze, die der Meister für jeden von uns zieht, und sie sollte auf keinen Fall überschritten werden.[163] Unter dem göttlichen Willen werden wir durch unsere vergangene karmische Entwicklung umherbewegt. Entsprechend unseren vergangenen Handlungen sind wir innerhalb gewisser Grenzen gebunden und innerhalb gewisser Grenzen frei. Wir können den besten Gebrauch von den uns freistehenden Entscheidungen machen, um unseren Kurs zu ändern, damit wir auf unserem spirituellen Weg fortschreiten.[164] Wie können wir nun, da uns unser Schicksal hierhergeführt hat, das Beste aus dem menschlichen Leben machen? Wir sollten keine weiteren Saaten mehr säen! Was auch im Leben auf Grund unserer vergangenen Handlungen geschieht, sollten wir heiter ertragen.

Glück und Unglück werden kommen, aber wir sollten niemals verzagt sein. Die großen geistigen Führer gehen durch ähnliche Erfahrungen, leiden aber nicht unter den quälenden Auswirkungen. Mein Meister sagte immer: «Ihr könnt nicht alle Dornen wegräumen, die ihr selbst auf euren Weg gestreut habt, aber ihr könnt zum Schutz feste Stiefel tragen.» Die schwierige Aufgabe, uns vor den für uns angespeicherten Rückwirkungen zu schützen, sollte ernsthaft überdacht werden, denn nur als Mensch haben wir die Möglichkeit, diese unwirksam zu machen. Selbst die Heiligen, die hierher kommen, verlassen beim Tod den Körper. Auch sie erhalten Reichtum oder Armut, aber sie vermeiden stets jene Handlungen, die Rückwirkungen auslösen werden.[165]

«Wer nur eine Farbe sein eigen nennt,
erfreut sich ewiger Freiheit;
er hat mit keinem Streit.»

Er hat das richtige Verständnis. Er ist sich der Einheit allen Lebens vollkommen bewußt. Die Wellen an der Oberfläche des Lebensmeeres mögen kommen und gehen, er jedoch bleibt in jedem vorbeiziehenden Augenblick unberührt. Endlos und unermüdlich arbeitet er hier in diesem Bereich der Handlungen, und dennoch steht er über deren Auswirkung. Die Bedeutung des Begriffes *Neh-Karma* ist, daß man die Handlungen zwar ausführt, aber doch nicht der Handelnde ist. Wer die wahren Tatsachen nicht erkennen kann, wird nicht *Neh-Karma*. Nur wer in allem den Herrn als Handelnden sieht, kann diesen Zustand erreichen. Der ist *Neh-Karma*, der mit *Shabd* verbunden ist.[166] Ist man zum bewußten Mitarbeiter im göttlichen Plan geworden, so werden alle vergangenen Handlungen - das *Sanchit-Karma* (die im Vorratsspeicher) - ausgelöscht und getilgt. Wenn derjenige, der die Handlungen gekostet hat, nicht da ist, wer wird sie dann zu spüren bekommen und für sie verantwortlich sein? Ist unsere Ichhaftigkeit beteiligt, müssen wir die Ergebnisse unserer Handlungen hinnehmen. Ein Mensch mag zwar sagen: «Ich bin nicht der Handelnde», aber im hintersten Winkel seines Herzens glaubt er es nicht wirklich und hält sich weiterhin für denjenigen, der alles selbst tut; dadurch behält er die Verantwortlichkeit für seine Handlungen und die daraus folgenden Auswirkungen. Wenn er aber zum bewußten Mitarbeiter am göttlichen Plan wird und weiß, daß er nur das tut, was Gott will, wie könnte er dann durch irgendeine Handlung belastet werden?[167] *Neh-Karma* zu werden, sollte somit unser Lebensziel sein, und das bedeutet Erlösung.[168]

Wir sind unseren Handlungen preisgegeben, und was wir auch tun, setzt eine Rückwirkung in Gang. Gute Taten bewirken gute und schlechte Taten schlechte Rückwirkungen. Im *Gurbani* steht geschrieben: «Gib die Schuld nicht anderen, sondern deinen eigenen vergangenen Handlungen.» Brüder, gebt niemand anderem die Verantwortung! Ihr erhieltet diesen menschlichen Körper als Ergebnis eures *Pralabdha-Karma* (jenes Schicksals, das diesen Lebensablauf beherrscht). Das ist die gute Frucht eurer Vergangenheit. Was immer ihr aus den vergangenen Leben an Geben und Nehmen zu begleichen habt, muß jetzt abgerechnet werden. Von einigen Leuten müßt ihr etwas entgegennehmen, anderen müßt ihr geben. Manchmal, wenn wir einem bestimmten Menschen etwas geben, steigt aus dem Inneren des Herzens Liebe auf; und bei anderer Gelegenheit geben wir nur mit Haß und Widerstreben. Das ist eine Auswirkung der Vergangenheit. Der eine ist reich, der andere arm. Einige sind Herren, andere Diener. Insgesamt gibt es sechs Dinge, die der Mensch nicht bestimmen kann:

Leben, Tod, Armut, Reichtum, Ehre und Unehre. Sie liegen alle jenseits unserer Machtbefugnis.[169]

Gute Handlungen werden ohne Zweifel ihren Lohn erbringen, aber ihr werdet noch immer ein Gefangener sein. Vielleicht werden einige in ein Gefängnis erster Klasse kommen, andere in eines der zweiten und wieder andere in eines der dritten Klasse. Einige werden die Freuden der anderen Welt erlangen. Himmel und Hölle werden immer wiederkommen, denn dieser Kreislauf kann nur unterbrochen werden, wenn wir aus der Täuschung herausgelangen.[170] Wir kommen nur in die Welt, um unsere alten Konten von Geben und Nehmen auszugleichen. All unsere Verwandschaftsbeziehungen - wie Vater und Sohn, Mann und Frau, Mutter und Tochter, Bruder und Schwester und umgekehrt - sind das Ergebnis vergangener karmischer Rückwirkungen.

Es heißt, daß die Feder unseres Schicksals sich gemäß unseren Taten bewegt. Was wir säen, müssen wir ernten. Wenn wir kommen, steht das Schicksal bereits auf unserer Stirn geschrieben. Selbst der Körper ist das Ergebnis unserer früheren Taten, und es heißt mit Recht, daß er *Karman sharir* ist, was bedeutet, daß es die Vorsehung ist, die unsere Gestalt formt. Ohne Körper gibt es kein Handeln und ohne Handlungen kann es wiederum keinen Körper geben. Deshalb ist es das Beste für uns, wenn wir unsere Tage glücklich verbringen und ohne Murren das geben, was wir zu geben haben und geben müssen, denn davon gibt es kein Entrinnen. Wir müssen natürlich darauf achten, keine neuen Beziehungen zu schaffen und keine frischen Saaten zu säen. Das ist der einzige Weg, um aus den unergründlichen Tiefen des karmischen Meeres herauszukommen.[171]

Zu erwarten, daß sich die weltlichen Angelegenheiten nach der Einweihung so ändern werden, daß uns bittere

Dinge nie mehr in den Weg kommen, ist eine irrige Vorstellung. Wir erleben Höhen und Tiefen als Ergebnis der Rückwirkungen unserer eigenen Taten. Wir müssen ihnen ins Auge sehen und sie überwinden. Wenn wir vor ihnen davonlaufen, werden die Schulden unbeglichen bleiben.[172] Durch Gottes Willen und auf Grund des *Pralabdha-Karma* wurden wir mit unserer Familie und den Verwandten verbunden, und wir sollten die Bedingungen freudig annehmen. Nur wer wirklich Erkenntnis besitzt, kommt seinen Verbindlichkeiten während des Lebens aus freien Stücken nach.

Wer weiß schon, wie viele Schwierigkeiten auf unsere unbezahlten Schulden zurückzuführen sind?[173] Wenn ihr jetzt irgend jemanden bis aufs Blut ausbeutet, dann wird er in der nächsten Geburt Blutsauger an euch. Oberflächlich mag es dann so aussehen: «Er behandelt mich schlecht, er ist ein Tyrann, er ist grausam», aber wer weiß, wovon das die Rückwirkung aus der Vergangenheit ist?[174]

Ich bedaure deine persönlichen Verhältnisse, in denen du dich verletzt und verwirrt fühlst. Das gegenwärtige Erdenleben beruht hauptsächlich auf den Auswirkungen vergangener Handlungen. Sie bestimmen Leid und Freude, Gesundheit und Krankheit, Ehre und Unehre. Jedoch, ein wohldurchdachtes und geordnetes Leben, das auf spiritueller Glückseligkeit beruht, bietet uns mit der Zeit neue Möglichkeiten des Friedens und der Harmonie. Höhen und Tiefen sind die üblichen Kennzeichen des irdischen Lebens und sollten gemäß ihrer Vergänglichkeit gewertet werden. Freudig sollten wir an dem goldenen Grundsatz festhalten, daß es in unserem eigenen spirituellen Interesse liegt, das Wohl und Wehe des Lebens im Geiste innerer Festigkeit und Ausgeglichenheit anzunehmen. Das Leben eines Schülers dient der Loslösung der Seele von den karmischen Schulden. Es ist genau wie bei einer Bank, die aufgelöst werden soll und vorher jeden Heller abzurechnen und zurückzuzahlen hat. Wenn du alle Geschehnisse in diesem Geist richtigen Verstehens annimmst, wirst du viel zuversichtlicher, glücklicher und fröhlicher sein. Die Anordnungen des Himmels sind keinem Irrtum unterworfen. Doch die göttliche Fügung ist immer voll Gnade. Ein spirituell entwickelter Mensch wird alle Schwierigkeiten des äußeren Lebens überwinden, indem er seinen Willen mit dem des Herrn in Einklang bringt.[175]

Wenn Meister kommen, greifen sie nicht in das Schicksals-*Karma* ein, obwohl sie es in gewissem Sinne doch tun: sie beginnen nämlich, der Seele Nahrung zu geben. Um den physischen Körper zu ernähren, müssen wir essen und trinken. Um den Verstand zu stärken, lesen, schreiben und denken wir. Alle Worte sind Nahrung für den Verstand. Die Seele jedoch wird nur durch das Brot des Lebens - die Erfahrung vom Jenseits - mit Nahrung versorgt. Durch diese Nahrung wird die Seele sehr kräftig, und obwohl Unglück und Sorge uns treffen mögen, wird ihr Ergebnis nicht mehr so schlimm sein. Wenn man einen dornigen Weg gehen muß und feste Stiefel anzieht, wird man die Dornen nicht fühlen. Nehmen wir an, da sind zehn Leute, und sie werden geschlagen. Einer von ihnen ist sehr schwach und nach einigen Schlägen bricht er zusammen. Die anderen geben wohl zu, daß sie geschlagen wurden, aber sie spürten es nicht so sehr. Ähnlich ist es, wenn die Seele stark ist: Glück oder Unglück mögen kommen, aber die Auswirkungen werden nicht so schlimm sein.[176]

Frage: Können wir Herr werden über Eindrücke aus vergangenen Handlungen?

Meister: Bei karmischen Folgen, die gerade Frucht tragen, ist das nicht möglich; zieht einfach feste Stiefel an, um euch vor den Stichen der Dornen zu schützen. Da der Mensch sterblich ist, wird er sterben, muß er sterben. Die karmischen Rückwirkungen der Vergangenheit, die gerade Frucht tragen, können also nicht aufgehalten werden; aber ihr könnt solch eine Haltung einnehmen, daß sie euch nicht schmerzen.[177]

Frage: Können wir auf irgendeine Weise erkennen, ob wir mit unseren Handlungen eine alte Schuld zurückzahlen, oder ob wir etwas Neues beginnen?

Meister: Erhebe dich in die Kausalebene, vorher ist es nicht möglich.[178]

Frage: Wenn ein Schüler wegen seines *Karma* zurückkommen muß, wie bald wird das sein?

Meister: Wenn er von einem kompetenten Meister eingeweiht wurde, dessen Geboten folgt, nach dem lebt, was der Meister sagt, sich regelmäßig seinen Übungen hingibt, Licht sieht und auch den Tonstrom hört, so sehr, daß er alle äußeren Wünsche ablegt - solch ein Schüler muß überhaupt nicht mehr zurückkehren. Er wird später weiter fortschreiten. Jene, die nichts oder nur wenig getan haben, müssen wohl wieder zurückkommen, aber nicht unterhalb der menschlichen Ebene. Sie werden dann wieder weitere Führung bekommen und nach oben gehen. Und wer seinen Meister so sehr liebt, daß all seine Wünsche weggebrannt wurden - solch eine Seele wird nicht zurückkehren, sie wird von dort aus weiter fortschreiten.[179]

Kein Initiierter kann die karmische Last anderer auf sich nehmen. Nur die gnädige Meisterkraft, die im menschlichen Pol des lebenden Meisters wirkt, kann karmische Schulden unter dem göttlichen Willen begleichen, und sonst niemand.[180]

Abkehr vom Pfad

Die Wege der Meister werden oft aus Mangel an spirituellem Wachstum mißverstanden.[181] Wenn ihr den doppelten Segen - einen menschlichen Körper und den *Satguru* - erhalten habt und diese Gelegenheit wegwerft, indem ihr ihm nicht gehorcht, was wird dann geschehen? Jene, die von den Einkünften anderer leben, unterliegen dem Gesetz von Geben und Nehmen oder der Täuschung. Wenn ihr jemanden verletzt oder ihm Leid zufügt, erntet ihr die Auswirkung davon, und unter demselben Gesetz werdet ihr dort geboren werden, wo der von euch Verletzte geboren wird, damit das Konto genau ausgeglichen werden kann. «Wo eure Aufmerksamkeit ist, dort werdet ihr wohnen.» Wer weiß, wann ihr wieder die menschliche Gestalt erlangt? Das Feuer verzehrt grünes Holz genauso gut wie trockenes, und jeder muß einmal gehen. Wenn ihr eure Tage damit verbringt, von allem zu lassen und nur den euch gegebenen unermeßlichen Schatz rettet, dann wird eure Arbeit hier von Erfolg gekrönt sein.[182]

Es gibt verschiedene Ursachen, die zu Zweifel und Skepsis führen, wenn die Lieben den Pfad verlassen oder vom rechten Weg abkommen. Hauptsächlich liegt es am Mangel an Standhaftigkeit und am Mangel an unbedingtem Gehorsam gegenüber den Geboten. Der Nachdruck auf die Anfangserfahrung wird einfach deshalb gelegt, um die Befähigung und Echtheit eines Meisters dadurch prüfen zu können, ob man bei der Einweihung eine innere Erfahrung aus erster Hand vom heiligen *Naam* erhalten kann. Wenn man die Erfahrung bekommen hat, selbst wenn es für den Anfang wenig sei, so kann man durch regelmäßiges Üben mit der Zeit mehr erwarten. Vollkommene Schülerschaft ist ein seltener Segen, der sich nur in sehr wenigen entfaltet, die nicht nur unablässig für ihren spirituellen Fortschritt arbeiten, sondern sich voll und ganz zu den heiligen Füßen des Meisters hingeben. Es ist vielleicht viel leichter, regelmäßig zu meditieren, sich an die Ernährungsvorschriften zu halten und andere äußere Anordnungen zu befolgen, als sich einen Sinn zur vollkommenen Selbstübergabe zu eigen zu machen - das ist sehr schwierig.[183] Ungehorsam bewirkt, daß ihr ständig von den Feuern der Sinne verzehrt werdet, nicht nur in diesem Leben, sondern auch danach.[184] Denkt daran: Wer die Mauer der Anordnungen des Meisters einreißt, wird niemals innere Erkenntnis verwirklichen! Er mag ein bißchen innere Erfahrung und Hilfe bekommen, wird aber nie vollkommen werden.[185] Du wurdest gebeten, deine Erfahrungen weiterzuentwickeln, indem du der Meditation mit Liebe und Hingabe regelmäßig Zeit widmest. Das ist der Schlüssel zum Erfolg auf dem göttlichen Pfad. Da du nicht nach diesen Anweisungen lebtest, hast du eine Gelegenheit verloren, dich der Führung des Meisters zu versichern, die bei jedem Schritt notwendig ist.

Wenn du den Eingebungen des eigenen Gemüts folgst und an der Wissenschaft der Natur etwas auszusetzen hast, kannst du selbst feststellen, inwieweit das berechtigt ist. Das Gemüt muß auf dem Weg zur Ruhe gebracht werden.

In vielen Fällen liegt das Versagen in der Meditation an Ungenauigkeit in der Durchführung, Mangel an Liebe und Hingabe, Nichtbefolgen der richtigen Ernährung, Vermischen mit anderen Methoden oder Übungen. All diese Fehler kommen vom Schüler. Dies ist der Weg, um von neuem geboren zu werden und in das Reich Gottes einzutreten. Christus und alle anderen Meister lehrten, daß wir lernen sollten zu sterben, damit wir zu leben beginnen können. Du bist in der glücklichen Lage, auf den Weg zu Gott gestellt zu sein.[186]

Der Herr, der im menschlichen Pol wohnt, ermöglicht es der Seele, alles Negative zu überwinden. Im *Gurbani* wird gefragt: «Was ist denn schon die negative Kraft? - Ich kann sie hinauswerfen oder ganz entfernen und ersetzen.» Die Aufzeichnungen, in denen die Worte der großen Meister enthalten sind, tragen maßgebliche Wahrheit in sich, denn nur die Meister (oder jemand, auf den sie ihre Gnade ergießen), sehen den wahren Zustand der Dinge. Die negative Kraft kann ohne Zustimmung der positiven Kraft nicht bestehen. Wir aber sind mißgeleitete, törichte Menschen, die manchmal zulassen, daß wir vom wahren Meister weggezogen werden - leider gibt es das. Ganz gleich, welche Schwierigkeiten kommen, egal, wie eure Verfassung sein mag, laßt niemals die Hand des Meisters los - um euretwillen! Es ist ein natürliches Gesetz, daß ihr bis zu der Stufe kommen werdet, die euer Meister erreicht hat.[187]

Den Meister zu vergessen, heißt, seinen Schutz zu verlieren und dadurch der negativen Kraft eine Gelegenheit zu geben, euch unten festzuhalten. Dennoch verläßt euch die Meisterkraft nicht auf halbem Wege. Er hat mächtige beschützende Hände. Die Saat der Spiritualität, die von ihm bei der Einweihung gesät wurde, muß sich früher oder später entwickeln. «Niemand kann diese Saat zerstören.» Wenn ihr aber den Boden nicht jetzt für ihr Wachstum bestellt, müßt ihr wiedergeboren werden - zweifellos als menschliches Wesen -, um die Arbeit zu Ende zu bringen. Denn die Saat, die ein vollendeter Meister gesät hat, muß keimen und in Fülle sprießen. Aber warum es aufschieben und eure Qual verlängern?[188] Warum nicht jetzt Zeit einsetzen, jetzt wachsen und dieses Wiederkehren beenden? Ihr kommt innen mit dem Licht und dem Tonstrom in Verbindung, und wenn ihr fortschreitet, werdet ihr davon berauscht. Das birgt dann viel größere Glückseligkeit in sich.

Wir bekommen von innen her mehr Entzücken und Glückseligkeit und wenden uns dann natürlich von den äußeren Dingen ab. Solch eine Seele kann nie mehr zurückkehren, sie lebt nach dem Tod des physischen Körpers im Jenseits und bleibt dort. Solche Seelen müssen auch dort noch weiter fortschreiten, aber dies nimmt viel mehr Zeit in Anspruch, als man im physischen Körper benötigt. Also ist es immer besser, sich schon hier zu entwickeln, soviel ihr nur irgend könnt. Damit ihr geradewegs zu jener höheren Ebene gehen könnt, die ihr hier erreicht habt. Bitte, sage ihnen allen, wie sehr ich wünsche, daß sie fortschreiten. Durch die Gnade Gottes haben sie bei der Einweihung eine unmittelbare Erfahrung erhalten. Wenn etwas falsch läuft, liegt es an den Auswirkungen dieser Dinge, die ich soeben erklärt habe.[189]

Was läßt uns von der großartigen Straße der Spiritualität abweichen, nachdem wir den Gottmenschen gefunden und die heilige Initiation von ihm erhalten haben? Es ist die Ich-Verhaftung in den Menschen, die ihnen die spirituelle Erleuchtung versperrt. Diese kann nur durch feste spirituelle Disziplin und unbeirrtes regelmäßiges Einhalten der heiligen Meditation verbunden mit tiefer, ehrfurchtsvoller Demut ausgelöscht werden. Manchmal beeinträchtigt eine unpassende Umgebung den spirituellen Fortschritt der Lieben, die immer um rechtes Verstehen und göttliche Gnade beten sollten.[190]

Ohne Zweifel ist niemand dem *Guru* gleich. Wer beginnt, einen anderen als seinem Meister ebenbürtig zu betrachten, «dessen Seele wird zur Ehebrecherin.»[191]

Frage: Eine Bekannte entschloß sich, den Pfad zu verlassen. Warum geschieht das?

Meister: Weil sie unter der Herrschaft des Gemüts steht. Sie wird vom Gemüt verleitet. Wenn ihr zu einem Meister kommt, dann muß «Satan warten», wie Christus sagte.

Wenn ihr aber damit einverstanden seid, daß er hervortritt - dann müßt ihr euren Fortschritt hintanstellen.[192]

Ihr werdet mit dem Meister heimkehren und nicht mit dem Gemüt, das euch vom Pfad, vom Meister, wegführen wird. Es wird Mängel an ihm finden: viele Dinge, die - ehrlich gesagt - eure eigenen Fehler sind, nämlich die gefärbten Brillengläser, durch die ihr schaut. Und wer meint, daß etwas aus ihm geworden sei, wird ebenfalls vom Gemüt verführt. Das Gemüt ist, wie ich euch sagte, ein sehr listiger Freund. Es wird immer versuchen, euch vom Pfad, von eurem Meister, von Gott, wegzuführen. Das Gemüt ist also ein Gehilfe der negativen Kraft. Es bemüht sich, euch vom Pfad, von Gott abzubringen.[193]

Seine Gnade anrufen

«Der Niedrige wurde durch Gottes Gnade erhöht, und durch seine Gnade wurde selbst der sinkende Stein befähigt, hinüberzuschwimmen.»

Nur durch Gottes Gnade war dieser sinkende Stein imstande, hinüberzuschwimmen; es besteht also Hoffnung für jeden. Großer Reichtum kann durch *Gurubhakti* - liebevolle Hingabe an den Meister - gewonnen werden. Ihr müßt euch eure Belohnung durch die Anwendung dessen, was er euch zu Beginn gibt, verdienen. Der erste Schritt sollte also durch *Gurubhakti* getan werden.

«Ein ganzes Leben voll Gurubhakti
ist notwendig, und im nächsten Leben
wirst du Naam erhalten.

Die dritte Geburt bringt Erlösung,
und die vierte bringt dich
zu deiner wahren Heimat.»

Wenn ihr in einem Leben *Gurubhakti* übt, werdet ihr im nächsten *Naam* bekommen, das dritte wird Erlösung bringen und im vierten werdet ihr *Sach Khand*, eure wahre Heimat, erreichen. All diese Stufen könnt ihr jetzt - durch die Gnade des Meisters - sogar in der Zeitspanne nur eines Menschenlebens durchschreiten. Alle Meister haben Loblieder über *Gurubhakti* gesungen.[194]

Er sagt uns, daß Gott jeden liebt, der versucht, sich seine Eigenschaften zu eigen zu machen. Also sollten wir versuchen herauszufinden, welche Eigenschaften dies sind, und sie auch unserem Wesen einprägen. Wenn in einem Büro eine Stelle frei ist und der zuständige Beamte eine gute Handschrift hat, wird er natürlich mehr von Bewerbungen beeindruckt sein, die schön geschrieben sind. Möchten wir also das Gefallen des Herrn erringen, sollten wir uns seine Eigenschaften aneignen. Aber wie können wir sie erkennen, wenn noch niemand ihn gesehen hat? Wir können seine Eigenschaften nur im Meister beobachten, der das menschgewordene *Wort* ist - Gott in menschlicher Gestalt geoffenbart. Welche auch Gottes Eigenschaften sind - der Meister besitzt sie. Wenn wir den Meister lieben und unsere ganze Aufmerksamkeit auf ihn richten, können wir alle Tugenden aufnehmen, und genau diese Tugenden werden sich dann in uns offenbaren.

Wie der Mensch denkt, so wird er. Wenn man fortgesetzt an einen verdorbenen Menschen denkt, der mit Gott und allem Gottgleichen gebrochen hat, dann wird man bereits nach kurzer Zeit wie er. Die Liebe des Herrn ist jedem eingeboren, in dem er sich offenbart. «Gottes Eigenschaften kannst du sehen, wenn du den Guru siehst.»[195] Wir sollten daher mit ganz reinem Herzen zum Meister gehen, mit Liebe und gebührender Ehrerbietung für ihn. Dann wird er euch natürlich sein eigenes Selbst geben.

So also können wir Liebe zum Meister entwickeln - zu Gott in ihm: Die Eigenschaften, die er in sich entwickelt hat, solltet ihr auch in euch zu entwickeln versuchen. Welche Eigenschaften sind das? Er möchte Liebe - keine Schau - und striktes Befolgen dessen, was er sagt. Wenn er einmal etwas sagt, gehorcht ihm! Gehorcht ihm wörtlich! Während ihr diese Dinge entwickelt, werdet ihr die ganze Zeit im Inneren wie auch im Äußeren beglückende Erinnerungen an den Meister haben. Es ist Sache des Meisters, sich um das zu kümmern, was er zu geben hat. Er ist nur gekommen, um Leben zu schenken. Er hat keine andere Aufgabe. Er ist Leben, Licht und Liebe. Er kann euch diese Eigenschaften nur geben, wenn ihr empfänglich geworden seid und nichts zwischen euch und ihm steht. Die Eigenschaften Gottes spiegeln sich in ihm wider. Wenn ihr diese Eigenschaften einfach in euer eigenes Leben übernehmt, werden der Meister und Gott in ihm euch lieben. So wie Christus sagte: «Wer mich liebt, den liebt mein Vater, und wen der Vater liebt, dem werde ich mich offenbaren.» Alle Meister haben dasselbe gesagt.[196]

Eure liebevollen und demütigen Bitten an den Meister sind beachtenswert. Solch ein Gebet, das aus den Tiefen des Herzens kommt, ruft die göttliche Gnade und Barmherzigkeit an. Nur wenn ein Schülerkind seine eigene Bedeutungslosigkeit und Hilflosigkeit erkennt, gewährt Gott ihm mehr und mehr Gnade. Ein wahrer Schüler ist, wer den Geboten des Meisters unbedingt gehorcht.[197]

Jeder ist eine kostbare Persönlichkeit und muß die ihm gebührende Belohnung erhalten. Jeder wurde mit großen inneren Möglichkeiten ausgestattet, die entwickelt werden können, wenn man von der Gnade des Meisters den richtigen Gebrauch macht.[198]

> «Wahr ist der Herr und wahr sein heiliges Wort;
> seine Liebe wurde als grenzenlos beschrieben.
> Der Mensch bittet um seine Gaben,
> die er unermüdlich gewährt.
> Wenn alles sein ist:
> Was können wir ihm dann zu Füßen legen?
> Was können wir sagen, um seine Liebe
> zu gewinnen?
> In der köstlichen Stunde der frühen
> Morgendämmerung verbinde dich
> mit dem göttlichen Wort
> und meditiere über seine Herrlichkeit!
> Unsere Geburt ist die Frucht
> unserer Handlungen.
> Aber Erlösung kommt nur durch seine Gnade.
> Oh Nanak, wisse, daß der Wahre Eine
> allem innewohnt.»[199]
>
> Jap Ji

Band II

Meditation

Teil 1

Selbstprüfung

Vorwort
aus „Sieben Wege zur Vollendung"

Ein winziges Samenkorn birgt eine mächtige Eiche in seinem Innern, die durch geeignete Nahrung und passenden Schutz zu voller Entfaltung gelangt. Alle jungen, zarten Setzlinge brauchen unbedingt aufmerksames Gießen, regelmäßiges Unkrautjäten, Düngen und einen Schutz gegen umherstreifendes Vieh, damit die jungen Pflanzen keinen Schaden erleiden. Im Verlauf der Zeit gelangt der Baum dann zu voller Reife; er spendet den Wanderern Schatten und Schutz und wird zur Quelle der Hilfe und Anregung für andere. Genau auf die gleiche Weise gedeiht die heilige Saat der Einweihung am besten auf reichem, fruchtbarem Boden, der aus hohen sittlichen Werten und liebevollem Mitgefühl gebildet wird. Wird die Seele des Menschen durch den lebenden Meister sanft aufgerüttelt, so ist dies ein verheißungsvoller Auftakt für die lange geistige Reise, die vor ihm liegt. Wahrheitssuchern wird daher zur Selbstprüfung geraten; sie hilft, Fruchtbarkeit zu entwickeln und das Göttliche zu voller Blüte zu entfalten. Die sieben Haupttugenden, die in dem vorgeschriebenen Tagebuch (siehe nächste Seite) zur Selbstprüfung aufgezählt sind, helfen unermeßlich dabei, den gesamten Bereich der Ethik zu berücksichtigen und die göttliche Barmherzigkeit herabzurufen.

Kirpal Singh

Am Ende des Tages sollte sich jeder Schüler die Anzahl seiner Fehler in Gedanke, Wort und Tat für die verschiedenen Spalten des nachstehend abgebildeten Tagebuchblattes ins Gedächtnis rufen.

Spirituelles Tagebuch

GEBOTE	FEHLER	1	2	3	4	5	6	7	8	9	10	11	12	13	14	15	16	17	18	19	20	21	22	23	24	25	26	27	28	29	30	31
Nicht Angreifen (Ahimsa)	In Gedanken																															
	In Worten																															
	In Taten																															
Wahrhaftigkeit	Lüge																															
	Hinterlist																															
	Heuchelei																															
	Betrug																															
	Widerrechtl. Erwerb																															
Keuschheit	In Gedanken																															
	In Worten																															
	In Taten																															
Stolz auf:	Wissen																															
Demut	Besitz																															
	Einfluß																															
Diät																																
Selbstloser Dienst	Körperlich																															
	Finanziell																															
	Total																															
Meditation	Sehen																															
	Hören																															
	Total																															
Ausmaß des Zurückziehens vom Körperbewußtsein		Innere Seherfahrung								Innere Hörerfahrung							Schwierigkeiten i. d. Meditation								Monat/Jahr: Name u. volle Anschrift: Tag d. Initiation:							

104

Die Bedeutung des Tagebuches

Wenn wir lernen könnten, zu gehorchen und das Tagebuch zu führen, würden wir zu Göttern und Göttinnen werden.[1]
 Es ist möglich, daß der Mensch seinen Zustand erkennt; er liest, er überlegt, er besucht den *Satsang*, er faßt Entschlüsse, fällt aber immer wieder in die alten Gewohnheiten zurück. Daher habe ich empfohlen, täglich ein geistiges Tagebuch zu führen. Es ist eine Hilfe zur Selbstprüfung, die ich nach reiflichem Überdenken der Angelegenheit eingeführt habe. Wenn ihr es nur führen wolltet... ihr könnt es mir sogar leer einschicken! Wie viele Monate würdet ihr es weiterhin unausgefüllt einsenden? Sein Segen liegt in der ethischen Besserung. Das ist eine sehr gute Art, seine Bedeutung zu erklären.
 Mit den Zeiten ändern sich auch die Mittel. In den alten Tagen wurden die Kleider durch Schlagen gegen Steine gewaschen, und heute haben wir es bis zur chemischen Reinigung gebracht, ohne die Verwendung von Wasser. Die Meister haben im Wandel der Zeit viele Wege benutzt, um im Menschen ein Bewußtsein für seine Lebensweise wachzurufen. Diejenigen, die dieser Wissenschaft nicht genauestens folgen, führen nie das Tagebuch.[2]
 Das geistige Tagebuch ist nach sorgfältiger Überlegung vorgeschrieben worden, und dem lag ein tiefer Sinn zugrunde. Die Selbstprüfung muß täglich durchgeführt werden, und dadurch werdet ihr in der Lage sein, selbst zu erkennen, wie weit ihr aus dem Einflußbereich der Sinne herauskommt. Durch die Gnade des wahren Meisters erhaltet ihr eine Verbindung mit dem Licht und dem Tonstrom. Wenn ihr aber kein reines und keusches Leben führt, wird der Vorhang aus Dunkelheit das Licht wieder verbergen. Ihr müßt in eurer Meditation regelmäßig sein, um dieses Licht

zu erhalten. Es stehen wichtige Gründe hinter der Tagebuchführung.[3]

Das Tagebuch ist für den eigenen Gebrauch bestimmt und hilft, viele der versteckten unterschwelligen Schwächen an die Oberfläche zu bringen, so daß ihr beginnt, sie zu sehen, und versucht, sie eine nach der anderen zu beseitigen. Werden sie ausgemerzt, wird das Leben erfreulich und der geistige Fortschritt beschleunigt.[4]

Gedacht ist das Tagebuch als eine persönliche Mitteilung an den Meister sowie als hilfreiche und liebevolle Ermahnung an den Schüler, nicht vom rechten Weg abzuweichen, und auch als Hilfe, von Tag zu Tag fortzuschreiten, indem er sich bessert; und falls keine Besserung eintritt, dient es dazu, daß er überlegt und nachdenkt, warum das so ist. So ist das Tagebuch eine sehr nützliche Einrichtung.[5]

Den Eingeweihten wurden die Tagebuchblätter zur regelmäßigen und gewissenhaften Selbstprüfung gegeben. Mit ihrer Hilfe werden sie sich zumindest der Anweisungen des Meisters tagsüber erinnern. Führten sie das Tagebuch nicht, vergäßen sie leicht, dem nachzustreben, was ihnen geraten wurde... das ist also ein Vorzug der Tagebuchführung.[6]

Das Tagebuch zeigt, wieviel Zeit ihr aufwendet und an wieviel Stellen euer Herz noch in der einen oder anderen Weise an äußeren Dingen hängt. Hingabe bedarf der Reinheit des Herzens. Herzensreinheit erfordert, daß kein anderer Gedanke, außer an den Einen, den ihr liebt, euer Herz bewegt. Wenn kein einziger Gedanke an irgend jemanden sonst in eurem Herzen und es frei von äußeren Bindungen ist, dann wohnt Gott darin. Hingabe beginnt, wenn ihr euer Herz von den äußeren Dingen loslöst und an Gott oder den Gott im Menschen bindet. Das entwickelt sich durch ständige Verbindung mit Ihm. Das ABC des Pfades beginnt mit regelmäßiger Hingabe an eure spirituellen Meditationen.[7]

Wer das Tagebuch noch immer nicht führt, muß es von nun an tun. Ich betone diesen Punkt immer und immer wieder mit Nachdruck. Wer das Tagebuch nicht führt, wird ständig versagen. Mit der Zeit wird sein ganzes Herz wieder an der Welt hängen. Äußerlich erscheint er vielleicht sehr ergeben, in Wirklichkeit aber ist er der Welt verhaftet.[8]

Wer sein Tagebuch nicht führt, verliert wertvollen Boden an beständigem geistigen Fortschritt. Mit der Zeit wird er dann aufhören, sich seinen spirituellen Übungen zu widmen, und in der Folge werden die im Tagebuch hervorgehobenen Tugenden immer weniger beachtet.[9]

Wenn einige der Lieben den Wunsch haben, noch vor der Einweihung ein Tagebuch zur Selbstprüfung zu führen, werden sie später auf dem heiligen Pfad den Segen dafür bekommen.[10]

Selbstprüfung und Menschwerdung

Zunächst muß der sich mühende Schüler zwei Stadien durchschreiten, bevor er über das Körperbewußtsein gelangt und an den geistigen Übungen Freude zu haben und den Pfad mit Festigkeit zu beschreiten beginnt. Während der ersten Stufe weiß der Schüler wenig oder nichts von der Selbstprüfung und befindet sich in abgrundtiefer Unwissenheit. Auf der zweiten Stufe beginnt er zu erkennen, daß er unzählige Fehler und Schwächen hat, die abgelegt werden müssen, bevor er hoffen kann, sich über das Körperbewußtsein zu erheben, von wo aus dieser Pfad erst wirklich beginnt.

Dieser zweite Zustand, der für die meisten ein sich lang hinziehender Kampf mit den niedrigen Neigungen des

Gemüts ist, wird als «Menschwerdung» bezeichnet. Der Gottespfad selbst oder das Sich-Erheben über die niederen Seinsebenen in die höheren Bereiche unsäglicher Glückseligkeit und Harmonie ist nicht schwierig. Schwierig jedoch ist die «Menschwerdung». Es gibt keine festgelegte Zeit für diese zweite Stufe. Alles hängt von der Fähigkeit des Schülers ab, Selbstbeherrschung zu üben, die Gebote des Meisters zu befolgen und Liebe zu ihm zu entwickeln. Das selbstgefällige Ich ist das letzte Hindernis, das überwunden werden muß; und das ist nicht eher möglich, als bis die Seele beginnt, zu sich selbst zu finden und einen Schimmer ihres eigentlichen Wesens wahrzunehmen, wodurch sich dann im Schüler eine natürliche Demut entwickelt. Diese darf nicht mit einer unterwürfigen Haltung verwechselt werden, bedenkt das bitte. Wahre Demut hat Kraft, ist aber dennoch nicht auf Selbstbehauptung aus. Obwohl die gnädige Meisterkraft immer da ist, um dem Schüler in diesem Ringen zu helfen, ist dies doch etwas, durch das der Schüler selbst hindurch muß. Niemand sonst kann das für ihn tun. Ihr seid auf den Weg gestellt worden und habt ein Anfangskapital erhalten, mit dem ihr beginnen könnt, und das ihr noch immer besitzt. Eine Saat wurde in euch gesät, die eines Tages mit Sicherheit Frucht tragen muß, und ihr habt den Meister als ständigen Begleiter in seiner feinstofflichen Form als Licht und als Ton. Er ist ebenso in der Lage, sich euch in seiner bezaubernden strahlenden Gestalt zu offenbaren, wenn ihr gelernt habt, das Körperbewußtsein zu überschreiten. Es ist unvernünftig zu erwarten, daß ihr die höheren Ebenen erreicht, ohne euch zuerst in einem hohen Maße vervollkommnet zu haben. Da es schon bei weltlicher Ausbildung nicht ungewöhnlich ist, zwanzig oder mehr Jahre dafür aufzubringen, die notwendigen Voraussetzungen für eine erfolgreiche Laufbahn zu schaffen, so muß der

Schüler noch viel mehr Zeit und Mühe einsetzen, bevor er zu einem aufnahmefähigen Gefäß gemacht werden kann, um die Wahrheit seiner eigenen Seele und die Gottes aufnehmen zu können. Einige haben da eine sehr sonderbare Anschauung. Sie glauben, in kurzer Zeit und mit wenig Anstrengung Selbst- und Gotterkenntnis erlangen zu können, während eben diese Leute gewillt sind, jahrelang zu schuften, um das Essen auf den Tisch zu bekommen, was auch schon alles ist, was diese Welt zu bieten hat.[11]

In keiner anderen Daseinsform, nur im menschlichen Körper, kann eine Seele Gott verwirklichen.[12] Die Götter und Göttinnen verlangen nach der menschlichen Geburt. Dies kann nur bedeuten, daß der menschliche Körper wegen seiner großen spirituellen Möglichkeiten der höchste in der ganzen Schöpfung ist.[13]

Ich möchte die Wichtigkeit der Selbstprüfung unterstreichen. Dafür wurde die Tagebuchführung vorgeschrieben. Eine wachsame und sorgfältig bedachte Lebensweise ist eine wesentliche Hilfe für den inneren Fortschritt. Wir sollten ein streng ausgerichtetes Leben führen, indem wir die Sinne vollkommen beherrschen. Diese nähren nämlich das Gemüt, das seinerseits die Seele überwältigt. Die inneren göttlichen Bindeglieder, Licht und Ton, sind beim Überwachen der Sinne sehr hilfreich. Wenn ihr diesen göttlichen Kräften folgt, wird die innere Wandlung eures Lebens von selbst kommen. Die Wahrheit steht zwar über allem, aber noch höher steht die wahre Lebensweise.[14]

Nehmt eine rechtschaffene Lebensweise an und seid zufrieden. Ihr habt vielleicht gewisse Wünsche, aber haltet jetzt ein, laßt sie nicht noch anwachsen. Denkt dann über die vorhandenen Wünsche nach und wohin sie euch führen werden. Was erwartet euch und was werdet ihr mit euch nehmen können? Wir eilen, ja hetzen durch das Leben.

Meist sind wir uns noch nicht einmal dessen bewußt, was wir gerade tun. So rät uns der Meister, all unsere Angelegenheiten mit ruhiger Heiterkeit abzuwickeln.[15]

Wenn wir uns vornehmen, in irgendeinem menschlichen Wirkungsbereich ein gewisses Ziel zu erreichen, ist es erforderlich, den jeweiligen Fortschritt von Zeit zu Zeit zu überprüfen. Nur durch ein solches Nachprüfen können wir uns unserer Unzulänglichkeiten und Irrtümer bewußt werden, können wir sie ausrotten und tilgen und uns weiteres Fortschreiten vornehmen. Da wir uns für die Sache des großen Meisters einsetzen, ist es gleichermaßen erforderlich, daß wir von Zeit zu Zeit unser Tun und das Erreichte einer Prüfung unterziehen. Ohne eine solche Selbstprüfung und Selbstbeurteilung ist kein wirklicher Fortschritt möglich. Um dieser Selbstprüfung neuen Antrieb zu geben und sie zur täglichen Gewohnheit jedes einzelnen Schülers werden zu lassen, habe ich darauf bestanden - und bestehe weiterhin darauf - ‚daß täglich die Gedanken, Worte und Taten und die Meditationszeit aufgeschrieben werden. Was für uns als einzelne Eingeweihte erforderlich ist, gilt noch mehr für uns als Glieder einer großen Bewegung.[16]

Ihr müßt zuerst das Ergebnis bedenken, bevor ihr etwas tut oder auch nur zu tun gedenkt.[17]

Gottesfurcht ist der Beginn der Weisheit, und eine vorhergesehene Gefahr ist schon halb vermieden. Gewarnt sein heißt gewappnet sein.[18]

Zur rechten Zeit werdet ihr alles erhalten, wenn ihr des Meisters Gebote befolgt und nach dem lebt, was er sagt. Jeden Tag werdet ihr vor Aufgaben gestellt, die darauf abzielen, euer geistiges Wachsen zu fördern. Leider warten die meisten auf eine ganz besondere Anweisung, die ihnen der Meister persönlich gibt, bevor sie etwas als Aufgabe vom Meister annehmen. Sie erkennen nicht, daß ihre tagtäglichen Handlungen und das Verhalten anderen gegenüber im Beruf, ihre Verantwortlichkeiten, die sie bei ihren anderen weltlichen Pflichten übernehmen müssen, und die Tatsache, wie gut sie diese erfüllen, allesamt Aufgaben sind, die der Meister stellt. Würdet ihr euer Verhalten in den jeweiligen Lebenslagen genau beobachten, dann müßtet ihr unweigerlich wahrnehmen, wie weit ihr spirituell gewachsen seid. Dies ist der wichtigste Teil des geistigen Pfades. Ihr müßt erst in allen Ehren die «Menschwerdung» vollendet haben, bevor euch höhere Aufgaben übertragen werden können.[19]

Jeder Gedanke, jedes Wort und jede Tat, ob gut oder schlecht, hinterläßt einen unauslöschlichen Eindruck im Gemüt und muß verantwortet werden. Daher besteht die Notwendigkeit für gute Gedanken, rechtes Trachten und rechtes Verhalten, die alle die erforderliche Hecke um die zarte Pflanze der Göttlichkeit bilden.[20]

Was bewirkt der Wunsch? Alle Vorstellungen im Gemüt sind Wünsche. Seid also wunschlos! Ihr werdet bemerkt haben, daß Ärger aufsteigt, wenn ein Hindernis der Erfüllung eines Wunsches im Wege steht. Dann kommt der Stolz: «Ich muß das haben (oder jenes tun), sonst gelte ich in den Augen der anderen wenig.»

Man kann die Eitelkeit als die Ursache aller Sünden betrachten, denn sie wird zur Ichsucht. Der Meister empfiehlt uns, von der Unbelehrbarkeit abzulassen und den Starrsinn aufzugeben. Ihr müßt euch immer den Standpunkt des anderen anhören - vielleicht werdet ihr feststellen, daß das, was er sagt, richtig ist. Rechthaberei bindet den Menschen nur noch mehr; es gibt dann keinen Raum für Wachstum. Engherziges Wissen aus Büchern beispielsweise, das richtig oder falsch sein kann, sollte aufgegeben werden. Es versteht sich von selbst, daß alle Bindungen abgebrochen werden müssen - ihr müßt das Geben und Nehmen beenden - schließlich müßt ihr den Körper und seine ganze Umwelt verlassen. Wenn sich ein Hindernis zwischen euch und euren Wunsch stellt, wird er sogar noch stärker. Legt einmal einen großen Felsbrocken in die Mitte eines schnellströmenden Flusses, und ihr werdet zwei Dinge hervorrufen: Schaum und Lärm. Wenn ein Mensch ärgerlich ist, kann er nicht ruhig sprechen, und schließlich schäumt er. Bekommt ihr das, was ihr wünscht, so wird der Wunsch zur Bindung. Für all dies gibt es nur ein Heilmittel: Nur wenn ihr euer wahres Selbst gesehen habt, könnt ihr den Herrn erkennen.[21]

Millionäre werden ihre Millionen zurücklassen; wer eine Lehmhütte besitzt, wird diese aufgeben; ihr brachtet euren Körper nicht mit und er wird euch auch nicht begleiten, wenn ihr zurückkehrt. Wohl aber werdet ihr eure Taten mitnehmen.[22]

Ist sonst noch etwas erforderlich, um mit dem Herrn wieder vereinigt zu werden? Rechtschaffenes Leben (*Sadachar*) ist äußerst wichtig. Das Gemüt, das unter den schlechten äußeren Einflüssen Amok läuft, muß gefügig gemacht werden. Nur dann kann wirklicher Fortschritt erzielt werden. Unser größtes Hindernis ist, daß die Seele unter der Herrschaft des Gemüts steht und das Gemüt seinerseits von den Sinnen beherrscht wird. Die Befreiung aus dieser Bindung wird durch eine rechtschaffene Lebensweise beschleunigt.[23]

Wir empfangen Eindrücke von außen durch die Augen, die Ohren, die Zunge, die Nase und den Tastsinn. Deshalb müssen wir Selbstbeherrschung üben. Nur wer das tut, kann von Tag zu Tag fortschreiten, indem er regelmäßig übt und auch sich selbst prüft.

Das ist äußerst wichtig. Allein schon eure Seele, deren äußere Erscheinungsform Aufmerksamkeit (*surat*) genannt wird, macht es euch unmöglich, innen zu sehen, wenn sie außen beschäftigt ist.[24]

Was entsteht, wenn dies alles richtig verstanden wird? Rechte Gedanken und aus ihnen rechte Worte, und daraus folgen rechte Taten.[25] Wenn ihr fertigbringt, euer Ich zu besiegen und es zu Füßen des Meisters niederzulegen, zu lernen, ihn durch alle Dinge wirken zu sehen, die Tatsache der Begrenzung eurer eigenen Sicht anzuerkennen, unaufhörlich und eifrig über eure Gedanken, Worte und Taten zu wachen und alles Schlechte und alle Unvollkommenheiten auszurotten - dann werdet ihr nicht nur für euch selbst Erlösung erhalten, sondern auch andere befähigen, ebenso zu handeln. Euer Beispiel wird wie eine Fackel in der Finsternis leuchten, und die Menschen, selbst jene, die zunächst gegen euch sind, werden sich dann an euch um Führung und Hilfe wenden. Ihr werdet eine neue Art von Frieden finden, der in euch schwingt und euch durchdringt, einen Frieden, der nicht vom Fehlen äußerer Störungen abhängt, sondern ein innerer Gemütszustand ist, der selbst in den stürmischsten Situationen unerschütterlich bleibt. Und genau diese Eigenschaft wird nicht nur euer eigenes Leben durchdringen, sondern das umfassende Leben der großen geistigen Bewegung, von der ihr ein Teil seid.[26]

Gebundenheit

Der menschliche Körper ist der Tempel Gottes. Um Überbewußtsein zu erlangen, müßt ihr alle äußeren Bindungen loslassen. Solange ihr euch mit äußerlichen Dingen identifiziert, könnt ihr keine feinstoffliche Gestalt annehmen.[27] Alle Meister sagen: Wenn ihr einen menschlichen Körper erhalten habt, ist das höchste Ziel eure Verbindung mit Gott. Ihr werdet immer dahin gehen, wo eure Bindung ist.

Wieder und wieder seid ihr in die Welt gekommen, weil ihr nicht an Gott gebunden wart - sonst wäret ihr zu Gott gegangen. Führt also eure Tagebücher und entfernt alle fremden Gedanken aus euren Herzen. Jetzt ist unser Herz noch geteilt. Es sollte keinen anderen Gedanken haben als den an Ihn, dem ihr euch hingeben wollt.[28]

Was tun wir im allgemeinen? Wir erhalten etwas, um damit zu beginnen und vergeuden es, indem wir uns an äußere Dinge hängen. Der Vater wird sich über das Kind freuen, das den besten Gebrauch von dem gemacht hat, was es bekommen hat. Wenn es zu einem aufrichtigen und zuverlässigen Menschen heranwächst, wird es mehr und mehr erhalten. Es gibt Menschen, die erklären: «Früher standen wir sehr gut da, aber jetzt nicht mehr.» Aber warum nicht mehr? Wir haben uns selbst zu Bettlern gemacht. Wir müssen also achtsam sein. Selbstprüfung ist äußerst notwendig. Wer sie nicht einhält, dessen Kapital wird dahinschwinden.[29]

Jetzt seht ihr, wie wichtig Selbstbeherrschung ist. Benutzt, was ihr möchtet. Jetzt werdet ihr noch unwiderstehlich zu äußeren Dingen hingezogen. Ihr müßt in der Welt ganz losgelöst leben. Wenn ihr eine eurer Fähigkeiten einsetzen wollt, dann tut es; wenn nicht, dann laßt es. Jetzt seid ihr noch nicht so weit. Zu diesem Zweck habt ihr eine Verbindung mit dem Licht und dem Tonstrom in euch erhalten. Wenn ihr dort mehr Seligkeit erfahrt, werden eure äußeren Bindungen gelöst werden.[30]

Ein Mensch, der sich wirklich von der Welt gelöst hat, wird nicht von ihr beeinflußt. Wirkliche Entsagung bedeutet tatsächlich, nicht mehr an die Welt oder an etwas Äußeres gebunden zu sein. Ein Mensch, der in sich Liebe empfindet, Liebe zu Gott, ist so sehr an Gott gebunden, daß alles andere aus seinem Gemüt weicht; nichts sonst zieht ihn mehr an.[31]

Ein Herz, das nicht an der Welt hängt, denkt nie an weltliche Dinge. Wer keine Fehler in den verschiedenen Spalten des Tagebuches einzutragen braucht und ein reines Herz hat, muß Gott darin haben. Gott ist schon immer dort gewesen, dann aber wird er offenbar.[32]

Selbstbeherrschung und die Wichtigkeit der inneren Verankerung

Es ist also wichtig, erst zu lernen, mit eurer äußeren Umgebung fertigzuwerden, die aus dem Leben zu Hause und dem Beruf besteht. Wir werden nach unseren Taten und nicht nach unseren Worten beurteilt. Alle unsere Handlungen, ob vom Körper, der Empfindung oder dem Verstand her, kommen aus der Fülle unseres Herzens. Das Gemüt ist ein Verzeichnis und ein Spiegel, der unseren inneren Zustand getreulich wiedergibt. Ein Maßstab des Erfolges, wie gut ihr mehr und mehr mit eurer äußeren Umgebung zurechtkommt, wird ein allmähliches Bewußtwerden dessen sein, daß ihr Herr eurer eigenen Gedanken werdet. Um eben diesen Erfolg erzielen zu können, habe ich das Tagebuch zur Selbstprüfung eingeführt. Wieviele aber führen das Tagebuch wirklich genau? Leider muß ich sagen, sehr wenige, wenn überhaupt jemand. Zöget ihr aus der Führung des Tagebuchs Nutzen, so könntet ihr einen Wandel in eurem Verhalten und eurer Denkweise feststellen und dadurch auch im Geistigen mit großen Schritten vorwärtskommen. Der Sinn des Tagebuchs ist es, daß ihr euch über euren inneren Zustand Gedanken macht, damit ihr wißt, wo ihr steht. Es ist ein Mittel, das - richtig angewandt - euch zu einem Gefäß meißelt, das für die Offenbarung des Meisters in euch bereit ist. Ihr solltet genausoviel Hingabe und Aufmerksamkeit für das Führen eures Tagebuchs aufwenden, wie ihr für eure Meditationen einsetzt.[33]

Leider haben nur wenige, wenn überhaupt jemand, eine Vorstellung davon, was das Führen des Tagebuchs wirklich bedeutet. Mit der Zeit werden die Eintragungen eine bloße Formsache, und der ganze Sinn, der hinter der Tagebuchführung steht, geht verloren. Wir werden gebeten, das Tagebuch über unsere Gedanken, Worte und Taten zu führen. Wieviele von uns tun das aber wirklich? Die Mehrzahl handelt mit ihren Gedanken, Worten und Taten gemäß dem jeweiligen Anreiz, oder anders ausgedrückt, instinktiv. Der wahre Kern der Sache ist, daß wir jeden Gedanken, der durch unser Gemüt geht, bewußt wahrnehmen müssen. Wir müssen unsere Worte abwägen, bevor wir sprechen, und sollten keine leeren Worte äußern als Antwort auf die jeweilige Lage, der wir uns gegenübersehen. Wenn wir fähig sind, in dieser Hinsicht etwas voranzukommen, dann werden wir in der Selbstbeherrschung schon weit sein. Das ist im wesentlichen der Weg des *Raja Yoga*, des «königlichen Weges zur Wiedervereinigung». Nur wenn wir uns in der Lebenshaltung, wie sie von uns verlangt wird (und wie sie durch die Tagebuchführung angedeutet wird), weit entwickelt haben, sind wir es wert, die Früchte aus den Übungen des *Surat Shabd Yoga*, dem Weg des inneren Lichtes und Tonstromes, zu ernten.[34]

Ihr könnt euren geistigen Fortschritt am Maßstab bewußter Beherrschung beurteilen, die ihr über eure Denkweise erlangt habt. Wer bis zu einem gewissen Ausmaß diese Beherrschung erreicht hat, wird nicht mehr durch äußere Umstände, Beanspruchungen und Überforderungen, die ihm seine Umgebung auferlegen mag, beeinflußt oder aus der Fassung gebracht. Wer sich über die Umstände seiner äußeren Umgebung nicht erheben, sie nicht voll und ganz beherrschen und mit Leichtigkeit handhaben kann, wird niemals fähig sein, auf dem Weg zurück zu Gott weiterzukommen.[35]

Um Beherrschung über sich zu erlangen, sein ganzes Leben völlig in der Hand zu haben, und als Hilfe, um sich von äußeren Bindungen zu lösen, ist Selbstprüfung erforderlich. Beginnt mit der bewußten Kontrolle eines kleinen Bruchteils eures Lebens. Wenn ihr euch gleichzeitig ein wenig an der inneren Berauschung durch *Naam* erfreut, wird es euch gelingen, erfolgreich zu sein. Alle Meister sagen, daß es ohne Meditation keinen Erfolg geben kann.[36]

Wir sind es, die dem Gemüt Kraft verleihen. Wir sind es, die den Sinnen Kraft geben. Wir sind es, die außen Gutes oder Schlechtes sehen. Wenn wir in unserem Inneren ruhen, können wir den besten Nutzen aus unseren nach außen gehenden Fähigkeiten ziehen.[37] Bevor ihr nicht in euch ruht, könnt ihr dem Einfluß anderer nicht entgehen.[38] Wir nehmen Eindrücke von außen und von dorther auf, wohin unsere Aufmerksamkeit geht, wir werden von der Ausstrahlung derer beeinflußt, mit denen wir in Berührung kommen. Wenn sie rein sind, ist es gut. Wenn nicht, empfangt ihr ihre jeweilige Ausstrahlung.[39]

Sieg über das Gemüt ist Sieg über die Welt. Euch wurde ein Maßstab zum Ablesen eures geistigen Fortschritts in Form eines Tagebuches zur Selbstprüfung zugestanden; so könnt ihr die Dinge selbst beurteilen und sehen, wie weit ihr auf dem Pfad fortgeschritten seid.[40] Die Menschwerdung geht der Göttlichkeit voraus. Solange ihr nicht Herr über alle fünf Sinne seid, könnt ihr keinen nennenswerten inneren Fortschritt machen.[41] «Beherrsche alle Wünsche (Kama), Ärger, Gier, Gebundensein; dieses Spiel gefällt dem Herrn.» Der Wunsch greift über die Augen an, Ärger über die Ohren. Bindungen kommen durch das Umarmen. Erhebt euch über all dies, und ihr werdet die Verbindung mit der Wahrheit erhalten.[42]

Die wiederkehrenden Schwächen in den einzelnen Tagebuchspalten zeigen, daß ihr zu sehr ins Weltliche vertieft seid; das solltet ihr vermindern, indem ihr in die göttliche Gnade versunken bleibt. Durch ein völlig dem Geistigen gewidmetes Leben, wie es vom Meister angeraten wird, sollten Schweigen, Alleinsein und Gemütsruhe gepflegt werden. Ihr könnt überflüssige Verpflichtungen und unüberlegten Zeitvertreib einschränken, indem ihr euch euer geistiges Ziel immer vor Augen haltet. Ein wohlgeordnetes Leben bringt reichen Gewinn.[43]

Jede Handlung hat eine Wirkung. Jede Unterlassung oder Tat hat eine entsprechende Folge. Wir können der Sünde nicht entkommen, solange wir uns selbst als aus dem Fleisch geboren betrachten, denn das Fleisch ist die Wurzel allen Übels auf der Welt. Solange eine Seele nicht lernt, die Ebene der Sinne willentlich zu verlassen, gedeihen Begierden und Zerstreuungen wie ein Lorbeerbaum.[44]

Jeder Tag bringt ein neues Leben voll unermeßlicher Möglichkeiten mit sich. Ihr dürft keine Ängste irgendwelcher Art hegen, sondern müßt statt dessen versuchen, eure Fähigkeiten zum Erreichen des Ziels der geistigen Vollkommenheit einzusetzen. Nehmt und bejaht das Leben mit all seinen Wechselfällen freudig und schwungvoll. Tretet einfach tapfer mit innerer Ausgeglichenheit und Sicherheit der jeweiligen Lebenslage gegenüber. Der Baum des Lebens, der unter Stürmen gewachsen ist, spendet mehr kühlenden Schatten und trägt reichere Frucht. Fehler sollten als Sprungbrett zum Erfolg dienen. Beharrliches Bemühen wird alle Schwierigkeiten überwinden.[45]

Ändert euer Verhalten

O Mensch, jetzt ist die Zeit, deine alten, schändlichen Gewohnheiten abzulegen und neue anzunehmen. Gewohnheiten bilden sich, wenn die gleichen Handlungen ständig wiederholt werden. Deshalb sollten wir zuerst alle üblen Handlungsweisen aufgeben: Lüge, Heuchelei, Betrug, Kritik an anderen, Feindseligkeit, Geiz, Bosheit, Verleumdung und Verschiedenes mehr. Wenn ihr nicht beabsichtigt, diese Gewohnheiten zu ändern, was nützt dann der Besuch des *Satsang*? «Eure Schritte gehen voran, aber euer Gemüt bewegt sich rückwärts». Der *Satsang* ist das Mittel, uns in etwas Edles umzuformen, aber nicht durch bloßes Wiederholen von Gottes Namen. Ändert jetzt eure Gewohnheiten in gute um, denn Gewohnheiten werden mit der Zeit zur Veranlagung. Weist alle unguten Gedanken von euch und setzt gute an ihre Stelle. Wenn euch jemand Unrecht tut, verzeiht ihm, und er sollte euch seinerseits eure Verfehlungen vergeben.

Im Koran steht geschrieben: «Selbst Gott denkt nicht an den, der nicht geneigt ist, sich zu ändern.» Wie können wir von anderen erwarten, uns vorbildliche Beispiele zu geben? Wenn wir uns selbst änderten, würde sich die ganze Welt mit uns verwandeln. Es ist eine Botschaft an alle. Eine der schlimmsten Gewohnheiten ist das Kritisieren anderer. Alle Tugenden, die durch rechtschaffene Lebensweise geübt werden, sind gut, aber die von Nicht-Angreifen in Gedanken ist die edelste. Sie kann zur täglichen Gewohnheit werden, denn sie ist uns allen angeboren; und obwohl noch andere Gedanken da sind, ist sie bewußt oder unbewußt am Werk und wird eines Tages an die Oberfläche gelangen. Darum wird euch im *Satsang* immer wieder gesagt, daß die Vergangenheit vorbei ist, vergebt und vergeßt und schafft keine Grundlage für üble Gedanken, andernfalls wird es zweifellos Rückwirkungen geben. Ihr werdet die Verlierer sein, denn ihr werdet wieder im Rad der Geburten und Tode kreisen. So fordern die Meister ihre Kinder voller Liebe auf, ihre Gewohnheiten zu ändern, solange noch Zeit ist.[46]

Der Mensch ist ein bewußtes Wesen und erhielt die Fähigkeit, Recht von Unrecht zu unterscheiden. Wo es dem Menschen an dieser Unterscheidungskraft mangelt, hat er die goldene Gelegenheit, sich an einen Meister zu wenden, der Führung und rechtes Verständnis für die Feinheiten seines Verhaltens und Handelns geben kann. Die vom Meister geschriebenen heiligen Bücher decken jeden Aspekt der Spiritualität ab, und sie sollten zur Klärung der Frage, wie wir uns im täglichen Leben verhalten sollen, eingehend gelesen werden. Über das gleiche Thema wurden auch andere Schriften veröffentlicht, und ihr solltet den Text mit dem Titel «Die sieben Wege zur Vollendung» sorgfältig durchlesen, um die veredelnden Tugenden kennenzulernen, die entwickelt werden müssen, um die Fehler zu vermeiden, die auf dem Tagebuchblatt aufgeführt sind. Ihr mögt die Tugenden, die darin angeführt werden und die zu vermeidenden Fehler, wie sie in den Tagebuchblättern stehen, als Plan für eure Lebensweise verwenden; der Rest liegt bei euch. Dieser Plan kann erfolgreich auf jede nur denkbare Lebenslage angewendet werden, und so ist es nicht nötig, dem Meister bei jeder Gegebenheit zu schreiben, wenn ein wenig Aufrichtigkeit zu sich selbst und Anwendung des gesunden Menschenverstandes euch die rechte Handlungsweise zeigen werden.[47] Ihr müßt mit Bestimmtheit wissen, daß ihr in jeder Hinsicht göttlich seid und Herr über euer Geschick, das voll höherer Möglichkeiten ist. Ihr müßt euch einfach Mühe geben, euch zu bessern, und fest zu euren Entschlüssen stehen. Alles andere wird von selbst folgen, da euch die gnädige Meisterkraft zur Seite steht, um alle nur erdenkliche Hilfe, Gnade und allen Schutz zu gewähren. Je mehr ihr danach strebt, die Unvollkommenheiten durch tägliche Selbstprüfung auszumerzen, umso mehr heitere Glückseligkeit und Gnade kommen von oben herab. Geduld und Selbstlosigkeit sind veredelnde Tugenden. Rechtes Verständnis ist die Grundlage allen Glücks.[49] Ihr solltet euch wegen vergangenem oder neuem *Karma* nicht beunruhigen. Wenn ihr jeden Augenblick euer Verhalten bewußt beobachtet, wird die bisher unwillkürliche und blinde Verhaltensweise bei gewissen Lebenslagen, bei denen ihr vor der Wahl steht, einen Verhaltensfehler zu begehen oder ihn zu vermeiden, einer ruhigen Überlegung Platz machen.[50]

Ihr solltet euch vor den fünf Todsünden Begierde, Zorn, Habsucht, Leidenschaft und Eitelkeit hüten und statt dessen die Tugenden der Wahrheit, der Keuschheit, der Demut, der allumfassenden Liebe und des selbstlosen Dienens entwickeln.[51] Die Wege, die zu weltlichem Reichtum und zu Gott führen, liegen weit auseinander. Ihr könnt den einen der beiden einschlagen, den ihr wollt. Das Gemüt ist eine ungeteilte Einheit, die den Körper auf der einen Seite mit der Seele und auf der anderen Seite mit der Welt und den weltlichen Reichtümern verbindet. So müßt ihr zwangsläufig zwischen diesen beiden Möglichkeiten wählen. Ist der Würfel einmal gefallen, so muß man sich notgedrungen ständig dafür einsetzen, das Ziel zu erreichen, welches es auch sein mag.[52]

Kurzum, der aufrichtige und gewissenhafte Sucher wird seine ganze Lebensweise neu ausrichten, im Essen und Trinken, Denken, Handeln, Empfinden usw. Er wird schrittweise alle nebensächlichen und ungesunden Wünsche aus seinem Gemüt tilgen, bis er allmählich den Zustand der Reinheit und Schlichtheit erlangt, der dem Kind eigen ist.[53]

Schafft eine Woge der Empfänglichkeit von Herz zu Herz - das ist der Weg, um den Herrn zu erkennen. Werdet nur ein wenig empfänglich, und dann wird der Meister euch zurückhalten, wenn ihr in Gefahr seid, fehlzugehen.[54]

Im höheren Interesse ihres spirituellen Fortschritts sollten die Lieben ihr Leben straff ausrichten und sorgfältig ordnen. Eine Sache zu einer Zeit zu tun, und das zudem mit ungeteilter Aufmerksamkeit und Hingabe, so hält man sein Haus in Ordnung. Ein gütiger Gedanke wird die Güte der ganzen Schöpfung anziehen, und im Gegensatz dazu ruft ein verwerflicher Gedanke einen Teufelskreis hervor, weil man damit das ganze Laster im All anerkennt. Ein Mango-Setzling wird die ganze Süße des Bodens aufsaugen, während ein Pfefferkorn, das ein Stück daneben gesät wurde, all seine Schärfe anziehen wird; beide Pflanzen werden - zwar auf dem gleichen Boden, doch mit unterschiedlichen Elementen von Mutter Natur - gedeihen. Die eine ist voller Süße, und die andere voller Schärfe. Das ist das ewige Gesetz. Das menschliche Herz ist der Boden, in dem gute und schlechte Gedanken die Saaten sind, die - nach sorgsamer Aussaat sowie gewissenhafter und richtiger Pflege - ganz sicher allmählich wachsen werden. Ihr müßt die besten Tugenden auswählen, um sie anzunehmen und eurem Leben einzuprägen, dann könnt ihr im Laufe der Zeit eine reiche Ernte erwarten. Ihr seid bis zu einem gewissen Ausmaß frei und könnt aus dieser begrenzten Freiheit Nutzen ziehen durch harte Arbeit, rechte Lebensweise und ausgewogene Ordnung. Lernt einfach, in euer Unterbewußtsein erhabene Gedanken einzupflanzen, und nährt sie mit den Wassern aus Selbstvertrauen, Entschlossenheit, Beharrlichkeit und Anpassungsfähigkeit. Gebt nicht nach. Erniedrigt euch nicht, nie und nimmer! Haltet euch vielmehr abseits mit euren erhabenen Lebensgrundsätzen; sie werden euch in der Stunde der Not beistehen.[55]

Daher legten die Mystiker aller überlieferten Lehren unermüdlich besonderen Nachdruck auf die Notwendigkeit völliger Selbsthingabe. Von diesem Kreuz der Opferung des Selbst, des Ego, sprach Jesus, als er seine Schüler ermahnte, ihr Kreuz täglich auf sich zu nehmen. Denn in jeder kleinen Handlung, jedem Wort oder Gedanken sucht uns das Ego zu beherrschen, und wenn der Sucher es besiegen will, muß er bereit sein, es jeden Augenblick zu kreuzigen.[56]

Zu sündigen ist menschlich, aber darin zu verharren ist teuflisch. Ohne Zweifel fällt man oft, aber ein guter Reiter wird man nur nach vielen Stürzen. Legt euch aber nicht hin und bleibt nicht, wo ihr gestürzt seid; das wäre schlecht. Im Koran steht geschrieben, daß Gott niemanden ändern wird, der nicht daran denkt, sich selbst zu ändern. Wo ein Wille ist, da ist ein Weg. Haltet euch immer euer Ziel vor Augen und arbeitet dafür; dann wird euch der Erfolg sicher sein.[57]

Erfolg in der Spiritualität ist nicht die schwierige Aufgabe, als die sie die meisten von uns ansehen oder zu der wir sie machen. Aber sie erfordert geduldige Selbstläuterung, wachsame Selbstprüfung, sorgfältiges Ausrotten aller vorhandenen, unerwünschten Eigenschaften und ein Beschneiden der ausladenden Verzweigungen; vor allem aber ein rechtzeitiges Pflegen und Nähren des zarten göttlichen Sämlings, der da auf dem Boden des menschlichen Gemüts keimt. Diese Arbeit liegt auf den Schultern eines jeden von euch, und ich bin sicher, daß ihr euch der Verantwortungen und Pflichten in dieser Hinsicht voll bewußt seid.[58]

Solange ihr nicht lieben, gehorchen und euer Leben umwandeln könnt, bleibt das Geschenk des Meisters wie ein Same in einer Stahlkammer verschlossen, der weder sprießen noch zur Frucht gedeihen kann.[59]

Die Bedeutung der Zeit

Das Gemüt ist ein Sklave der Wiederholung und wird durch sie zwangsläufig irregeleitet. Findet selbst heraus, welche Gewohnheiten Hindernisse auf dem Weg zur Wahrheit sind. Befreit euch allmählich von ihnen und füllt ihren Platz mit guten Eigenschaften aus. So sollte zum Beispiel Ärger der Gelassenheit weichen, Habsucht der Genügsamkeit usw. Tun wir dies fortgesetzt, wird das Gemüt seine schlechten Gewohnheiten aufgeben. Bedenkt aber, daß bloßes Lehrwissen nicht hilft, es muß zusätzlich auch in die Tat umgesetzt werden. Das Gemüt ist sehr mächtig. Wenn ihr über eine Besserung nachsinnt, macht es Versprechungen, denkt aber nicht daran, diese auch einzuhalten, wenn die Gelegenheit naht. Es zu beherrschen, geht nicht im Handumdrehen, sondern erfordert Jahre beharrlicher Ausdauer. Solange es an der inneren Musik keinen Gefallen findet, muß es sich an weltliche Freuden klammern. Wendet euer Gemüt mit Liebe und starker Anteilnahme den geistigen Übungen zu, ohne irgendwelche falschen Vorstellungen. Eines Tages werdet ihr dann euer Gemüt und eure Sinne völlig beherrschen und das als großen Segen empfinden.[60] Aber dazu sind Zeit, Geduld und Ausdauer erforderlich. Es wird nicht in einem Tag geschehen.[61]

Die Notwendigkeit des Betens und Bemühens

Beten und Bemühen liegen dicht nebeneinander. Was erbitten wir von Gott? Den Erfolg in unseren Bestrebungen.

Wenn wir etwas wollen, müssen wir uns anstrengen, und neben unseren Bemühungen, es zu erlangen, darum beten, daß Gott es uns gewähren möge.

Das Gebet ist eben die letzte und unfehlbare Waffe, die uns zu Hilfe kommt. «Wo alle menschlichen Anstrengungen versagen, hat das Gebet Erfolg.» So wie ein Vogel nicht mit nur einem Flügel fliegen und ein Wagen sich nicht mit einem Rad fortbewegen kann, so müssen auch Bemühung und Gebet Hand in Hand gehen, wenn wir in all unseren Unternehmungen Erfolg haben wollen. Eines allein kann nichts ausrichten. Solange ein Mensch nicht völlig vergöttlicht ist oder, mit anderen Worten, solange er nicht zum bewußten Mitarbeiter dieser höchsten Macht wird, indem er ihren Willen versteht, kann er ohne Bemühung nichts erreichen; denn Gott hilft denen, die sich selbst helfen.

Ein bloßes Gebet ohne Bemühung trägt selten Frucht. Nehmen wir das Beispiel eines Knaben, der für die Schule zu spät dran ist. Setzte er sich am Wegrand nieder, um zu beten, würde er gegen die Zeit arbeiten. Will er Zeit gewinnen, muß er laufen und beten, dann ist es möglich, daß sein Lehrer ihm seine Verspätung dennoch nachsieht wegen der Anstrengung, die er unternommen hat, um noch rechtzeitig anzukommen. Wenn ihr von einem Ziel ganz und gar durchdrungen seid und euch für sein Erreichen sehr anstrengt, so ist dies wie ein Gebet in seinem wahrsten Sinne. Gebet sollte mit Bemühen verbunden sein, denn bloßes Lippenbekenntnis wird nicht viel nützen, um das Ziel zu erreichen. Ihr müßt mit aller Ernsthaftigkeit beten, dann ist das harte Ringen um eine Sache - mit Herz und Seele - tatsächlich das stärkste Gebet und muß einfach Frucht tragen.

Ihr müßt in allen Prüfungen und Drangsalen erst versuchen, euch selbst von eurem Kummer zu befreien und zu Gott beten, daß er euch in euren Bemühungen unterstützen möge. Das ist die einzig richtige Haltung. Wenn ihr trotz eurer Bemühungen nichts erreicht, dann nehmt diesen Mißerfolg als von Gott zu eurem Guten gewollt hin.[62]

Die Meisterkraft oben sieht immer die Bedürfnisse und Sehnsüchte ihrer Kinder und handelt zu ihrem Besten. Alle Fehler müssen einer nach dem anderen ausgemerzt werden, und wenn das Schülerkind sein Bestes tut, um diese Fehler auszurotten, kommt jede erforderliche Hilfe von innen. Dieses Bemühen wird vielleicht lange Zeit in Anspruch nehmen, aber es muß und wird Erfolg haben, und zwar viel früher für jene, die dem Meister liebevoll und treu ergeben sind.[63]

Ein bloßes Bekennen der Sünden und Unzulänglichkeiten im Gebet nützt nichts. Wenn wir meinen, daß unsere Sünden durch das bloße Bekennen weggewaschen werden können, und wir ihnen dann von neuem unbekümmert frönen dürfen, irren wir uns. So eine Haltung - weit davon entfernt, eine rettende Kraft zu sein - hält uns ununterbrochen tief in den Sünden fest. Die Erlösung ist ein Geschenk, das entweder von Gott oder dem Gottmenschen gewährt wird, der ganz besonders zum Wohl der Sünder kommt. Unsere Aufgabe ist es, seine Gebote zu verstehen und sie gewissenhaft zu halten; alles andere können wir ihm überlassen.[64] Außer dem Werk, die verlorenen Seelen zu ihrer Quelle zurückzubringen, indem sie diese mit Gott zurückverbinden, haben die Meister keinen anderen Auftrag in der Welt.[65]

Ein mächtiges Verlangen nach erhöhter Spiritualität verbunden mit ernsthaftem Bemühen bringt eine grundlegende Veränderung der Denkweise des Eingeweihten, und das gesamte Leben erfährt einen Wandel zum Besseren hin. Ihr solltet standhafter, demütiger und höflicher in eurem Verhalten sein.[66]

Der liebevolle Schüler bereut im Gebet immer seine Verfehlungen und Versäumnisse, die er bewußt oder unbewußt während des Tages begangen hat.[67]

Erbittet von Gott und dem Meister ihre göttliche Erscheinung, völlige Selbsthingabe und das Geschenk von *Naam*. Betet auch darum, von den üblen Neigungen des Gemüts und der Sinne befreit zu werden! Da Gott allmächtig ist, kann er uns all diese Segnungen gewähren. Die Sucher können auch um die Gnade bitten, sich Gottes beglückendem Willen freudig hinzugeben. Wir haben keine guten Eigenschaften in uns. Da wir unwissend und von niedriger Gesinnung sind, kennen wir den Sinn der religiösen Bräuche usw. nicht. Deshalb, o Geliebter, habe Erbarmen mit uns! Beschenke uns mit der Fähigkeit, dein Lob zu singen und glücklich zu bleiben, was immer dein Wille sei![68]

Reinigung:
Reue, Vergebung und Enthaltung

REINIGUNG: Reinheit von Körper, Gemüt und Seele ist das Wichtigste, um die Liebe des Herrn zu gewinnen. Ihr könnt das in drei verschiedenen Stufen sehen: Reue, Vergebung und Enthaltung.

REUE: Nichts unter dem Himmel ist vollkommen, und jeder von uns hat seine eigenen Schwächen. Die Sünde kam zum Menschen als ein Erbe von Adam. Das Gemüt im Menschen ist das Werkzeug der negativen Kraft und läßt keine Gelegenheit aus, den Menschen gegen Gott zu versuchen. Im täglichen Leben gleiten wir bei jedem Schritt aus. Unsere besten Entschlüsse lösen sich in Luft auf, wenn uns

Versuchungen bestürmen. Ohne Hilfe können wir unmöglich den listigen Tücken, den versteckten Schlingen und wilden Griffen von *Kal*, dem Herrn der Zeit, d.h. dem Gemüt, entkommen. Einzig der rettende Arm des Meisters kann uns beschützen und von jenen schrecklichen Angriffen befreien. Doch jedesmal, wenn wir eine Beute der Versuchung werden, müssen wir unsere Schwäche erkennen und ernsthaft bereuen, was wir getan haben.

VERGEBUNG: Obwohl Reue an sich gut ist, kann sie das Geschehene nicht mehr ändern. Jede Unterlassung und jede Tat hinterläßt einen unauslöschlichen Eindruck im Gemüt und läßt uns ihre Rückwirkung bzw. «Früchte» zuteil werden. Auf diese Weise häufen sich tagaus, tagein unzählige karmische Eindrücke und erhöhen so unser *Sanchit Karma* (ein riesengroßes Vorratslager noch nicht abgegoltener Handlungen). Niemand kann dieser ungeheuren Last entgehen, die weitreichende Wirkung hat und sich manchmal über Hunderte von Lebensläufen und mehr erstreckt. Gibt es da kein Heilmittel, um dieses Pulverlager zu vernichten, bevor es uns hinwegfegt? Die Heiligen sagen uns, daß es tatsächlich einen Ausweg gibt, und noch dazu einen sicheren. Ein Gebet um Vergebung ist eine gute «Waffe» in der Hand des Sünders. Es gibt für jeden Hoffnung, so auch für den Sünder. Heilige kommen in die Welt, um die Sünder und die Verlorenen zu retten. Die Gemeinschaft mit einer Meister-Seele trägt viel dazu bei, die karmische Rechnung zu tilgen. Während der Meister - in seiner erlösenden Gnade - unsere täglichen Fehltritte vergibt, schärft er uns gleichzeitig ein, sie nicht zu wiederholen. «Bis hierher und nicht weiter!» lautet seine Ermahnung. «Gehe hin und sündige hinfort nicht mehr» war der Rat, den Jesus Christus im allgemeinen gab, und auch der von Meister *Sawan Singh*, der seinen Schülern zu raten pflegte, dort anzuhalten, wo sie gerade standen, und nicht weiter zu sündigen. Die früheren Handlungen können getilgt werden, vorausgesetzt wir unterlassen es, weitere «Drachenzähne» zu säen.

ENTHALTUNG: Während uns Reue und Vergebung helfen, den Auswirkungen des *Kriyaman-Karma*, unserer täglichen Verfehlungen, zu entgehen, haben wir doch darauf zu achten, daß wir sie künftig nicht wiederholen. Kein Reinigungsvorgang kann uns hindurch helfen, wenn wir dem unaufhörlichen Umlauf des karmischen Rades, das durch jede unserer Handlungen angetrieben wird, nicht ein Ende setzen.

Manchmal kann ein Richter für ein Verbrechen eine geringere Strafe zuerkennen, aber das wird den Übeltäter nicht edler machen. Mit der Vergebung des Meisters erfolgt stets die strenge Ermahnung, die ganz wesentlich dazugehört, um den Menschen wachsam zu halten. Wie ein großartiger Bildhauer muß der Meister kräftig meißeln, um dem unförmigen Stein Form und Gestalt zu geben.

Kurzum, es ist erforderlich, daß wir zuerst unser Leben den Anweisungen des Meisters entsprechend umgestalten, und so echte Freude empfinden, wenn wir an ihn denken. Danach müssen wir seinen Willen erkennen und um solche Dinge bitten, die ihm gefallen; und drittens müssen wir lernen, seine Entscheidungen lächelnd hinzunehmen, welcher Art auch immer sie sein mögen.

Schließlich und endlich ist Liebe der Boden, auf dem das Leben am besten gedeihen kann. Ein Liebender gibt, und nie nimmt er einen Vorteil dafür an. Wenn ein Mensch versucht, ein gottgefälliges Leben zu führen, werden ihm alle Gaben Gottes von selbst dazugegeben. Wer Gott liebt, braucht nicht um irgendeine Gunst zu bitten. Es reicht aus, ihm unser ganzes Leben zu weihen und seine ergebenen Sklaven zu werden. Es ist seine Sache, wie er uns behandeln will. In seiner heiligen Gegenwart zu leben, ist ein Geschenk in sich, und es kann keinen größeren und reicheren Lohn als diesen geben.[69]

Über das Führen des Tagebuchs

Wenn ihr euch am Ende des Tages eure Fehltritte in Gedanken, Worten und Taten ins Gedächtnis ruft, in welche Richtung wird dann euer Gemüt gelenkt? Natürlich zu dem, der euch aufgefordert hat, es zu führen. Somit ist das Führen des Tagebuchs auch ein Denken an den Meister: Ihr sagt ihm etwas. Und wenn ihr euch seiner erinnert, denkt auch er an euch, und mit der Zeit werdet ihr dann Empfänglichkeit für ihn entwickeln, wo immer ihr seid. Ohne Empfänglichkeit kann es keinen wahren geistigen Fortschritt geben, und das tägliche Führen des Tagebuchs - voller Aufmerksamkeit und mit dem echten Verlangen, von den darin aufgezeichneten Fehlern befreit zu werden - hilft sehr viel beim Entwickeln dieser Empfänglichkeit.

Soweit mir bekannt ist, können Mitglieder der christlichen Religionsgemeinschaft ihre Fehler vor einem Priester bekennen, wenn sie möchten. Sie gehen dann einmal wöchentlich oder monatlich zu ihm, doch im allgemeinen nicht öfter als einmal wöchentlich. Wenn ihr aber die Tagebücher führt, legt ihr jeden Tag eine Beichte ab. Legt eure Bekenntnisse in den verschiedenen Spalten offen und aufrichtig ab, damit ihr wißt, wo ihr steht und eure Handlungsweise verbessern könnt. Der beste und einfachste Weg, um euch von den Schwächen zu heilen, ist das Verlangen, davon loszukommen, und - wie schon oben erwähnt - liebevoll an den Meister zu denken, wenn ihr eure Eintragungen ins Tagebuch macht.

Schließlich - und das ist genauso wichtig wie das Vorige - dürfen wir das Führen des Tagebuchs nicht zu einem bloßen Aufzeichnen unserer Fehler absinken lassen, was leicht gedankenlos werden kann, wenn es mit wenig oder gar keiner Aufmerksamkeit geschieht. Der wahre Sinn im Niederschreiben dieser Fehler vor euch besteht darin, sie euch bewußt werden zu lassen, so daß sie ausgemerzt werden können. Um sie auszurotten, reicht es jedoch nicht aus, einen oder zwei Äste abzuschneiden; ihr müßt die Wurzel herausziehen. Wird euch erst einmal ein Fehlverhalten bewußt, solltet ihr fähig sein, es mit einem bestimmten Vorgang in Zusammenhang zu bringen, und der Ablauf dieses Geschehnisses wird euch helfen, den Grund für die Schwäche in euch zu erkennen, der beseitigt werden muß. Nach und nach wird dieser Grund für die Verfehlung von selbst wegfallen.[70]

Was nun die Fehler oder Abweichungen vom rechten Weg, wie man sie nennt, betrifft, so wirkt das Gemüt, wie ihr wißt, sehr geschickt - zu subtil, um von einem gewöhnlichen Menschen entdeckt zu werden, und dann noch richtig und rechtzeitig entdeckt zu werden, bevor Schaden angerichtet ist. Alles Handeln, sowohl in Wort als auch in Tat, kommt aus der Fülle des Herzens. Wir müssen deshalb unsere Gedankenwellen wachsam beobachten, um rechtzeitig deren Auf und Ab zu erkennen und diese dann mittels völliger Sammlung zu umgehen, indem wir alles über Gemüt und Verstand vergessen, selbst den reinen Gemütsstoff, der die Seele wie feine Gaze umhüllt... Wir werden ständig und unaufhaltsam von der Erinnerung an unsere Erfahrungen in der fernen Vergangenheit und der lebendigen Gegenwart verfolgt. Da wir noch nicht gelernt haben, davon Abstand zu nehmen und darüberzustehen, unterlaufen uns diese Fehler gegen unseren Willen. Das Aufzählen an sich ist nur der erste Schritt, um etwas über unsere

Handlungen zu erfahren, die wir in unserer selbstgerechten Überheblichkeit nur allzugern übersehen... Die Gedanken müssen überwacht werden, da sie den Handlungen vorausgehen. Es ist ein langsamer, aber beständiger Vorgang der allmählichen Verbesserung, für den ein Einsatz aller Kräfte erforderlich ist. Ein gut diszipliniertes und spirituell geordnetes Leben ist von außerordentlicher Wichtigkeit.[71]

Der Herr ist kein kleines Kind, das alles glaubt, was ihr wollt; er sieht den wahren Zustand eures inneren wie auch eures äußeren Lebens.[72]

Eigenes Gewahrwerden der Übertretungen der heiligen Gebote und sofortiges Bekennen durch innere Reue sind hilfreiche Maßnahmen für inneres Wachstum und Empfänglichkeit. Sich solche Fehler am Ende des Tages erneut ins Gedächtnis zu rufen, sie zu zählen und im Tagebuchblatt einzutragen, hat jedoch noch seinen besonderen Wert, wenn ihr diese Taten dann bedauert und euch dazu angeregt fühlt, für eure Besserung zu arbeiten.[73]

Stolz und Ichsucht lassen uns nicht vorankommen - wenn wir Fehler machen, wollen wir sie nicht zugeben.[74]

Das Tagebuchblatt ist in sieben Spalten aufgeteilt. Die ersten sechs befassen sich mit den Fehlern - es sind die Tugenden zu beachten, die in den Überschriften dieser Spalten angegeben sind -, während die siebte Spalte eine Aufzeichnung der Zeit enthalten soll, die für die spirituellen Übungen eingesetzt wurde. In die ersten sechs Spalten ist die Zahl einzutragen, wie oft ihr gegen die aufgeführten Tugenden in Gedanken, Worten und Taten gefehlt habt. Wenn ihr beispielsweise gegen «Nicht-Verletzen» in Gedanken, Worten und Taten viermal am Tag verstoßen habt, ist diese Zahl unter dem Tag, an dem die Vergehen vorkamen, in die dafür vorgesehene Spalte einzutragen.[75] Es ist nicht erforderlich, jedesmal, wenn ihr eine Verfehlung begeht, dem Meister ein Bekenntnis zu schreiben. Die Meisterkraft nimmt die Entgleisungen der Schüler durchaus wahr und möchte nur, daß diese selber über ihre Fehler Kenntnis erlangen und sie nicht wiederholen. Tragt eure Bekenntnisse offen und ehrlich in den verschiedenen Spalten des Tagebuchs zur Selbstprüfung ein. Das ist der erhabene Gedanke hinter der gewissenhaften Anwendung des Tagebuchblattes.[76]

Wenn alle Eingeweihten die Bücher und Rundbriefe eingehend lesen und auch den *Satsang* besuchen würden, sollte es für sie nicht nötig sein, wegen irgendwelcher Fragen oder Schwierigkeiten, deren Lösung bereits auf der Hand liegt, an den Meister zu schreiben. Jeder eingeweihte Schüler sollte verstehen, daß das Schreiben an mich wegen irgendwelcher Unklarheiten und Schwierigkeiten die Antwort nur verzögert, die der Schüler andernfalls binnen kurzer Zeit haben könnte, wenn er den obigen Rat befolgen würde. Dem Schüler, der Schwierigkeiten oder Fragen hat, auf die er eine Antwort haben möchte, habe ich in meinem Rundbrief vom 13.6.1969 geraten, sich in empfangsbereiter Einstellung ruhig hinzusetzen und sich dabei auf die gnädige Meisterkraft im Innern abzustimmen. Dann wird er sicher seine Antwort erhalten und volle Gewißheit darüber haben, wie er weiter vorgehen soll.

Wenn ein Schüler meint, daß er äußere Führung in den Lehren braucht, sollte er seine Fragen oder Schwierigkeiten mit dem Gruppenvertreter oder Beauftragten in seinem Gebiet durchsprechen.

Es gibt da jedoch einen sehr wichtigen Punkt, der von allen, seien sie nun Schüler, Gruppenbeauftragte oder Gebietsvertreter, im Gedächtnis behalten werden muß: Gruppenbeauftragte und Gebietsvertreter sind nur dazu da, die theoretische Seite der Lehren bekanntzugeben und Möglichkeiten zu schaffen, damit die Schüler ihrer Gruppe oder ihres Gebietes zum *Satsang* zusammenkommen können. Gruppenbeauftragte und Gebietsvertreter sind nicht als Krücken zu benutzen, auf die sich die anderen Schüler stützen. Noch sollten die Schüler irgend etwas anderes von ihnen erwarten als eine Hilfe zum Verstehen der Lehren. Mit anderen Worten, die Schüler sollten keine spirituelle Führung, welcher Art auch immer, von ihnen erwarten, da dies einzig die Aufgabe des Meisters ist. Wenn ein Schüler von einem Gruppenbeauftragten oder Gebietsvertreter spirituelle Führung erwartet, richtet er damit eine Sperre zwischen sich und dem Meister auf, worunter in der Folge sein innerer Fortschritt leiden wird.[77]

Die Tagebuchblätter sollten eine echte Widerspiegelung eures inneren Zustandes sein. Das Aufzeichnen der begangenen Fehler sollte wie ein offenes Selbstbekenntnis der Unzulänglichkeiten sein, die zwischen euch und dem Meister stehen. In ähnlicher Weise ist der regelmäßige Einsatz für die geistigen Übungen ein Hinweis auf erfreuliches Wachstum. Wenn ihr nach dem erhabenen Sinn lebt, welcher der Tagebuchführung zugrunde liegt, werdet ihr von Tag zu Tag fortschreiten und euer Ziel noch in diesem Leben erreichen.[78]

Ahimsa: Nicht-Verletzen

Ahimsa bedeutet Nicht-Verletzen der ganzen Schöpfung und besonders den Mitmenschen gegenüber in Gedanken, Worten und Taten. In dieser Hinsicht lautet das Gebot: «Verletze nie ein menschliches Herz, denn es ist der Sitz Gottes.»[79] Es ist eine veredelnde Tugend, die jeden einzelnen seinem Mitmenschen ebenbürtig macht und letzten

Endes zu dem Grundgedanken von der Bruderschaft der Menschen und der Vaterschaft Gottes führt. Die Pflege dieser Tugend erfordert eine allseitige Entfaltung der Duldsamkeit allen gegenüber, ungeachtet ihrer Unzulänglichkeiten und Fehler. Diesen erhabenen Gedanken von der Menschheitsfamilie auf dem göttlichen Grund liebevollen und mitfühlenden Wunsches nach dem Wohlergehen aller auszustrahlen, kostet sehr wenig, zählt aber sehr viel. Ein Herz voll göttlichen Mitleids ist die Wohnstatt aller Tugenden.[80]

So möchte ich euch ganz besonders nahelegen, das schlechte Denken über andere aufzugeben. Solange ihr euch nicht den Feind zum Freund macht, werdet ihr keinen inneren Frieden finden. Euer Schlaf wird voll unruhiger Träume sein. Wenn euch jemand in Gedanken oder Worten angreift, dann folgt nicht seinem Beispiel, sonst werden seine Gedanken eine Rückwirkung auf euch haben. Wenn eine Welle auf eine harte Fläche auftrifft, wird sie zurückgeschlagen, wenn sie aber auf etwas Nachgebendes stößt, wird sie wie von einem Schwamm aufgesogen, und es wird keine heftige Rückwirkung erfolgen. Wird ein Fluch geäußert, so werden es bei seiner Erwiderung bereits viele. Was geschieht aber, wenn er nicht erwidert wird? Er war einer und bleibt nur einer. Erinnern wir uns der Worte Farid Sahibs: «Die ganze Welt erklingt und auch ihr tanzt danach.»

Es ist besser, mit kühlem Kopf einen Versuch zu machen und zwischen den Zeilen zu lesen, um herauszufinden, warum jemand so feindselig handelt, und dann das Entsprechende zu tun. Auf diese Weise werdet ihr euch selbst vor Erniedrigung bewahren. Schlecht von jemandem zu denken oder zu sprechen, zu lügen oder zu betrügen, unaufrichtig zu sein, der Verleumdung zu frönen und andere üble Verhaltensweisen - all das erniedrigt die Seele.

Haltet eure Herzen rein, und da Gott in jedem ist, versucht, nur das Beste in allen zu sehen. Welche Pflichten euch Gott auch gegeben hat, erfüllt sie mit Liebe, und wenn andere ihre Pflichten vernachlässigen, wendet euch mit Liebe an sie und betet für ihr besseres Verstehen. Dann überlaßt sie dem Herrn. Wenn wir immer daran denken würden, daß Gott, den wir anbeten, in allen Menschen ist, würden wir nicht zulassen, daß auch nur ein einziger Bruder hungert.[81]

Jesus predigte immer die beiden Haupttugenden: 1. «Liebe deinen Nächsten wie dich selbst» und 2. «Liebe deine Feinde». Heißt das, wir sollten aus Ängstlichkeit und Schwäche unsere Feinde lieben und Nachsicht mit ihnen üben? Nein - es ist etwas Ethisches und Göttliches, das dieser Haltung zugrunde liegt.[82]

Liebt also den Sünder, aber haßt die Sünde![83] Reinheit liegt vor allem darin, anderen nichts Böses zuzufügen - weder in Gedanken, noch in Worten, noch in Taten.[84] Wenn ihr gut über andere denkt, werdet ihr Gutes ausstrahlen. Wenn ihr euer Gemüt reinigt, werdet ihr damit auch die Gemüter der anderen reinigen.[85]

Verletzt nie jemanden! Wir verletzen andere Menschen, wenn wir schlecht über sie denken. Wir denken oft schlecht über andere - wir sind hinterlistig. Das ist falsch, da Gedanken sehr mächtig sind. Wenn ihr schlecht über andere denkt, wirkt das auf sie, als hättet ihr ihnen ein Telegramm geschickt. Obwohl ihr vielleicht zu niemandem etwas sagt, kommt das, was ihr über sie denkt, durch die Ausstrahlung an.[86]

Wenn jemand schlechte Gedanken hat oder etwas Übles tut, dann stärkt das die Kräfte des Bösen. Wer sich danach sehnt, Gott anzugehören, der sollte die heiligen Feuer mit dem Brennstoff reiner Gedanken, guter Worte und edler

Taten schüren. Das wird alles wegbrennen - außer Gott und den Meister.[87]

Wenn ihr gegen irgend jemanden schlechte Gedanken hegt, hört auf damit, und wenn euch jemand absichtlich oder unabsichtlich verletzt hat, vergebt und vergeßt! Es gibt kein anderes Heilmittel. Wenn ihr die Fehltritte anderer nicht vergeben könnt, wird euer Fortschritt aufhören, denn Vergebung und Gerechtigkeit ist zweierlei. Vergeßt euer Recht und entwickelt die Tugend des Vergebens. Haltet euer Herz frei; denkt nicht häßlich über andere, selbst wenn sie euch vorsätzlich verletzt haben.[88]

Jedesmal wenn ihr euch von lieblosen Gedanken gegen irgend jemanden übermannt fühlt, solltet ihr zum *Simran* Zuflucht nehmen und an den Meister denken. Ihr solltet eine Christus-gleiche Haltung entwickeln.[89] Deshalb ist es das Wichtigste, nichts Übles über andere zu denken, zu reden oder anzuhören.[90] Wenn ihr die schlechten Gedanken über andere aufgebt, werden alle freundlich sein.[91]

Es gibt nichts Böses in der Welt. Wenn sie böse zu sein scheint, so liegt das an der rauchfarbenen oder sonstwie gefärbten Brille, die euer Herz oder Gemüt trägt. Wenn ihr so denkt, wie ich euch gerade gesagt habe, werdet ihr feststellen, daß ihr ganz selbstverständlich jeden, selbst eure Feinde, achten und lieben werdet. Noch mögen sie anders über euch denken, aber wenn ihr alle schlechten Gedanken an jeden einzelnen in euch ausgemerzt habt, werdet ihr mit jener Sehweise, die euch der Meister gibt, erkennen, daß alles die Offenbarung Gottes ist. Dann wird jeder für euch schön sein. Ihr werdet diese Schönheit selbst in euren Feinden sehen. Denn eine verkehrte Ansicht kommt nur infolge der rauchfarbenen Brille.[92]

Werdet zum Sehenden und erkennt das Wirken des Herrn in allem.[93]

Wir sollten vergeben und vergessen lernen, das ist eine goldene Lebensweisheit, um Frieden und Harmonie zu erlangen, die in großem Ausmaß zu einer ruhigen und besinnlichen Verfassung beitragen, welche uns wiederum mit erfolgreichen Meditationen segnen wird. Wer vergibt, ist doppelt gesegnet. Rache zu üben, ist feige, aber anderen ihre Fehltritte zu vergeben, ist eine edelmütige Gesinnung. Den Schülern wird geraten, jeden Tag vor dem Schlafengehen den Bestand ihres *Karma* aufzunehmen, um zu sehen, ob sie sich im Verlauf ihres Arbeitstages irgend jemandes Mißfallen zugezogen haben oder jemandem unrecht taten. Wenn ja, sollten sie es bereuen und um die göttliche Gnade beten. Wenn umgekehrt andere ihnen auf die eine oder andere Weise unrecht getan haben, sollte das ebenso im Namen des Meisters vergeben werden. Es gibt da ein sehr gutes Beispiel in der Bibel, wo es heißt, daß wir vor dem Gebet dem Bruder, der uns unrecht getan hat, seine Fehler und Unzulänglichkeiten vergeben sollen, damit uns der Vater im Himmel unsere eigenen Fehler vergeben möge. Es ist klar, daß wir uns durch tägliches Üben einen solchen Sinn für Vergebung einprägen müssen. Bevor wir von dieser irdischen Ebene scheiden, müssen wir allen vergeben, die uns unrecht getan haben. Das wird für unser Fortschreiten als Seele auf den inneren Ebenen hilfreich sein.[94]

Wenn jemand einen Fehler macht, dann vergebt ihm. Aber die Menschen ziehen ihren Rechtsanspruch dem Vergeben vor. Bedenkt, daß durch Gerechtigkeit niemals das Herz gereinigt wird. Vielleicht betont jemand nach außen hin, daß er vergibt, aber in seinem Herzen möchte er auf den Missetäter losschlagen und ihn vernichten. Wenn ihr kein Mitleid in eurem Herzen habt, wie könnt ihr dann ehrlich sagen, daß ihr vergebt?[95] Vergeben und vergessen ist das, was ihr in Gedanken, Worten und Taten immer üben müßt, so daß es von Tag zu Tag mehr ein Bestandteil eures täglichen Lebens werden kann. Liebe kennt kein Tadeln, kein Bedrängen, kein Prahlen, kein Nachdenken über die Unzulänglichkeiten anderer, sondern wirkt in aufbauender Weise, um alle in einer einzigen liebenden Gemeinschaft des Meisters zu festigen. Liebe verschönt alles.[96]

Wir alle müssen lernen, nach innen zu schauen und nicht nach außen. Es ist viel leichter, einen Splitter im Auge des anderen zu sehen, als einen Balken im eigenen.[97] Erst müssen wir uns bessern, bevor wir andere bessern können; aber leider sind wir immer darauf aus, andere zu verändern. Wir sollten alle unsere Unvollkommenheiten eine nach der anderen durch Selbstprüfung ausmerzen, und das wird ringsum Frieden bringen. Liebe verschönt alles, und wenn wir lernen, jeden zu lieben, können all unsere Unvollkommenheiten weggewaschen werden, besonders durch liebevoll freundliche Worte.[98] Freundliche Worte voller Bescheidenheit kosten nichts. Wenn ihr diese Lebenshaltung habt, werden sich meines Erachtens 90% eurer Schwierigkeiten vermeiden lassen.[99]

Der Ort, an dem ein Feuer brennt, wird zuerst heiß, und erst dann wird Hitze an die Umgebung weitergeleitet. Ebenso ist es mit dem Feuer des Ärgers. Ein eingebildetes oder vermeintliches Unrecht wirkt im Gemüt wie ein Stachel. Wenn sein Bohren unerträglich wird, brechen Flammen des Hasses und der Verachtung hervor (wir beginnen nach allen Seiten zu schimpfen), wir verlieren das innere Gleichgewicht, und wie ein Krebsgeschwür verströmen wir einen üblen Geruch, der tatsächlich fortfährt, die ganze Umgebung zu verpesten. Die meisten Beleidigungen und auch das meiste Unrecht uns gegenüber sind das Ergebnis unserer eigenen Denkweise, denn solche Gedanken brüten zahllose gleichartige aus und vermehren sich um ihr Vielfaches. Wir kommen aus diesem Teufelskreis nur dann heraus, wenn wir unsere Haltung dem Leben gegenüber ändern. Weshalb sollten wir unseren natürlichen Gleichmut bloßen Geringfügigkeiten, vergänglichen Blasen und banalen Nichtigkeiten opfern, die ohne jede Bedeutung sind? Statt über diese vermeintlichen und eingebildeten Kränkungen lange nachzusinnen, wäre es weitaus besser, über die höheren Aspekte des Lebens und über das Göttliche innen wie außen eingehend nachzudenken, denn diese Welt stammt wahrhaft vom Göttlichen und Göttlichkeit wohnt in ihr.[100]

Schrittweise werdet ihr eure Gefühle und Empfindungen wie Eitelkeit, Gier und Lust besser im Griff haben und an ihrer Stelle die Tugenden der Demut, Zufriedenheit, Keuschheit und Liebe entwickeln. Ihr werdet eure Gewohnheit, über andere zu urteilen, aufgeben und beginnen, euch auf die Schwächen und Unzulänglichkeiten anderer einzustellen, indem ihr entweder darüber hinwegseht oder ihnen wohltuende Hilfe gewährt. Mit diesem Verhalten werdet ihr viel Sonnenschein und Glück sowohl für euch als auch für alle anderen um euch schaffen können. Wenn ihr ruhig und besonnen nachdenkt, werdet ihr erkennen, daß die meisten von uns bis jetzt noch nicht vollkommen geworden sind.[101]

In dieser gewaltigen Schöpfung ist ein jeder mit einer eigenen Auffassung begabt. Die Erbanlage, die Umwelt und die eingeprägten Lehren, alles wirkt zusammen, jeden zu dem zu machen, was er ist. Wir können niemanden dafür tadeln, daß er anders - eben auf seine Weise - denkt. Jeder hat seine eigene Gemütsart und seine eigene Denkweise. Sie müssen sich voneinander unterscheiden und tun es auch gewaltig. Da hilft nichts. Andererseits ist dies das Merkmal empfindenden Lebens. Wir dürfen deshalb aus diesem Grunde nicht mit anderen die Schwerter kreuzen. Selbst wenn sie in ihrer Unwissenheit zuweilen schlecht von den göttlichen Lehren reden mögen und unschöne Worte gebrauchen, können sie nichts dafür. Das aber sollte die echten Sucher nach der Wahrheit nicht stören. Wir müssen höflich, freundlich und sogar bescheiden in unserem Verhalten sein. Ein Wortwechsel hilft da nicht. Wir können versuchen, gelegentliche Mißverständnisse in ruhiger und freundlicher Weise zu klären und nicht in einer streitsüchtigen Haltung. Es ist ratsam, daß einzelne Personen (einschließlich Gebietsvertreter, Gruppenbeauftragte sowie alte und neue Schüler) sich nicht in irgendwelche Erörterungen oder Auseinandersetzungen mit religiösen Gruppen, Glaubensgemeinschaften oder Sekten usw. einlassen. Sollten solche Gemeinschaften diesbezüglich an euch herantreten, so mögen sie veranlaßt werden, sich wegen einer angemessenen Antwort an den Meister zu wenden.[102]

Beim näheren Betrachten der Angelegenheit würde sich zeigen, daß wir normalerweise weder beunruhigt noch verwirrt sind, wenn alles nach unseren Wünschen verläuft. Kaum bilden wir uns aber ein, daß unsere Belange durchkreuzt oder unsere Gefühle verletzt werden, beginnt eine Kette von Auswirkungen, die zum Verletzen in Gedanken, Worten und Taten führt - entsprechend der körperlichen, geistigen oder ethischen Verfassung jedes einzelnen.[103]

Wir streben nach der Erkenntnis Gottes, des Gottes, der in allen Wesen ist, und den alle als den Einen anbeten, wenn sie ihm auch viele verschiedene Namen geben mögen. Er ist die erhabene, alles durchdringende Kraft, die alle Seelen in ihren Körpern hält. Wenn er sich zurückzieht, müssen auch wir gehen. Wenn jemand diese Tatsachen wirklich versteht, wie kann dann der Gedanke an Haß anderen gegenüber aufkommen? Wen wollt ihr denn eigentlich hassen? Aus dem richtigen Verständnis entwickeln sich rechte Gedanken und Handlungen von selbst. Gott ist in jedem -

wenn ihr jemanden unglücklich oder in Not wißt, geht hin und helft ihm! Ist er hungrig oder durstig, teilt mit ihm, was ihr habt! Dient Gottes Kindern um seinetwillen. Das bedeutet nicht Bindung, sondern ist vielmehr eine Hilfe. Bindung besteht dann, wenn ihr Ihn vergeßt und euch selbst an die Welt und ihre Umgebung kettet.[104]

«Wo Mitleid ist, dort ist wahre Religion. Wo Gier ist, dort ist Sünde. Wo Ärger ist, dort ist Verneinung. Wo Vergebung ist, dort ist der Herr selbst.»[105]

Wahrhaftigkeit

Um all diese Tugenden zu krönen, werden sie durch Wahrheit und gute Lebensweise ergänzt. In erster Linie sollten wir ehrlich zu uns selbst sein. Bei den meisten von uns liegt die Schwierigkeit darin, daß Kopf, Zunge und Handlungen nicht übereinstimmen. Eine Sache denken wir, eine andere sprechen wir aus, und noch eine weitere tun wir mit unseren Händen. «Sei wahr zu dir selbst, dann folgt wie die Nacht dem Tage, du kannst nicht falsch sein gegen irgendwen» (Shakespeare). Ihr seid im Körper, und Gott, die beherrschende Kraft, ist ebenfalls darin. Wenn ihr zu euch selbst aufrichtig seid, braucht ihr niemanden zu fürchten.[106] Wer den Gott in sich nicht täuscht, wird gewiß auch andere nicht täuschen. Bevor wir andere hintergehen können, betrügen wir zunächst uns selbst, und das bedeutet, daß wir nicht an Gottes Allgegenwart glauben, denn sonst würden wir solche Dinge nicht tun.[107]

Die Wahrheit ist die größte aller Tugenden, noch wichtiger jedoch ist wahre Lebensweise. Wir müssen versuchen, ein reines und klares Leben in diesem Tempel des heiligen

Geistes zu führen und sollten ihn nicht durch Falschheit und Gelüste des Fleisches entweihen und so in die «Wechselstube des Teufels» verwandeln.[108] Wir sollten uns also zuerst die Tugend der Wahrheit aneignen. Lüge, Betrug, Täuschung, Heuchelei, nach außen etwas anderes zur Schau tragen, als wirklich im Herzen ist, - all diese Dinge vergrößern die Verdorbenheit im Innern. Behaltet dies allzeit im Gedächtnis, denn wer gegen niemanden Feindseligkeit hegt, wird das sagen, was wahr ist. Seine Rede wird liebevoll sein, denn er hat nicht die Absicht, die Gefühle irgendeines Menschen zu verletzen, er spricht vielmehr offen um des rechten Verstehens willen. Wer spricht wohl ohne Furcht die Wahrheit? Entweder ein erwiesener Feind oder ein wahrer Freund, obwohl der Feind gern einen Berg aus einem Maulwurfshügel macht, denn seine Absichten sind unehrenhaft, und er übertreibt. Ein aufrichtiger Freund dagegen wird eure Fehler niemals verbreiten, sondern mit Liebe zu erklären versuchen, wo ihr im Unrecht seid, und dabei euer Bestes im Sinn haben. Eignet euch die Tugend der Wahrheit an und fördert mit Liebe besseres Verstehen in anderen. Und was noch wichtiger ist: laßt nicht aufgrund von Redereien oder Gerüchten ab von euren eigenen guten Absichten und Grundsätzen. Manche Zungen betätigen sich aus eigennützigen Beweggründen mit geringer Achtung vor der Wahrheit. Allem liegt eine Absicht zugrunde, sei sie offensichtlich oder versteckt. Tanzt deshalb nicht wie eine Puppe nach der Pfeife anderer, ihr würdet euch nur selbst schaden.[109]

Wenn jemand einmal lügt, dann muß er in der Folge noch hundert weitere Lügen erzählen, um diese eine Lüge zu decken.[110]

Wahrhaftigkeit bedeutet nicht, nur die Wahrheit zu sagen, sondern ist auch eine rechtschaffene Lebensweise. Die Wahrheit steht über allem, aber noch wichtiger ist die wahre Lebensweise. Unsere Handlungen sollten vorbildlich sein, so daß sie deutlich zeigen, daß wir einer edlen Geistesschule angehören, die auf Wahrheit, Ehrfurcht und Liebe beruht.[111] Da Gott Wahrheit ist, müssen wir diese Wahrheit in all unseren Angelegenheiten verwirklichen. Wenn die Wahrheit im Herzen eines jeden wohnt, muß sie sich auch im Leben und Wirken offenbaren.[112]

Denkt daran, daß Handlungen lauter sprechen als Worte! Wenn ihr die Gewohnheit entwickelt, die Wahrheit zu sagen, werden die Menschen um euch genauso handeln. Gedanken sind mächtiger als Worte und sogar stärker als Taten.[113]

Die Wahrheit aller Wahrheiten ruht in den innersten Tiefen der menschlichen Seele; sie muß ausgegraben, ans Tageslicht gebracht werden und in all unserem Tun uneingeschränkt Anwendung finden. Der wahre Tonstrom ist der Ursprung allen Lebens, und nur wenn wir ihn auf dem göttlichen Grund berühren dürfen, werden wir wirklich aufrichtig und können unser Leben nach den Richtlinien der Wahrheit umformen. Wenn wir die Wahrheit verwirklichen und in der Wahrheit leben, werden wir von der Liebe des Herrn eingehüllt und verströmen dann seine Liebe uneingeschränkt an alle und alles.[114]

Brahmcharya: Keuschheit

Brahmcharya bedeutet ein Leben in Keuschheit: Das schließt Mäßigung in Gedanken, Worten und Taten ein. Wir dürfen keine gierigen Blicke auf andere werfen noch innerlich unreine Gedanken hegen, denn «Keuschheit ist Leben und Sexualität ist Tod». Wenn wir den Pfad zum ewigen Leben gehen wollen, müssen wir innerlich wie äußerlich keusch und rein sein.[115]

Ihr solltet bitte zur Kenntnis nehmen, daß das Gemüt eine träge Kraft ist, die jedoch vom Verstand angetrieben und gelenkt wird, wenn die Sinnesorgane zum Genießen eingesetzt werden. Es ist der innere, verborgene Drang des Gemüts, der den Verstand anregt, in sinnlichen Dingen Genuß zu finden, und solange dieser Vorrat des unterbewußten Gemüts an weltlichen Wünschen und Leidenschaften nicht durch ausgedehnte Übungen und Meditationen beseitigt ist, bleibt es schwierig, die niederen Einflüsse zu überwinden. Das Begehren ist die Ursache allen Leids. Lauschen auf den heiligen Tonstrom in völliger Versunkenheit und ausgiebige Meditationen über das göttliche Licht werden euch segnen, indem sie euch von diesen Wünschen befreien. Selbstprüfung führt zu wahrem Glück. Wie ein Vogel findet der Wunsch eine Stätte, indem er sich in den Sinnen niederläßt, sich der Gedanken bemächtigt, die geistigen Fähigkeiten verunreinigt und schließlich den Gottsucher im Sumpf der Erniedrigung ins Verderben stürzt. Eine Sache, die am Anfang bitter ist, am Ende aber süß wird, ist unserer Hochschätzung wert. Ihr solltet versuchen, diese Wahrheiten in aller Ernsthaftigkeit aufzunehmen, um zu klaren Schlüssen über ihre Anwendbarkeit zu kommen.[116]

Die trügerischen Reize der sinnlichen Genüsse enden meistens mit einer Enttäuschung. Sinnliches Begehren wird selten durch ein Schwelgen darin gestillt. Hilfreich für den inneren Fortschritt sind geistige Schulung und nach vorausgegangener Reue und sorgfältiger Überlegung ein Aufgeben aller Hindernisse, die uns stolpern lassen könnten. Verblendung erzeugt Maßlosigkeit, wohingegen Enthaltsamkeit und Verzicht Heiterkeit und Nüchternheit zur Folge haben. Ihr dürft ganz sicher sein, daß das Gemüt ein sehr nützlicher Diener ist, aber ein sehr übler Herr. Durch die gütige Gnade des Meisters wird das Schülerkind von der gnädigen Meisterkraft oben daran erinnert, dem rechten Weg zu folgen, und wer sich an seine Anweisungen hält, wird gesegnet und kann erfolgreich den Versuchungen entgehen; und dann wird dieses Affengemüt mit ihm für seinen geistigen Fortschritt zusammenarbeiten. Im Gegensatz dazu werden jene, die den Verlockungen erliegen und den göttlichen Rat nicht beachten, in den Abgrund des Verderbens geschleudert, und besagtes Gemüt rennt wie wild in diese Richtung. So versteht ihr jetzt sicher die grundlegende Notwendigkeit, dem heiligen Impuls der gnädigen Meisterkraft zu folgen und edle Gedanken zu hegen.[117]

Durch Leidenschaft kann die Seele sehr tief fallen. Der Sitz der Seele ist oben, zwischen den Augenbrauen. Und der Sitz der Leidenschaft? Nun, jeder weiß, wo er ist![118]

Die Lust wirkt auf uns zu 80 Prozent durch die Augen, zu 14 Prozent durch die Ohren und die restlichen 6 Prozent hauptsächlich durch den Tastsinn. Wie also lebt man Reinheit? Das ist die Frage. Ihr müßt die Richtung eurer Aufmerksamkeit lenken lernen. Das Gemüt und die nach außen wirkenden Fähigkeiten erhalten ihre Kraft von der Seele, und deren äußerer Ausdruck ist die Aufmerksamkeit. Wenn unsere Aufmerksamkeit am Sitz der Seele im Körper verweilt und wir unsere äußeren Fähigkeiten sinnvoll einsetzen, wird uns das, was wir sehen oder hören, nicht weiter beeinflussen. Ihr könnt jemanden anschauen, braucht aber nicht eure volle Aufmerksamkeit dazu, nicht einmal bei offenen Augen. Jemand kann euch lange Geschichten über schlimme Dinge erzählen - wenn ihr auf eure Aufmerksamkeit achtet, werdet ihr selbst mit offenen Ohren nichts hören.[119]

Was Liebe ist, erfahrt ihr, wenn ihr in die Augen dessen schaut, der euch nach oben zieht und euch hilft, euren Körper zu vergessen. Deshalb rate ich immer: «Schaut nicht in die Augen anderer, sondern nur in die des Meisters.» Sonst fällt uns auf diese Weise die Begierde an. Sie ergreift uns über die Augen. Wenn ihr in die Augen anderer Menschen schaut, die von Begierden oder anderen niederen Neigungen erfüllt sind, werdet ihr durch ihre Ausstrahlung in gleicher Weise beeinflußt. Schaut nur in die Augen eines gotterfüllten Menschen, und ihr werdet gesegnet sein.[120]

Eine unpersönliche, oberflächliche Bemühung oder leichtes Nachlassen im Einhalten der ethisch-sittlichen Vorschriften gemäß den hohen Lehren des heiligen Pfades sind geeignet, Leid zu verursachen. Das übliche Zusammenkommen und Miteinandersein verursacht Bindungen. Wenn es jedoch im Namen des Meisters mit göttlichem Duft und Wohlgeschmack angereichert wäre, so würde das unbedingt zu einem noch viel tieferen Zusammenhalt führen. Das andere Geschlecht hat eine starke Anziehungskraft und der ausgeübte Zauber und der Reiz sind so stark, daß man nicht widerstehen kann. Das endet in allmählicher Betörung und Gebundenheit. Ein leichtes Ausgleiten kann große Verheerung anrichten, wenn die Lieben dann in den Abgrund der sinnlichen Begierden geschleudert werden. Göttliche Liebe und Triebhaftigkeit sind völlig entgegengesetzt. Triebhaftigkeit ist nicht nur sündhaft, sondern auch ein schwerwiegendes Hindernis auf dem heiligen Pfad. Nur nach langem Bemühen kann man einen gewissen Erfolg darin erwarten, ein reines, keusches Leben zu führen. Dieser Aspekt des Lebens sollte bitte von den schon länger Eingeweihten des *Satsangs* im Auge behalten werden, damit sie die «jungen Küken» zum Wohle ihres geistigen Fortschritts richtig führen können.[121]

Wenn wir Enthaltsamkeit üben, bewahren wir nicht nur den kraftspendenden Lebenssaft (der ein unschätzbares Gut im menschlichen Körper ist und auf keinen Fall unterschätzt werden darf), sondern es trägt darüber hinaus dazu bei, uns auf die Gottheit abzustimmen, die bereits in die Grundform unseres Lebens eingewirkt ist, in dem gewaltigen Wirbel der Welt aber verschüttet wurde. Die Enden der lebensspendenden Verbindungen - das heilige Licht und der hörbare Lebensstrom -, die uns abhanden gekommen sind und vom Meister wieder offenbar gemacht wurden, können nicht beliebig lang gehalten werden, solange wir nicht fest in ein Leben der Keuschheit eingebettet sind. Ein leeres Gemüt ist des Teufels Werkstatt, und deswegen wird zur ständigen Wiederholung der kraftgeladenen Worte und Erinnerung an den Meister geraten. Diese wirken als mächtige Hilfe, das Gemüt in dem sonst tosenden Meer des Lebens zu verankern und zu festigen. Es sollte ganz klar verstanden werden, daß kein noch so großes Verstandeswissen oder anspruchsvolles Denkvermögen euch in einer Stunde qualvoller Todesangst beistehen kann, sondern einzig und allein der gnädige Schutz des Meisters.

Reife Früchte wiederum behalten ihre Frische, solange sie an den Ästen hängen; wenn sie aber erst einmal gepflückt worden sind, können sie entweder nur in Honig oder in Kühlräumen mit hohen Kältegraden aufbewahrt werden. Die persönliche Aura des gütigen Meisters gleicht dem erhaltenden Honig und seine liebevolle Fürsorge der unschätzbaren Kühllagerung, durch die wir auf Befreiung von dieser uralten Krankheit hoffen können. Diejenigen, deren Leben der heiligen Sache Gottes geweiht war, haben Aufzeichnungen ihrer wertvollen Erfahrungen hinterlassen, die in Fülle davon zeugen, daß es für jeden Hoffnung gibt, vorausgesetzt, es ist ihm ernst mit seinem Streben, und vor allem natürlich, daß er die geeignete Führung und Hilfe einer wahrhaft befähigten Meisterseele erhält. Wie jeder Heilige eine Vergangenheit hat, so hat jeder Sünder auch eine Zukunft; aber ohne die Gnade der oben wirkenden Meisterkraft kann nichts erreicht werden. Der Schüler muß sich natürlich mit etwas Nützlichem beschäftigen oder zumindest mit der gedanklichen Wiederholung der kraftgeladenen heiligen Namen, schlechte Gesellschaft und unpassende Umgebung meiden - wie das Studium obszöner Literatur und Kunst. Er sollte auch vermeiden, anderen in die Augen zu sehen, besonders dem anderen Geschlecht. Auch soll er ausschließlich vegetarische Kost - schonend zubereitet und äußerst maßvoll - zu sich nehmen. Dies sind einige hilfreiche Maßnahmen, die - standhaft befolgt - mit der Gnade der über allem wirkenden Meisterkraft im Laufe der Zeit sichere Ergebnisse hervorbringen werden.[122] Der Initiierte wird nicht sein ganzes geschlechtliches Verlangen unterdrücken, denn Verdrängung kann nur eine Neurose erzeugen und den Weg für einen Sturz bereiten; statt dessen wird er immer bestrebt sein, es zu veredeln. Er wird auch verstehen, daß es bei diesem Trieb die Absicht der Natur ist, die Art zu erhalten, und wird ihn so lenken, daß dieser Sinn erfüllt wird. Er macht ihn aber nie zum Selbstzweck, zu einer Quelle physischen Genusses, denn wenn er zu dem wird, entartet er zu einem Rauschmittel, das den Geist betäubt und die Zeugung, die Absicht der Natur, zunichte macht, indem er die Erfindung und den Gebrauch empfängnisverhütender Mittel unterstützt.[123]

Ist es denn - rein psychologisch gesehen - dem menschlichen Geist überhaupt möglich, sich von seinem gewohnten Erfahrungsgebiet völlig freizumachen, ohne sich zuvor in einem anderen und höheren zu verankern? Es ist allgemein kennzeichnend für den Menschen, daß er Beziehung zu etwas anderem sucht, als er selber ist. Dies ist das Gesetz seines Lebens und die Quelle all seiner großen Errungenschaften. Das Kind hängt an seinem Spielzeug, der Heranwachsende an seiner Familie und der Gesellschaft. Genauso wie man ein Kind nicht ohne Schaden seiner Spielsachen berauben kann, solange es ihnen psychologisch gesehen nicht entwachsen ist, so bedeutet es auch einen Schnitt in die Lebenswurzel eines Hausvaters, wenn man von ihm erwartet, seine gesellschaftlichen und familiären Bindungen aufzugeben, ohne ihnen vorher dadurch entwachsen zu sein, daß er etwas Höheres und Umfassenderes entdeckt hat. Es wäre dann kein Fortschritt, sondern vielmehr ein Rückschritt, denn wer es als eine aufgezwungene Schulung unternimmt, erreicht nur, daß er seine natürlichen Regungen unterdrückt. Das Ergebnis ist dann nicht eine Steigerung des Bewußtseins, sondern daß es empfindungslos wird und verkümmert, keine Loslösung, sondern Gleichgültigkeit.[124]

Enthaltsamkeit ist eine Tugend, die für den Erfolg auf allen Gebieten des Lebens, seien sie weltlich oder spirituell, beachtet werden muß. Ein reines und keusches Leben ist ein fruchtbarer Boden, auf dem die heilige Saat der Spiritualität am besten gedeiht. Es besteht in der Beherrschung von Gedanken, Worten und Taten, da bei jeder Verfehlung das Gift in die Tiefen des Gemüts eindringt und sich mit den in zahllosen Zeitaltern angehäuften Unreinheiten vervielfacht. Keuschheit zu entwickeln ist eine mühsame Arbeit, die einen lebenslangen Kampf erfordert - wirklich äußerst anstrengend. Begünstigt sind jene, die ihren Trieb mäßigen können, denn sie sind in einer weit besseren Lage, dem Pfad gottwärts zu folgen als solche, die in dem erbärmlichen Sumpf der Triebhaftigkeit schwelgen. Ein normales, maßvolles Eheleben, wie es in den Schriften vorgeschrieben wird, ist jedoch kein Hindernis auf dem göttlichen Pfad.[125]

Die Meister führen auch ein vorbildliches Eheleben. Übernehmen sie aber ihre Rolle als Meister, dann beenden sie diese Lebensführung. Eheleben ist also kein Hindernis für den geistigen Weg, wenn es in Übereinstimmung mit den Schriften geführt wird. Den Lebenspartnern wird zu ihrem geistigen Besten geraten, Enthaltsamkeit zu üben, indem sie sich gegenseitig unterstützen und ein maßvolles Leben führen. Die Eintragungen in den Tagebuchblättern sind wesentlich für die Menschen, die sich nach und nach bessern wollen. Man lernt durch Selbstprüfung und bedachte Lebensweise. Den Lieben ist nicht verboten, zu heiraten oder einen Hausstand zu gründen. Aber sie sollten ein vorbildliches Familienleben führen, das durch die göttliche Gnade der Meisterkraft mit besonderem Wohlgeschmack ausgestattet ist. Die jungen Menschen sollten aufgefordert werden, vor der Ehe ein keusches Leben zu führen, da Keuschheit Leben und Sexualität Tod ist. Eine Lampe brennt hell, wenn sie mit Öl gefüllt ist; wenn aber das ganze Öl ausgelaufen ist, wie kann sie dann noch Licht geben?[126]

Für die Initiierten ist es nicht ratsam, wie Ehemann und Ehefrau zusammenzuleben, ohne gesetzlich verheiratet zu sein. Das ist wie Ehebruch anzusehen.[127] Ihr werdet zugeben, daß es in dieser engen Gemeinschaft nicht möglich ist, sinnliche Wünsche im Zaum zu halten und ein enthaltsames und selbstbeherrschtes Leben zu führen. Dies wiederum wird euren spirituellen Fortschritt beeinträchtigen. Wenn ein Mann aus einer Schänke kommt und dabei die Bibel liest, was meint ihr, werden die Leute ringsum darüber denken?[128]

Die Zeugung ist nur ein nebensächlicher Teil des Ehelebens. Von dem Augenblick der Empfängnis an und solange das Kind mit Muttermilch genährt wird, sollte man sich völlig enthalten. Somit ergäbe sich nach der Empfängnis eine Unterbrechung in den geschlechtlichen Beziehungen von zwei oder mehr Jahren. Eben das schreiben die Schriften vor. Wenn jemand nach diesem Muster zwei oder drei Kinder gezeugt hat, wird er als keuscher Mensch angesehen.[129]

Das Eheleben ist kein Hindernis auf dem geistigen Pfad, wenn es gemäß den ethischen Anweisungen der Schriften gelebt wird. Bringe deine Frau auf liebevolle Weise dazu, die Zeiträume der Enthaltsamkeit zu verlängern, um den höheren Sinn des Lebens zu erreichen und schließlich bis zu der Stufe zu gelangen, die von den Schriften vorgeschrieben wird. Ich hoffe, daß sie dir in dieser Hinsicht behilflich sein wird. Ein keusches Leben zwischen Mann und Frau ist für beide eine Quelle der Gesundheit, Vitalität und Tatkraft.[130]

Du solltest weiterhin den Verpflichtungen deinem Mann gegenüber so gelöst wie nur irgend möglich nachkommen. Die Beziehung zwischen Mann und Frau ist heilig, und nichts sollte dazwischentreten dürfen. Deine liebevolle Geduld und Unterstützung wird ihm helfen, mit der Zeit für die höhere Lebensweise zu erwachen. Meine besten Wünsche sind mit ihm.[131]

Keuschheit ist Leben und Sexualität ist Tod. Ich fühle mit dir hinsichtlich der gegenwärtigen Beziehung zwischen dir und deinem Mann; komme deinen Verpflichtungen so gelöst wie möglich nach. Zu deinem eigenen Besten solltest du ihn sehr liebevoll darüber aufklären, daß der jeweilige Verlust der Lebenskraft nicht nur für sein geistiges Wohl und sein Empfinden, sondern auch für seine körperliche Gesundheit äußerst schädlich ist. Wenn er jedoch nicht sofort aufhören kann, sollte er zu seinem eigenen Besten versuchen, mehr Selbstbeherrschung zu üben. Mit deiner liebevollen Hilfe und Unterstützung wird er dabei Erfolg haben und sich seine körperliche Gesundheit bis zu einem gewissen Grade erhalten. Dein Rat, von der Seele Gebrauch zu machen, war angebracht. Der Körper ist der Tempel Gottes und sollte zu einem geeigneten Werkzeug gemacht werden, um die Göttlichkeit im Menschen zu offenbaren. Er sollte nicht zu einem Mittel für Sinnengenuß herabgewürdigt werden.[132]

Leider haben nur sehr wenige Menschen das richtige Verständnis für die große Bedeutung eines keuschen Lebens. Nur weil der Mensch nicht keusch ist, steht er unter der Herrschaft anderer Laster wie Ärger, Gier und Gebundenheit. Könnte er seine sinnlichen Begierden beherrschen, so fielen die anderen Übel allmählich von ihm ab. Keuschheit ist also nicht nur der Schlüssel für das geistige Leben, sondern auch für den Erfolg in jedem anderen Bereich unserer Bestrebungen. Das Traurige ist, daß gerade diejenigen, die ihren Mitmenschen helfen könnten, wie Ärzte und Geistliche, selber in den Fängen der Triebhaftigkeit stecken und daher kaum geeignet sind, von dem Verhalten abzuraten, dem sie selber verfallen sind.[133]

Wenn ihr immer an den Körper denkt, denkt ihr natürlich an das andere Geschlecht. Jesus Christus sagte, daß Männer ihre Frauen lieben sollten, wie er seine Anhänger liebte. Selbst Eheleute sollten nicht als Mann und Frau aneinander denken. Eine ihrer Pflichten mag es sein, Kinder zu zeugen, aber das ist nicht alles. Sie sollten vor allem Lebensgefährten in dem Sinne sein, daß sie einander helfen, zu Gott zu kommen.[134]

Der Samen ist der besondere Lebenssaft unseres Körpers. Er ist die antreibende Kraft, ein lebensnotwendiger Stoff. Je mehr wir davon in unserem Körper haben, desto gesünder sind wir. Wer Enthaltsamkeit übt, ist stark und mutig genug, um Hunderten von Menschen allein entgegenzutreten. Wenn so ein Mensch geistiges Verständnis hat, ist er eine wirklich erhabene Seele. Jene, denen es an dieser wesentlichen Tugend mangelt, sind zu einem nennenswerten Fortschritt nicht fähig. In den *Shastras* (Hindu-Schriften) heißt es, daß die Vergeudung auch nur eines

Samentropfens dem Tod gleichkommt und ihn zu bewahren Leben bedeutet. Auch *Guru Nanak* hat gesagt: «Wer den Samen verliert, der verliert alles.»[135]

Frage: Verzögert der Verlust von Lebenssaft im Schlaf den geistigen Fortschritt?

Meister: Er beeinträchtigt den geistigen Fortschritt tatsächlich. Ihr solltet vermeiden, in die Augen des anderen Geschlechts zu schauen und in allen freien Augenblicken Zuflucht nehmen zum *Simran* der kraftgeladenen Namen, zum liebevollen Denken an den Meister oder zum Hören auf den heiligen Tonstrom, wenn er hörbar geworden ist. Dieses Verhalten wird hilfreich bei der Ausrottung sinnlicher Begierden sein. Außerdem solltet ihr eure Nahrung sehr früh vor dem Schlafengehen zu euch nehmen, so daß sie bis dahin gut verdaut ist. Hände, Füße, Gesicht und Unterleib mit kaltem Wasser zu waschen, bevor ihr zu Bett geht, ist ebenfalls günstig.[136] Ferner solltet ihr vor dem Zubettgehen ein Gebet sprechen, liebevoll die heiligen kraftgeladenen Namen wiederholen und euch des Meisters erinnern. Wenn ihr in dieser entspannten Haltung einschlaft, werden mit seiner Gnade und unter seiner Obhut keine derartigen Störungen mehr auftreten. Gedanken schaffen Eindrücke im Gemüt, die nach Befreiung im Schlaf trachten, wenn die Aufmerksamkeit in den Körper hinabgleitet. Diese Vorgänge sind im Tagebuchblatt einzutragen.[137]

Letzten Endes müssen wir mit der Wahrheit, die bereits in uns ist, in Verbindung kommen. Um ein *Satsangi* zu werden (jemand, der mit der Wahrheit verbunden ist), müßt ihr aufhören, ein *Mansangi* zu sein (jemand, der mit den Sinnen verbunden ist). Um die letzte Wahrheit zu erreichen, müssen wir also die Verbindung mit den sinnlichen Vergnügungen lösen.[138]

Wer kann sich über das Körperbewußtsein erheben? Jener, der losgelöst und nicht in sinnlichen Genüssen verstrickt ist. Nur solch ein Mensch kann leicht innen anklopfen. Deshalb ist ethisches und keusches Leben sehr wesentlich. Selbst wenn der Meister jemanden, dessen Leben nicht rein ist, durch seine Gnade über das Körperbewußtsein erheben würde, wäre dieser nicht fähig, standzuhalten. Es ist kristallklar, daß zwei Haupthindernisse im Wege stehen: leidenschaftliche Wünsche und Zorn. Es reicht nicht aus, ein keusches Leben zu führen. Wir müssen alle Wünsche überwinden. Im Zorn fließt die Seele nach außen. Hemmungslosigkeit und Ärger führen zu verschiedenen anderen Lastern. Ehe nicht diese beiden Feinde in Schach gehalten werden, könnt ihr die anderen - Gier, Gebundenheit und Selbstsucht - nicht beherrschen. Wer es fertigbringt, diese fünf Feinde zu besiegen, ist frei von Leid. Die Sinne leiten ihre Kraft vom Gemüt ab und das Gemüt wiederum von der Seele. Wenn unsere Aufmerksamkeit am Sitz der Seele gesammelt ist, werden die Sinne kraftlos.[139]

Nur ein wachsamer und bewußter Mensch kann keusch leben und ein höheres Bewußtsein erlangen. Durch ein Leben in Keuschheit erhebt man sich allmählich ins kosmische Bewußtsein. Wenn Bewußtsein im Inneren dämmert, wird man nicht mehr von den sinnlichen Dieben bedrängt - wir werden nämlich beraubt von den fünf tödlichen Leidenschaften. Wenn Keuschheit und Vergebung fehlen, ist die Seele mit einer dicken Wand aus Finsternis bedeckt, und wir sind nicht wir selbst. Jesus Christus beschrieb diesen Zustand als «Tod der Seele». Was ist der Tod der Seele? Es ist die Verdunklung des Lichtbewußtseins in uns. Bindung an äußere Bequemlichkeiten senkt unsere Bewußtheit. Die Bewußtheit wächst mit zunehmender Wahrnehmung. Woher kommt diese Wahrnehmung? Sie kommt, wenn wir Mitleid und Keuschheit entfalten. Seht, wie wichtig diese Tugenden sind, wir aber zollen ihnen keine Aufmerksamkeit. Wir wurden bereits mit seiner Gnade und auch mit dem Kapital des heiligen *Naam* gesegnet. Ist es dann nicht unsere Pflicht, unser Kapital zu hüten? Wir sollten die Gebote des Meisters halten, anstatt ihm gegenüber ein bloßes Lippenbekenntnis abzulegen.[140]

Wer einen Meister hat, aber nicht sein Sprachrohr, sein wahrer Schüler geworden ist, hat sich noch nicht von den Begierden des Fleisches befreit. Nachdem man einen Meister gefunden hat, muß man Empfänglichkeit für ihn entwickeln. Wer ist nun ein wahrer Anhänger des Meisters? Jemand, der keine eigenen Wünsche mehr hat und nach dem Willen des Meisters lebt. Solch ein Mensch wird von selbst von allen Leidenschaften befreit. Da der Meister verkörperte Keuschheit ist, strahlt Keuschheit von ihm aus und durchflutet den Schüler im gleichen Augenblick, in dem dieser an ihn denkt. Der Meister ist voller Mitleid und vergibt alles. Nur ein wahrer Schüler des Meisters kann allen Arten der Genußsucht entkommen, da er sich an die Worte des Meisters hält.[141]

Seid aufrichtig zu Ihm, der in euch wohnt. Wenn ihr die beiden Tugenden - Keuschheit und Vergebung - übt, werdet ihr feststellen, daß ihr ohne große Anstrengung höheres Bewußtsein, völliges Erwachen und vollkommenen Gemütsfrieden erlangt. So werdet ihr beginnen, auf eure Umgebung Frieden, Harmonie und Ausgeglichenheit auszustrahlen.[142] Wer sind wir? Wir haben Gott in uns. Wir sind alle Mikro-Götter. Wir sind nur verkümmert, weil wir uns (als Seele) auf der Ebene des Gemüts und der Sinne nach außen zerstreuen. Zögen wir uns von den sinnlichen Vergnügungen zurück und richteten unsere Aufmerksamkeit auf die uns beherrschende Kraft, würden wir ganz sicher ihr Sprachrohr werden.[143]

Ihr mögt euer ganzes Leben hindurch meditieren, wenn ihr aber nicht Keuschheit und Vergebung übt, wird das keinerlei Gewinn bringen.[144] Keuschheit und Vergebung sind die beiden grundlegenden und edelsten aller Tugenden. Wenn wir diese Tugenden erwerben, werden unsere Meditationen erfolgreich sein.[145] Hören wir nun, was Sant Kabir über ein Leben in Reinheit zu sagen hat: «Wenn im Herzen Keuschheit und Vergebung sprießen, wird der unsichtbare Herr sichtbar. Ohne Keuschheit kann man nicht zu Ihm gelangen. Leere Worte haben keinen Wert.»[146]

Vom heutigen Tag an sollten wir uns entschließen, ein frommes und geordnetes Leben zu führen. Wir sollten uns regelmäßig selbst überprüfen und darüber das Tagebuch führen. Ihr müßt nur keusch werden, dann werdet ihr feststellen, daß ihr übernatürliche Kräfte der Wahrnehmung und vorherige Kenntnis von weltlichen Ereignissen entwickelt habt. Und wenn solch ein keusches Leben dem göttlichen Pfad geweiht ist, dann könnt ihr euch die großen Fähigkeiten eines derartigen Menschen sehr gut vorstellen. Daher sind Reinheit des Herzens und ein keusches Leben die Hauptbedingungen für geistigen Fortschritt.[147] Selbst wenn ein Mensch in der Lage ist, einen vollkommenen Heiligen zu finden, der ihm als Schüler eine unmittelbare innere Erfahrung geben kann, ist ein Fortschritt auf dem geistigen Pfad unmöglich, wenn nicht Keuschheit und Vergebung geübt werden. Wir sollten deshalb die Vergangenheit vergessen und von nun an beginnen, ein reines Leben zu führen.[148] Ein enthaltsamer Mensch kann sein wahres Ziel ohne große Mühe erreichen. Wer sowohl Vergebung als auch Keuschheit übt, braucht sich um nichts zu sorgen und wird Gott verwirklichen.[149]

Keuschheit ist die Hauptquelle aller Tugenden. Einem wirklich keuschen Menschen begegnen wir sehr selten. In der Nähe einer solch reinen Seele spüren wir eine besänftigende Wirkung, und allein ihre Ausstrahlung bewirkt ein Erwachen. Das ist keine Übertreibung. Kraft eines ethischen Lebens ist der Körper eines reinen Menschen mit göttlicher Gnade, Ausgeglichenheit und Wohlgeruch erfüllt. Keuschheit ist somit ein großer Segen. «Keuschheit gewährt alle Schätze der drei Welten (physisch, astral und kausal)».[150] Wie ihr denkt, so werdet ihr. Wenn euer Gemüt ständig bei einem keuschen Menschen weilt, werdet ihr unbewußt Keuschheit anziehen und aufnehmen.[151]

Der Wunsch ist die Grundursache all unserer Verwirrungen und Leiden. Ihr könnt wunschlos werden, wenn ihr eine Zeitlang regelmäßig dem Tonstrom lauscht. Er wird als das bewährte Heilmittel gegen den Wunsch angesehen. Das Aufgehen der Seele im heiligen *Shabd* gewährt eine so unaussprechliche Glückseligkeit und Harmonie, daß die Wurzeln der Begierde für immer beschnitten sind.[152]

Liebe zu allen:
Liebe weckt Liebe

Liebe ist das Allheilmittel für die meisten Übel der Welt. Sie ist der Kern aller anderen Tugenden. Wo Liebe ist, dort herrscht Frieden. Liebt, und alle Segnungen werden euch zuteil werden, das ist der Grundgedanke in den Lehren von Jesus Christus. Die gesamte christliche Lehre fußt auf den beiden Grundsätzen «Du sollst Gott, deinen Herrn, lieben von ganzem Herzen, von ganzer Seele und mit all deiner Kraft» und «Liebe deinen Nächsten wie dich selbst». Gott ist Liebe, und Liebe ist auch die menschliche Seele, da sie ein Funke derselben Wesenheit ist. Der heilige Johannes sagt: «Wer nicht liebt, kennt Gott nicht, denn Gott ist Liebe» und «Wer Gott liebt, der liebt auch seine Brüder». Guru Gobind Singh legte ebenso Nachdruck auf die grundlegende Notwendigkeit der Liebe: «Wahrlich, ich sage euch, Gott offenbart sich nur denen, die lieben».[154]

Liebevolles und selbstloses Dienen gegenüber der Menschheit ist der Eckstein aller religiösen Philosophien, und kein Mensch kann auf dem geistigen Pfad fortschreiten, ohne die Liebe in sich zu entwickeln. Die göttliche Saat, die der Meister so liebevoll in den kargen Boden unserer Herzen sät, muß mit den Wassern der Liebe genährt werden, wenn wir schnelle Ergebnisse wünschen. Wir müssen die Wüste unserer Herzen in einen wahren Garten der Liebe verwandeln, voll entzückender Blumen und köstlicher Früchte. Unserem Herzen sollte ein ewiger Quell der Liebe entspringen, so daß jeder, der damit in Berührung kommt, bis ins Innerste seines Herzens von Liebe durchdrungen wird.[155]

Wie kann sich Liebe entwickeln? Zunächst wird, wenn wir von ihr hören, im Innern ein Verlangen geweckt - und dann durch den Anblick eines vollendeten Meisters. Meister sind überfließende Schalen berauschender Gottesliebe; wenn wir sie nur sehen, beginnt auch in uns die Liebe zu erwachen. Wenn sie uns jedoch dazu noch die Verbindung mit dem Herrn im Inneren gewähren, dann können wir sicher sein, daß wir auf dem wahren Pfad zurück zu Gott sind.[156]

Man kann den Stolz als Ursache aller Sünden betrachten, denn er wird zur Ichsucht.[157] Unangebrachter Stolz auf weltlichen Besitz oder Reichtum, vermeintliche Überlegenheit aufgrund geistiger Kenntnisse oder Verstandeswissens, Eitelkeit wegen irdischer Güter oder des Standes können das Gemüt des Gottsuchers vom rechten Weg abbringen, doch mit der Zeit schwindet all das Äußere dahin. Andererseits ist ein Herz voll ehrerbietiger Demut ein aufnahmebereites Gefäß für Gottes Gnade, ein Gefäß, das - wenn zum Überfließen gefüllt - von selbst an andere weitergibt. Für einen demütigen Menschen ist kein Opfer zu groß, wenn es um seine geistige Entwicklung geht, während ein stolzer Mensch endlos abwartet und selbst dann noch die Gelegenheit verpaßt, wenn sie sich ihm bietet. Eine versäumte Gelegenheit kommt nicht so schnell wieder. Die menschliche Geburt ist ein Gut von unschätzbarem Wert, das durch die Vorsehung in den aufsteigenden Stufen der Entwicklung gewährt wird. Ihr höchstes Ziel ist die göttliche Vollkommenheit, um derentwillen wir alle hier sind. Begünstigt sind jene, die auserwählt, angenommen, in die Geheimnisse des Jenseits eingeweiht und mit den göttlichen Gaben des heiligen Lichts und himmlischen Tons verbunden wurden. Es liegt nun an uns, «das Eisen zu schmieden, solange es heiß ist».[158]

Liebe ist unserer Seele eingeboren. Sie strahlt aus und sollte mit der Überseele in Berührung kommen, die Gott oder *Paramatma* genannt wird. Anstatt aber unsere Seele mit Gott zu verbinden, haben wir sie an beseelte Körper gehängt, und das wird Gebundenheit genannt. Liebe ist das, was innen überfließt, so daß ihr euch selbst vergeßt. Daran könnt ihr Liebe von Verhaftetsein unterscheiden.[159] Wenn euch selbstsüchtige Liebe an einen Menschen gebunden hält, dann ist das keine Liebe, sondern dann wird es Gebundenheit genannt. Das ist der sehr feine Unterschied zwischen den beiden.[160]

Liebt einander um des Meisters willen. Wenn ihr um des betreffenden Menschen willen liebt, wird das eurer Liebe zum Meister im Wege stehen.[161] Liebt also Gott, und da Gott in jedem Herzen wohnt, liebt alle um ihrer Seele willen und wegen der göttlichen Kraft, die ihre Seele im Körper hält; liebt nicht den Körper als solchen! Dann seid ihr gerettet. Wenn ihr anderen auf dieser Ebene dient, dann ist das Gottesdienst.[162]

Daraus können wir die Lehre ziehen, daß wir einander lieben müssen, wenn wir Gott oder dem Gottmenschen ergeben sind. Das ist nur natürlich. Aber jede Liebe, die durch persönliche Belange oder selbstische Beweggründe beeinflußt ist, macht euch engherzig. Ihr möchtet dann, daß der Mensch, den ihr liebt, nur von euch und sonst niemandem geliebt wird. Aber wenn ihr wahre Liebe für Gott habt, dann werden natürlicherweise alle, die Gott lieben, von euch geliebt werden. Das ist der gewaltige Unterschied zwischen wahrer Liebe und Bindung oder Lust.[163]

Der Unterschied zwischen wahrer Liebe und Lust ist, daß wahre Liebe selbst nach dem Verlassen des Körpers nicht aufhört. Diese Liebe wird zwar im Körper entwickelt, aber von der Seele aufgenommen, nicht vom Körper und seiner Umgebung. Sie wird wahre Liebe oder Nächstenliebe genannt. Die andere Art der Zuneigung wird Lust oder Gebundenheit genannt, und sie unterscheidet sich ganz wesentlich von der wahren Liebe. Liebe zu Gott macht uns frei und erfüllt uns mit Freude, Glück und Seligkeit. Lust oder Verhaftetsein dagegen machen uns abhängig und engherzig. Wenn ihr jemanden im weltlichen Sinne liebt, werdet ihr neiderfüllt, sobald ein anderer an eurer Liebe teilhat, aber jene, die Gott lieben, werdet ihr gleichfalls lieben - eben weil sie Gott lieben. So gibt euch die Liebe zu Gott eine Liebe für die gesamte Schöpfung. Das Haften an äußeren Dingen macht euch nur engherzig und geizig, und das Ergebnis ist, daß der eine für Gott und der andere für die Welt lebt.[164]

Sich mit den eigenen Wünschen zu befassen, ist keine Liebe in ihrer wahren Bedeutung. Diese «Liebe» bringt euch Bindung und Abhängigkeit.[165] Liebe bedeutet die Aufhebung der Selbstsucht und sie wird im anderen nur das Gute sehen und alle anderen Dinge zurückweisen. Demut würde bedeuten: Dienen in bescheidener Weise um des Dienens willen ohne Rücksicht auf Stellung oder sogar Anerkennung.[166] Vertrauenswürdigkeit und Duldsamkeit ergeben liebevolle Zusammenarbeit, und selbstloses Bemühen segnet das Schülerkind mit ehrerbietiger Demut, welches die größte Hilfe auf dem heiligen Pfad ist.[167]

Es gibt nur ein Heilmittel gegen jede Zwietracht und Uneinigkeit, und das ist Liebe. Wer ihr Geheimnis nicht gemeistert hat, kann niemals hoffen, am Hofe des Herrn empfangen zu werden. Sie ist der Anfang und das Ende des göttlichen Pfades. Wer die Liebe und ihre wahre Natur versteht und in ihrem Licht lebt und wandelt, der wird - so sicher, wie zwei und zwei vier sind - den Herrn erreichen.[168]

Während wir den Pfad der Rechtschaffenheit beschreiten, entdecken wir, daß wir noch weit davon entfernt sind, vollkommen zu sein. Vollkommenheit entwickelt sich langsam mit Hilfe der Zeit. Es ist unerheblich, welchem Glaubensbekenntnis wir angehören, solange wir Gott und unsere Mitmenschen lieben, denn unsere Eintrittskarte für das Reich Gottes ist die Liebe, die wir in unseren Herzen haben. Wenn wir uns mit Psychologie oder Metaphysik befassen und sehr bewandert in den Gesetzmäßigkeiten des Gemüts sind, es uns jedoch an der Liebe und dem Mitleid für unsere Mitmenschen fehlt, dann stehen wir außerhalb des Reiches Gottes. Das, was wir sind, öffnet das Tor unserer Seele zu Gott und läßt uns zu Seinem Werkzeug werden, um seine Segnungen an andere weiterzuleiten und ihnen zu helfen.

Manche Menschen hoffen auf einen Himmel am weit entfernten Himmelsgewölbe, aber «Himmel» ist ein Bewußtseinszustand in diesem Leben. Wenn wir danach trachten, göttlich zu leben und zu lieben, sind wir bereits Bewohner des Himmels, der uns nach diesem Leben erwartet. Denn das Reich Gottes ist ein Bewußtseinszustand, in dem wir Gott von ganzem Herzen, von ganzem Gemüt und mit all unserer Kraft lieben und auch unseren Nächsten lieben wie uns selbst. Deshalb ist Religion eine Angelegenheit zwischen Seele und Gott, und alle anderen Formen der Verehrung und religiösen Verrichtungen sind umsonst, solange wir nicht die göttliche Liebe in unseren Herzen auf den Thron setzen. Es ist der Tempel des Herzens, in dem wir unentwegt das Licht der Wahrheit und der Liebe brennen lassen.[169]

Wir wurden aufgrund unserer Liebe zu Gott auf den Weg zu Gott gestellt.[170] So lernt nun, die gesamte Schöpfung wie euch selbst zu lieben! Lebt in der Liebe und für die Liebe zu allen, und der Herr der Liebe wird euch wiederum mannigfach um seiner göttlichen Liebe willen belohnen. Das ist sein Gesetz, ewig und unwandelbar. Versucht, einen liebevollen und lebendigen Glauben in seine Güte zu entwickeln, dann wird euch auf eurem Pfad nichts im Wege stehen.[171]

Ernährung

Was wir essen, baut Körper und Geist auf. «Ein gesunder Geist in einem gesunden Körper» ist eine wohlbekannte Redewendung. Bei ungesunder Nahrung können wir weder das eine noch das andere haben. Eine streng vegetarische Ernährung, bestehend aus Gemüse und Früchten, frisch oder getrocknet, Getreide, Molkereierzeugnissen wie Milch, Sahne, Butter, Käse, Yoghurt usw., ist wesentlich für alle Wahrheitssucher. Wir müssen deshalb Fleisch, Fleischbrühe, Fisch, Geflügel, Eier, sowohl befruchtet als auch unbefruchtet, oder Speisen, die eine dieser Zutaten in irgendeiner Form oder auch nur in der geringsten Menge enthalten, meiden. Jede Handlung hat eine Auswirkung, und der

Verzehr von Fleisch hat neues *Karma* zur Folge, die dazu beitragen, das unerbittliche karmische Rad in Bewegung zu halten, denn wir müssen ernten, was wir gesät haben. Wir können nicht Rosen erwarten, wenn wir Disteln säen.

Wie für die obigen Nahrungsmittel gilt auch ein striktes Verbot für alle Arten alkoholischer Getränke, Rauschmittel, Opiate und betäubender Drogen, da sie dazu neigen, unser Bewußtsein abzustumpfen und uns krank zu machen.

«Der Körper ist der Tempel des lebendigen Gottes» und muß deshalb gewissenhaft sauber gehalten werden.

Jeder Anwärter auf Einweihung sollte deshalb vorher mindestens drei bis sechs Monate versuchen, vegetarisch zu leben, um sich zu vergewissern, daß er daran festhalten kann, wenn er auf den Pfad gestellt wird.[172]

Die Einhaltung der strengen Ernährungsrichtlinien ist sehr wesentlich für den stetigen Fortschritt auf dem heiligen Pfad, und jede Übertretung beeinträchtigt unser Weiterkommen. Diese Regeln sollten niemals verletzt werden, auch nicht mit Rücksicht auf Gäste![173]

Das sind sehr kleine Dinge, aber sie haben große Wirkung. Deshalb sollten wir eine einfache, rein vegetarische Ernährung ohne scharfe Gewürze einhalten. Eßt nur so viel, wie ihr braucht, und verlaßt den Tisch noch ein wenig hungrig. Nehmt diese Dinge ernst und befolgt sie, dann werdet ihr alles besser in den Griff bekommen - sei es die Meditation, körperliche Arbeit oder sonstiges.[174]

Die Seele ist, wie ich schon sagte, ewig, allwissend und glückselig. Wenn sie voller Weisheit und Glückseligkeit ist, wie kann sie dann in dieser Welt überhaupt unglücklich sein? Wie lange wird sie sich der äußeren Genüsse erfreuen? Wir meinen, daß wir die Vergnügungen genießen, in Wirklichkeit aber «genießen» die Vergnügungen uns. Der Gott der Nahrung ging einst zu *Lord Vishnu* (eine Gottheit des dreifaltigen Herrn der Schöpfung: *Brahma*, der Schöpfer - *Vishnu*, der Erhalter - *Shiva*, der Zerstörer) und beklagte sich: «Die Menschen essen mich brutal auf, ohne jedes Mitgefühl für mich!» *Lord Vishnu* antwortete: «Gut, wenn dich jemand über seinen Bedarf hinaus ißt, dann iß du ihn auf!» Bedenkt einmal, was der Grund für all unsere Krankheiten ist: Unverdautes. Wir genießen und genießen und genießen, bis wir nicht mehr fähig sind, überhaupt noch etwas zu genießen. Dann beginnen die Genüsse, uns zu «genießen».[175]

Füllt den Magen zur Hälfte mit Speisen, zu einem Viertel mit Flüssigkeit, und laßt ein Viertel leer, damit die Verdauung nicht erschwert wird.

Je leichter euer Magen ist, desto besser könnt ihr euch konzentrieren. Ist euer Magen belastet, könnt ihr natürlich nicht ruhig sitzen und euch sammeln. Ein unbeschwerter Magen ist also bei euren Meditationen von Hilfe. Frönt nicht der Völlerei! Eßt nur, wenn ihr wirklich hungrig seid, und nehmt nicht ständig irgend etwas zu euch. Zwei Mahlzeiten am Tag genügen, vielleicht noch ein kleines Frühstück am Morgen. Die Meister sagen gelegentlich, daß diejenigen, die schneller fortschreiten möchten, nur eine Mahlzeit am Tag einnehmen sollten.[176] Wenn ihr eure Ernährung normalisiert habt, werdet ihr morgens pünktlich aufstehen.[177] Laßt den Magen teilweise leer! Wenn ihr mehr Nahrung aufnehmt, als verdaut werden kann, werden die unverdauten Speisen natürlicherweise Krankheiten verursachen. Eßt gerade so viel, wie ihr verdauen könnt. Gönnt eurem armen Magen etwas Erholung. Es dauert mindestens vier bis fünf Stunden, bis etwas verdaut ist. Wenn ihr zu oft zu viel eßt, wird euer Magen aufbegehren.[178] Eßgewohnheiten können durch sorgfältige Lebensweise geändert werden. Ihr könnt sie durch allmähliche Anpassung und Mäßigung verbessern.[179]

Es ist unbedingt nötig, den Zweck von den Mitteln klar zu unterscheiden. Allzuviel Nachdruck auf die Mittel zu legen, läßt uns mit der Zeit leicht unser Ziel aus den Augen verlieren und verknöchern. Wissen wir zum Beispiel erst einmal, daß uns der Verzicht auf Fleischspeisen und alkoholische Getränke jeder Art auf dem geistigen Pfad hilft, ist es genug, daß wir sie meiden. Dies aber als Selbstzweck zu betrachten, hieße das Ziel verfehlen.[180]

Ihr solltet auf eure Gesundheit achten, da es ebenfalls wichtig ist, in Form und gesund zu sein, um euren weltlichen und spirituellen Verpflichtungen nachkommen zu können. Dem physischen Körper darf angemessene Nahrung nicht verweigert werden.[181]

Euren Hund solltet ihr nicht mit Fleisch füttern, da es euch mit karmischer Schuld belasten würde. Er kann sehr gut vegetarisch leben, genauso wie ihr euch auch umgestellt habt.[182]

Die Schüler sollten es sich zum Grundsatz machen, bei den einzelnen Bestandteilen ihrer Speisen sehr vorsichtig zu sein, besonders wenn sie bei Freunden eingeladen sind. Es ist so einfach, sich vorher bescheiden und taktvoll zu erkundigen und den Freunden zu sagen, daß die erwähnten Nahrungsmittel von eurem spirituellen «Arzt» nicht erlaubt sind.[183]

Alle verbotenen Speisen und Getränke sollten - selbst entgegen ärztlicher Anweisung - gewissenhaft gemieden werden, da nichts davon die uns zuerkannte Lebensspanne verlängern kann noch der Ernährung wirklich dienlich ist.[183a] Es ist gewiß eine falsche Vorstellung, daß Fleisch oder Eier besondere Tatkraft oder Stärke verleihen, im Gegenteil entfachen diese Dinge sinnliche Begierden, was auf die Dauer in hohem Maße zu einer Verschwendung der Kräfte führt.[184]

Das Einhalten der streng vegetarischen Ernährung kann sehr viel dazu beitragen, ein normales Leben zu führen, jedoch hat es nicht unbedingt bessere Gemütsstimmungen, beherrschtes Geschlechtsleben oder die Befreiung von unreinen Gedanken, Wünschen und Handlungen, weltlichem Streben, Habgier, Lust und Maßlosigkeit zur Folge. *Kabir* sagt: «Wenn ihr Haus und Hof verlaßt, euch an einen abgeschiedenen Ort zurückzieht und von rein vegetarischer Nahrung lebt - selbst dann gibt das Gemüt seine niederen Gewohnheiten nicht auf.» Neben diesen wesentlichen und sicheren Hilfen müssen wir gottesfürchtig den spirituellen Übungen, der Hinwendung zu Licht und Ton, regelmäßig Zeit widmen, um die Verzweigungen des Gemüts zu beschneiden, was für die Selbstverwirklichung und Gotterkenntnis äußerst notwendig ist.[185]

Drogen

Es ist geradezu ein Scherz, von diesen «Utopiaten» zu hören (LSD, Marihuana usw.), die Sinnestäuschungen hervorrufen. Nehmt bitte zur Kenntnis, daß Spiritualität die Wissenschaft der Seele ist und die Seele eine bewußte Wesenheit im Körper. Der Weg zurück zu Gott, wie er von den Meistern dargeboten wird, ist der einer Entwicklung des inneren Bewußtseins mit Hilfe des heiligen *Naam* (des Wortes). All diese äußeren Hilfsmittel, die - wie von euch festgestellt - vorübergehende Sinnestäuschungen bewirken, sind gewiß ein Hohn auf die göttliche Gnade. Ihr könnt gut den riesigen Unterschied erkennen zwischen einer bewußten und hellwachen Aufgeschlossenheit für ein Fortschreiten im Inneren und einer Haltung, die Zuflucht nehmen läßt zu diesen äußeren Hilfsmitteln, die nichts weiter sind als sinneserregende Opiate. Ihr werdet euch erinnern, daß die Beachtung der strengen Ernährungsweise, bei der man jegliche Fleischnahrung, Rauschmittel und Opiate meidet, eine grundlegende Voraussetzung für den inneren geistigen Fortschritt ist, um einen verfeinerten Gemütszustand zu erreichen. Wir müssen Bewußtsein entwickeln, die göttliche Eigenschaft der Seele, und zum Erreichen (inneren) Bewußtseins sind innere und äußere Ehrfurcht sowie Reinheit unbedingt erforderlich. Drogen sind zudem schädlich und sollten gemieden werden: sie stumpfen das Denken ab und umwölken das Gemüt mit verschwommenen Gefühlen von Mißtrauen und Verwirrung. Ich bitte euch, all den Lieben, die auf dem heiligen Pfad sind und anderen, die euren Rat in dieser Hinsicht suchen, das rechte Verständnis dieses Punktes zu vermitteln.[186]

Frage: Wenn Menschen, die Drogen wie LSD nehmen, gewisse Erfahrungen machen - sind das echte Erfahrungen?

Meister: Nein, nein, das sind Wahnvorstellungen. Das bedeutet den Tod der Seele, versteht ihr? Das Bewußtsein ist verringert und daher müssen sie natürlich auf die niederen Ebenen gehen. Das ist der Anfang solcher Berauschung, aber es ist noch mehr: es ist der Tod der Seele. Es ist Entartung - man sinkt endgültig ins Tierische ab. Auch eine Schlange hat ein Bewußtsein, aber es gibt verschiedene Grade. Des Menschen Bewußtsein ist höher. Wenn ihr solche Dinge zu euch nehmt, wird euer Bewußtsein beeinträchtigt. Ihr werdet euch dann auf die niederen Ebenen begeben müssen.[187]

Ich schätze deine wohlwollenden Gefühle für deine Freunde, denn du möchtest, daß sie geistig fortschreiten. Die sogenannten geistigen Erfahrungen unter dem Einfluß von

Drogen sind irreführend und eher geeignet, deinen inneren Fortschritt zu beeinträchtigen. Spiritualität ist ein Vordringen in die Bereiche der Wirklichkeit - des Bewußtseins.[188] Drogen, Opiate und Rauschmittel solltest du nicht mehr einnehmen, da sie nicht nur deine Gesundheit schädlich beeinflussen, sondern sich auch nachteilig auf deinen inneren Fortschritt auswirken. Laß bitte von all diesen Drogen ab und versuche, ohne ihren Gebrauch zu leben![189] Wenn du starke Schmerzen zu leiden hast, ist es die Auswirkung der Drogeneinnahme, die zu diesem Rückschlag geführt hat.[190]

Selbstloser Dienst: Körperlich

Nishkam Seva bedeutet allen lebenden Geschöpfen gegenüber in Kummer und Not selbstlos zu dienen: Wenn ein Glied des Körpers leidet, dann können die anderen Glieder auch nicht zur Ruhe kommen. «Dienen vor dem eigenen Ich» sollte deshalb unser Leitspruch im Leben sein.[191] Dienen wird als die Zierde eines edlen Menschen angesehen, die seine Seele schmückt und emporhebt, damit sie zum reinen Gefäß für Gottes Gnade wird. Jeder Dienst, der zu Füßen des Meisters geleistet wird, ist segensreich und großer Wert sollte darauf gelegt werden, denn was wir auch tun, muß in Übereinstimmung mit dem karmischen Gesetz Frucht tragen. Das Geheimnis selbstlosen Dienens ist, Belohnung oder Anerkennung jeglicher Art abzulehnen und uns im Gegenteil als bescheidenes Werkzeug in den göttlichen Händen zu betrachten, die alles erhalten und beschützen. Aller Ruhm gebührt dem Meister, doch die Werkzeuge der Liebe werden dafür mit der herrlichen göttlichen Berauschung gesegnet, die von überragender Erhabenheit ist.[192] Selbstloser Dienst in der heiligen Sache des Meisters sollte ein Leuchtfeuer für den inneren Fortschritt sein; keineswegs aber sollte er zu einer Quelle des Stolzes oder falscher Selbstsucht werden, die uns ganz gewiß als Hindernisse und Hürden auf dem göttlichen Pfad zum Stolpern bringen.[193]

Selbstloses Dienen ist eine große Tugend und bedeutet demgemäß zusätzliche Arbeit und Opfer. Sie ist die Offenbarung von Liebe und Güte. Gemüt und Körper werden durch selbstloses Dienen geheiligt, denn dieses Dienen geschieht ohne Ichsucht und Stolz. Liebe kennt Dienen und Opfern. Am besten weiß ein demütiger Mensch, wie er - unter der schützenden Führung des lebenden Meisters - der heiligen Sache dienen kann. Der höchste Grad selbstlosen Dienens ist die Auflösung des Ich-Bewußtseins, wenn wir uns als demütige Diener des Herrn betrachten, mit verschiedenen Pflichten betraut, die durch uns auszuführen sind, und dies als allerhöchstes Glück würdigen.[194] Das kleine persönliche Ich oder Ego muß getilgt werden, indem es im Dienst an der Menschheit aufgelöst wird. Denn alle, ganz gleich wie und wohin sie gestellt sind oder unter welchen Verboten und Einschränkungen der einen oder anderen Art sie vielleicht leben müssen, alle sind Kinder des einen Gottes. Es mag sein, daß ihr euch einer großen Übermacht gegenübersteht, denn es ist eine mühsame Aufgabe, aber alle Gegenwinde werden sich legen. Wenn jemand sich selbst - als Kreuzfahrer für eine höhere Sache - in den Hintergrund zu stellen vermag, dann gewährt ihm das als solches Schutz und Schild und hilft ihm schließlich, scheinbar unübersteigbare Hindernisse zu überwinden. Je härter der Kampf, umso heller der innere Schein. Das hilft, die feineren Regungen freizulegen, bis wir uns zu erhabener innerer Größe erheben und - gleich dem Licht eines hochragenden Leuchtturmes - Strahlen der Hoffnung und Ermutigung an die einsamen und müden Umherirrenden aussenden, die im stürmischen, kampfbewegten Meer des Lebens schiffbrüchig geworden sind.[195]

Von niemandem kann gesagt werden, daß er für sich allein geboren sei, denn niemand kann ganz für sich allein leben. Den Bedürftigen, Kranken und Hungernden zu helfen, ist auch eine Betätigung, die wirkungsvoller ist als bloßes Predigen. «Dienen vor dem eigenen Ich» schürt und entfacht die Glut des Mitempfindens, der Güte und Liebe. Diese Tugenden haben eine große, läuternde Wirkung: sie reinigen den Menschen von allen Schlacken und berechtigen ihn zum höchsten Wissen der Göttlichkeit. «Nach der Arbeit ist gut ruhen», sagt ein wohlbekanntes Sprichwort.[196]

Selbstloser Dienst ist ein großer Lohn in sich selbst.[197]

Je mehr man still, unauffällig, mit Liebe und Demut in heiterer, eifriger und spiritueller Haltung dient, umso schneller erwirbt man das Wohlgefallen des Meisters.[198] Wenn ihr anderen dient, so dient ihr ihm.[199]

Selbstloser Dienst geschieht auf zweierlei Weise. Die erste erfolgt durch tätige Hilfe. Wenn jemand krank ist, so geht hin und pflegt ihn. Soll ich zusehen, wenn so ein armer Mensch in Not ist, hungrig und bloß? Die Meister sind immer für die Armen und Bedürftigen da, um sie zu trösten und sie den anderen Menschen gleichzustellen.[200] Wenn ihr euch um einen Kranken kümmert oder einem Leidenden beisteht, dient ihr der göttlichen Sache. Selbstverständlich werdet und könnt ihr nicht die Krankheit oder den Kummer beheben, aber ganz sicher könnt ihr dazu beitragen, die Leiden durch eure gütigen Worte und Taten zu lindern. Jedes freundliche Wort, das ihr sagt, jede hilfreiche Hand, die ihr denen reicht, die in Not sind, tragen eine Menge zur

Läuterung von Gemüt und Körper bei. Ein liebendes Herz ist ein geeignetes Gefäß für die göttliche Gnade, denn Gott ist Liebe.[201]

Was bedeutet dem wahren Meister zu dienen? Ein bloßes Lippenbekenntnis und Hersagen von «*Ram, Ram*» (indischer Gruß), oder das bloße Berühren der Füße des Meisters mit der Stirn (wie es in Indien der Brauch ist) sind kein wahres Dienen. Es ist der reine Hohn. Aber kann jemand, für den der Meister die allgegenwärtige Kraft Gottes im eigenen Innern ist, der in Ehrfurcht davor lebt und weiß, daß diese Kraft all sein Denken und Tun auf Schritt und Tritt verfolgt, je sündigen? Er wird vielmehr die Worte des Meisters aus tiefstem Herzen achten - «die Worte des Meisters sind der Meister.» Solch ein hingebungsvolles Dienen wird Erlösung bringen.[202]

Wenn wir zu einem wahren Meister kommen, sollten wir ihm nach besten Kräften dienen - etwas tun, um dieses seltenen Geschenks würdig zu werden, das er uns gibt.[203] Stolz, Macht oder Verstandeskraft richten nichts aus; dient nur dem Meister. Ihr werdet nichts erhalten, wenn ihr Befehle gebt, Geld anbietet oder die Gabe erzwingen wollt; ihr erhaltet sie nur durch aufrichtigen Dienst am Meister, dem in Menschengestalt offenbarten Gott, dem Wort, das Fleisch wurde.[204]

Aufrichtigen Suchern nach dem göttlichen Pfad zu dienen ist von weit höherem Wert als jeder andere Dienst.

Hilfeleistungen schließen unter anderem das Verteilen von Almosen an die wirklich Bedürftigen und Notleidenden ein, jenen Freude zu bereiten, die in außerordentlich mühseligen Beschäftigungen an unerreichbaren Orten tätig sind, Kranke zu pflegen und den Leidenden beizustehen. All diese Bemühungen sind eine bedeutende Hilfe auf dem Pfad und sollten durch unablässiges Ausüben auf jede nur mögliche Weise angeregt und gepflegt werden. Wir sollten uns hiermit aber nicht zufrieden geben, sondern mit Hilfe dieser reinigenden Vorgänge vorwärts streben auf dem Weg in die Freiheit, wie uns der Meister immer eindringlich mahnt.[205]

Versucht, soweit ihr könnt, niemanden zu verletzen. Seid gut zu allen und ihr werdet mit euch selbst in Frieden leben und ein Mittelpunkt sein, der liebevolle Güte um sich ausstrahlt. Die Gebete anderer, denen ihr vielleicht Gutes getan habt, werden euch helfen. Die guten Gedanken anderer werden euch mit Segnungen umhüllen. Schon allein der Gedanke, Gutes zu tun, wird zuerst auf euch einwirken und alle guten Schwingungen aus der Umgebung anziehen.[206]

Ein wahrer Mensch ist derjenige, der wahrhaftig ist, ein enthaltsames Leben führt, Liebe zu allen ausstrahlt um des Gottes willen, der in ihnen wohnt, und der zu geben weiß, zu geben und nochmals zu geben. Wir verlieren nie etwas, wenn wir geben. Wenn ihr Liebe schenkt, habt ihr dann den Eindruck, daß ihr weniger Liebe in euren Herzen habt? Im Gegenteil, ihr seid euch sogar einer noch größeren Liebesfähigkeit bewußt. Aber niemand kann von diesen Dingen überzeugt sein, ehe er sie nicht unmittelbar selber angewendet hat. Ein Gramm Praxis ist Tonnen von Theorie wert.[207] Teilt ihr mit anderen, so weitet sich euer Selbst. Im Augenblick des Gebens fühlt ihr im Innern eine kleine Freude. Das ist der unmittelbare Ausgleich, den ihr erhaltet. Aber, wann immer ihr gebt, gebt nie in der Hoffnung, etwas dafür zu erhalten! Gebt, um mit anderen zu teilen! Manchmal geben wir im Hinblick auf die Belohnung, die wir dafür im Himmel erwarten. Das ist nicht die rechte Art - es muß selbstloses Geben sein.[208]

Versteht bitte, Sinn und Ziel des Wissens ist - in einem einzigen Gedanken erfaßt -, der ganzen Schöpfung zu dienen: Menschen, Tieren, Vögeln usw. Der Sinn wahren Lebens ist Dienen und Opfern. Solange ihr wünscht, zuallererst selbst gesegnet zu werden und erwartet, daß andere euch dienen, werdet ihr auf dem Weg der Spiritualität Fremde bleiben. Wenn ihr die anderen gesegnet sehen möchtet, werdet ihr beginnen, auf dem Weg zurück zu Gott schneller voranzukommen.[209]

Selbstloser Dienst: Finanziell

Es gilt allgemein: Verdient euren Lebensunterhalt ehrlich, ohne jemanden auszubeuten oder euch Dinge, die euch nicht zustehen, anzueignen. Gott sieht, was ihr tut. Zum anderen sollen eure Einkünfte für euren Lebensunterhalt verwendet und mit anderen geteilt werden.[210] Einen Teil eures Einkommens müßt ihr zum Wohle anderer geben. Die Geschichte zeigt, daß die früheren Christen, Hindus und andere den Zehnten ihres Einkommens zu geben pflegten. Warum? Weil ein Teil unseres Einkommens der Zeit entsprechen könnte, in der wir unserer Pflicht nicht gewissenhaft nachgekommen sind, sei es für eine halbe Stunde oder auch nur zehn Minuten. Nehmt zum Beispiel an, ihr werdet für sechs Stunden Arbeit bezahlt, habt aber nicht die ganzen sechs Stunden für diese Tätigkeit eingesetzt, sondern eine halbe Stunde vertan. So gehört das Entgelt für diese halbe Stunde nicht euch. Es wurde nicht von euch verdient. Das war Brauch bei allen Meistern.[211]

Aber die Gaben müssen freiwillig gespendet werden und dürfen durch keinerlei Gedanken an Belohnung ausgelöst worden sein oder durch Druck von außen zustande kommen, denn dann werden sie zu einer Quelle der Bindung anstatt der Befreiung. Nochmals: Hilfsbereites Geben sollte nicht falsch angewandt werden, sondern dort, wo es die Leiden der wirklich Bedrängten in der Welt lindern kann.[212]

Der edelste Dienst, den ihr in dieser Welt leisten könnt, ist, den Menschen zu helfen, ihren Weg in ihre wahre, ewige Heimat zu betreten. Kein finanzieller Dienst wäre zu groß, um solch einen edlen Zweck zu unterstützen. Aber es sollte immer liebevoll und von selbst geschehen: ohne Zwang, Besteuerung oder sonstige Erhebungen.[213]

Der Meister wird seine Schüler lieben, denn er hat ihnen auf dem inneren Weg zur Geburt verholfen. So wie er uns liebt, sollten wir alle anderen lieben. Er läßt niemanden leiden, und so solltet ihr es auch nicht tun. Ihr müßt mit anderen teilen![214] Solange ihr redlich erworbenen Besitz nicht weise und gut anwendet, könnt ihr leicht vom Weg abkommen; ihr werdet dann selbstsüchtig und ein Sklave eures nunmehr unrechtmäßigen Wohlstandes, der euch, ohne daß ihr es wißt, in seinen goldenen Ketten gefangen hält.[215]

Ihr verliert also nichts, wenn ihr weggebt! Am Ende des Jahres werdet ihr sehen, daß ihr Geld auf irgendeine andere Weise eingespart habt, sei es, daß ihr von Krankheit verschont geblieben seid oder von anderen Schwierigkeiten, die sich üblicherweise ergeben und Kosten verursachen. Unser Meister pflegte zu sagen: «Gut, gebt den Zehnten und rechnet am Jahresende einfach nach. Genau den Betrag, den ihr gegeben habt, konntet ihr einsparen, weil ihr nicht krank geworden seid.»[216]

Spirituelle Übungen: Meditation

Die spirituellen Übungen sind wesentlicher Bestandteil des Lebens eines Gottsuchers und sollten daher ein tägliches «Muß» sein. Die mündliche oder gedankliche Wiederholung der fünf heiligen kraftgeladenen Namen, die bei der heiligen Einweihung vermittelt werden, ist keine schwierige Aufgabe, jedoch von tiefer Bedeutung. Obwohl es zu Beginn so einfach und leicht erscheint, bedarf es zur Festigung besonderer Liebe und innerer Ausgeglichenheit. Ihr müßt wissen, daß die heiligen Namen die Lebenskraft des Meisters in sich tragen, die beim Zurückziehen der Sinnesströme vom Körper hin zum Augenbrennpunkt Wunder wirkt und so die Seele auf ihre bevorstehende innere Reise in die Bereiche der Glückseligkeit und Harmonie vorbereitet. Es sollten deshalb bestimmte Zeiten für die Meditation festgesetzt werden, die man regelmäßig und gewissenhaft einhält, denn ein jedes solches «Mahl» gibt der Seele Nahrung, und sie wird innen zum göttlichen Licht geführt, welches das Dunkel der Unwissenheit vertreibt. Es gleicht der täglichen Reinigung des empfangsbereiten Gefäßes für die Aufnahme der göttlichen Gnade. Tägliche Meditationen beseitigen den groben Unrat, der sich auf der Sinnesebene bildet. Der zweite wichtige Teil der Meditation ist das Hören auf den heiligen Tonstrom, den hörbaren Lebensstrom, der von der rechten Seite kommt. Es ist gleichfalls ein wesentlicher Teil der spirituellen Übungen und sollte nicht übergangen werden. Nach der Einweihung ist es des Schülers Pflicht, seine spirituellen Erfahrungen von Tag zu Tag zu vergrößern, und er kann ganz sicher seinen Erfahrungsbereich mit der Gnade des Meisters auf jedes ihm beliebige Ausmaß ausdehnen, was ihm neue Ausblicke erhabener Herrlichkeit und Glückseligkeit eröffnet.

Kurzum, während die Selbstprüfung hilft, die Zweige und alles, was unerwünscht ist, zu beschneiden und einzudämmen, schlägt die Meditation (die spirituellen Übungen) in den eigentlichen Stamm des Baumes des weltlichen Lebens.[217]

Gott ist überall, aber er ist nicht überall offenbart. Warum? Weil unsere Seele - dieser Funke der All-Bewußtheit - unter der Herrschaft von Gemüt und Sinnen steht, durch ihr Verweilen in der Schöpfung zum Ebenbild des Körpers und auch der Welt wurde und so ihr wahres Selbst vergaß. Sie muß sich nun selbst erkennen, dann kann sie auch eine Erfahrung vom Überselbst erhalten; wenn sie sich nicht über das Körperbewußtsein erhebt, wie kann Gott dann offenbar werden? Versteht ihr das?[218] Er wohnt in euch. Der Körper ist der wahre Tempel Gottes. Wenn ihr das verstanden habt, wo sucht ihr Gott dann wohl? Zuerst in eurem eigenen Selbst. Zieht euch von außen zurück. Zieht euch vom Gemüt und den Sinnen zurück und erhebt euch zum Sitz der Seele hinter den Augen. Wenn ihr euch dort ganz sammelt, wird euer inneres Auge geöffnet, und ihr seht ihn in euch.[219]

Der Meister ermahnt uns, Gott in unserer Seele zu erkennen, uns in ihn zu erheben, indem wir jeden Sinn für das kleine Ich im lebendigen Tempel unseres Körpers aufgeben. Das Reich Gottes liegt in uns. Wir müssen den «inneren Menschen» als das Ebenbild Gottes erkennen, den physischen Körper als den Tempel Gottes, die Wohnstatt des heiligen Geistes, in dem sich der Herr offenbart. In diesen lebendigen Tempeln müssen wir unsere Seelen mit Gott in Einklang bringen und in noch engerer Gemeinschaft mit Ihm leben.[220]

Viele sagen, sie seien Seele - ein bewußtes Wesen, der Bewohner des menschlichen Körpers -, aber haben sie es auch nachgeprüft und wissen darum, daß es wirklich so ist?

Dies ist meine Uhr, ich kann sie hierher legen. Dies ist meine Brille, ich kann sie abnehmen und dorthin legen. Ich kann meine Kleidung ablegen, wann immer ich will. Aber kann ich mich von meinem Körper trennen? Kann ich den Körper ablegen? Es ist die Frage, wie man sich durch Selbstloslösung über ihn erhebt. Und wer kann uns dieses wissenschaftliche Verfahren zeigen? Durch die Gnade des Meisters gelangt ihr dahin, euch selbst zu erkennen. Nur dann kann es sein, vorher nicht. Wenn ihr euch selbst erkennt, dann erkennt Gleiches das Gleiche, und Gotterkenntnis ist der nächste Schritt. Gott kann also nicht durch die Sinne, den Verstand oder die Lebensenergien erkannt werden - nur die Seele kann den Herrn erkennen, und dies kann nur geschehen, nachdem sie sich selbst erkennen konnte.[221]

Unser Selbst zu erkennen, ist keine Sache von Empfindungen, Gemütsregungen oder Schlußfolgerungen. Es geht wirklich nur durch das Erheben über das Körperbewußtsein mittels Selbstloslösung, um unmittelbar zu erfahren, wer wir sind. Das Erkennen unseres Selbst und die Verbindung mit dem allbewußten Gott sind das Brot und Wasser des Lebens für unsere Seele. Von weltlichen Kenntnissen und äußeren Wissenschaften sind unsere Büchereien übervoll; wenn wir unser Hirn damit anfüllen, dann ist es kein Brot für die Seele. Es ist Brot und Wasser für das Wachstum des Verstandes. Das Brot und Wasser des Lebens für die Seele ist also die bewußte Verbindung mit Gott oder dem Überselbst.[222] Das alles muß man zuerst verstehen und dann danach leben. Wenn ihr über Brot nur redet, kann euer Hunger nicht gestillt werden - dazu müßt ihr Brot essen. Deshalb hat Jesus Christus gesagt: «Ich bin das Brot des Lebens. Dieses Brot des Lebens ist vom Himmel herabgekommen, auf daß wer davon isset das ewige Leben habe.» Eßt davon - denn er ist das Brot des Lebens! Er hat auch gesagt: «Wer mein Fleisch isset und trinket mein Blut, der hat das ewige Leben.» Was sollen wir essen? Er ist das fleischgewordene Wort. Je mehr ihr euch mit diesem Wort, dem Licht und dem Tonstrom in euch, verbindet und es aufnehmt, desto mehr werdet ihr vom Brot des Lebens essen.[223]

Alle Unvollkommenheiten werden von euch abfallen, genau wie die Kälte von euch weicht, wenn ihr am Feuer sitzt. Durch das Hören des Tonstroms werdet ihr zur Wohnstatt aller Tugenden. Durch das Hören könnt ihr die Richtung ausmachen, in die ihr gehen müßt. Durch das Sehen wird euer inneres Auge geöffnet, damit ihr wahrnehmt, wo ihr geht. Leider widmen wir diesen Dingen zu wenig Zeit, wir vertun die Zeit nur mit Belanglosigkeiten, würde ich sagen.[224] Bitte, nehmt euch also mehr Zeit für eure Übungen! Entwickelt Liebe zu Gott in euch. Ihr werdet gesegnet sein. Dann habt ihr den besten Nutzen aus eurem Leben gezogen.[225]

Konzentration des Geistesstromes

Die Entfaltung der Grundkräfte des Geistes ist äußerst wichtig. Die größte Rolle bei diesem Bestreben spielt die Konzentration dieses Geistesstromes. Wendet ihr sie auf den physischen Körper an, erlangt ihr Stärke. Lenkt ihr sie auf den Verstand, entwickelt ihr große gedankliche Kräfte. Wird nun in der gleichen Weise der Geist zum Ziel der Konzentration gemacht, führt dies unweigerlich zu spirituellem Leben und zu höchster Glückseligkeit. Es gibt einen unsichtbaren Nerv, der alle diese Sammelpunkte miteinander verbindet und *Sushumna Nadi* oder *Shah-rag* genannt wird. Durch diesen fließt der Geistesstrom von der niedrigsten Ebene bis zum höchsten Bereich der Wahrheit.

Die völlige Sammlung des Geistes ist somit der Auftakt für sein Fortschreiten in höhere Ebenen. Solange wir nicht alle Sinneskräfte in uns gesammelt und nach innen gerichtet haben, steht dem Geist nicht genügend Kraft zur Verfügung, um sich zu erheben. Es gibt zehn nach außen gerichtete Kräfte oder *Indriyas*: die fünf groben, das sind Augen, Ohren, Nase, Zunge und Haut, durch welche die fünf anderen - die feinen *Indriyas* -, nämlich Sehen, Hören, Riechen, Schmecken und Fühlen, den Menschen an die äußere Welt gebunden halten. Somit ist erkennbar, daß es das ständige Verweilen in diesen Kräften ist, das den Menschen veräußerlicht.

Unser ständiges Denken an die Welt hat drei Hauptquellen. Zunächst sind es die Augen, die uns die äußere Erscheinungswelt sichtbar werden lassen und sie in unser Gedankenfeld bringen. Durch die Augen nehmen wir nicht weniger als 83 Prozent unserer äußeren Eindrücke auf. Die zweite Quelle sind die Ohren, die unsere Aufmerksamkeit auf die äußeren Laute ziehen und uns an die Dinge der gegenständlichen Welt erinnern. Durch die Ohren nehmen wir 14 Prozent der äußeren Eindrücke auf. Die dritte Quelle ist die Zunge (der Gaumen), die durch Geschmack und Sprache die Erinnerung an die äußere Welt immer frisch hält. Es werden also die übrigen 3 Prozent der äußeren Eindrücke durch die Nase und die restlichen Sinnesorgane aufgenommen. Durch diese drei wichtigsten Sinneswahrnehmungen bleibt der Mensch in ständiger Verbindung mit der äußeren Welt und ist stets damit beschäftigt, entweder Eindrücke von außen aufzunehmen, oder anderen seine eigenen Gedanken mitzuteilen. Auf diese Weise wird die Kraft des Gemütes abgeleitet und läßt uns leer zurück. Der Meister ermahnt uns, unsere Kraft nicht zu verschwenden. Wir müssen sie vielmehr sammeln und bewahren, damit wir imstande sind, die verschiedenen stofflichen Hüllen, die das Selbst in uns einschließen, zu sprengen.

Der Geist oder die Seele ist aufgrund gegenständlicher Eindrücke an die äußere stoffliche Welt gebunden. Solange die Sinneskräfte nicht beherrscht werden und der Geist aus der Knechtschaft des Lebens nicht befreit wird, kann er sich nicht über das Körperbewußtsein erheben. Die drei Fähigkeiten Sprache oder Geschmack, Sehen und Hören verursachen ein dauerndes Ausfließen der Kraft durch ihre entsprechenden Sinnesorgane. Um die Seele von allen Hüllen ihrer Persönlichkeit zu befreien, ist es jedoch erforderlich, unsere Kräfte nach innen und oben zu lenken, und zwar durch den Vorgang der Umkehrung und Selbstloslösung.[226]

Die Organe wie Zunge, Augen, Ohren usw. sind im physischen Körper am Werk, während wir uns im Wachzustand befinden, und arbeiten ebenso in der feinstofflichen Ebene, wenn wir im Traumzustand sind. Die Fähigkeiten dieser Organe werden größer und mächtiger, wenn wir ihr Wirken im Äußeren beschränken können. Auf diese Weise erlangt man Kraft, um die geistige Welt zu ergründen, denn ohne den anregenden Lebensantrieb der Seele bleiben die Sinnesfähigkeiten ungenutzt.[227]

Der Nutzen der drei Kontrollen
und ihre Anwendung

Die drei Beherrschungen sind zu üben, indem wir die Kräfte daran gewöhnen, innen zu wirken. Die erste Beherrschung, die der Rede, besteht im Ausüben des *Simran*, der beständigen Wiederholung der Namen des Herrn, mit der 'Zunge der Gedanken'. Die Betätigung von Lippen und Zunge ist dabei nicht erforderlich. Die zweite Beherrschung bezieht sich auf die Fähigkeit des Sehens und besteht in der Betrachtung innerer geistiger Bilder, die sich in vollem Glanz entfalten. Wenn ihr den inneren Blick genau in der Mitte und hinter den beiden Augenbrauen (dem Sitz der Seele im Menschen) festhaltet, seht ihr euer eigenes Licht im Innern. Dieses Licht ist euer eigenes und ist bereits dort, ihr braucht nur euren inneren Blick darauf zu heften. Wo das Wort ist - das heilige *Naam* -, dort ist auch Licht; wo der Ton ist, da ist auch das Leuchten, denn beide sind unzertrennlich. Es gibt fünf verschiedene Lichter, welche mit den fünf verschiedenen Tonarten in Beziehung stehen. Beide sind zu sehen und zu hören, sobald der Geist in die fünf unterschiedlichen Ebenen aufsteigt. Die *Monduk Upanishad* spricht von ihnen als den «fünf Feuern im Kopf».[228]

Das bedeutet nun nicht, daß wir den Gebrauch dieser Organe in Bezug auf die äußere Welt vernachlässigen sollen. Aber sie sind so zu schulen, daß sie zu wirklichen Hilfen auf dem Weg der spirituellen Entfaltung werden und somit doppelten Nutzen bringen. Die Schulung soll dazu verhelfen, daß sich das Gemüt in sich selbst festigt und seine Kräfte daran hindert, nutzlos nach außen zu fließen. Der erste Schritt, der *Simran*, bildet die Grundlage der spirituellen Bestrebungen. Man muß damit fortfahren, bis das Ziel erreicht ist. Der zweite und dritte Schritt, *Dhyan*, das innere Sehen, und *Bhajan*, das innere Hören, folgen dann von selbst einer nach dem anderen.[229]

Diese drei Schulungen tragen in höchstem Maße zur Konzentration bei. Die erste, der *Simran* der kraftgeladenen Worte, die vom Meister gegeben wurden, bringt das Gemüt von außen nach innen und zieht den Geist vom Körper zurück zum Sitz der Seele im Körper. Dies ist zunächst die Versenkung aus der Peripherie unseres Seins zum seinem Mittelpunkt. Sie läßt uns auch an das höchste Ziel denken, das dem Menschen vor Augen gehalten wird, nämlich an die Selbst- und Gotterkenntnis. Der zweite Vorgang - *Dhyan*, das Heften des inneren Blickes auf das Licht im Inneren - hilft ebenfalls bei der Konzentration und festigt die Seele im Inneren. Der letzte Schritt -*Bhajan*, das Hören auf die innere Musik im Menschen - trägt die Seele ins Jenseits, zum Ursprung, von dem der Lebens- oder Tonstrom, das heilige *Naam*, das Wort, der ewige Gesang, ausgeht.[230]

Teil 2

Meditation

Vorwort

O Mensch! Du bist in die Welt gekommen, um aus dem Handel mit der «Ware» *Naam*, dem Wort, ein gewinnbringendes Geschäft zu machen, das nie scheitern wird. Aber, ach, du bist beschäftigt mit nutzlosen und irreführenden Dingen des äußeren Lebens. Die Nacht des irdischen Lebens naht ihrem Ende. Wie wollen jene, die das Ufer nicht jetzt erreichen, hinübergelangen, wenn sie tot sind?

Hari Naam, das Wort Gottes, ist der Kern aller Religionslehren. Alle Religionen wurzeln tief in *Naam*, dem Wort. Wahrlich, wahrlich, das wahre Studium ist das Streben nach *Naam*, dem Wort, welches das Brot des Lebens ist.

Jener, der während des Lebens zu sterben versteht, trinkt *Amrit*, das Wasser des Lebens, das ewiges Leben gibt. Lernt daher, zu Füßen eines lebenden Meisters während des Lebens zu sterben. Mein Meister, *Baba Sawan Singh*, lehrte mich, daß wir erst dann wirklich leben, wenn wir mit *Naam*, dem Wort, in Verbindung kommen, ohne das es kein Leben gibt. Es kann uns von dem gegeben werden, der das menschgewordene Wort ist, das auf Erden lebt. Wahrhaft erhaben und allmächtig ist *Naam*, das Wort, das uns im Körper überwacht. Ohne seinen Schutz können wir nicht für einen einzigen Augenblick leben. Eine verpaßte Gelegenheit kommt so schnell nicht wieder; bitte eilt, bevor es zu spät ist!

17. Juli 1970

Die Wichtigkeit der Meditation

Immer wenn das Gemüt reines Verständnis hat und Gott zugewandt ist, dann setzt euch schnell zur Meditation - wartet nicht bis morgen, wartet nicht einmal ein paar Stunden, sonst wird sich seine Stimmung ändern und euch wieder um den Nutzen bringen. Ganz gleich, was ihr gerade tut, wenn Gemüt und Seele eins sind, dann setzt euch sogleich zur Meditation. Wer weiß, was in der nächsten Minute sein wird? Solch eine günstige Stimmung ist selten und kostbar; darum sollte man nicht aufschieben, daraus Nutzen zu ziehen.[1]

Das Licht des Lebens ist in euch; tatsächlich lebt ihr von eben diesem Licht, ob ihr es nun erkennt oder nicht. Jeder von euch erhielt eine Erfahrung dieses heiligen Lichtes. Nun müßt ihr mit diesem heiligen Licht in ständiger Verbindung leben. Es ist unerschaffen und schattenlos, ewig dasselbe und unvergleichlich. Die gesamte Schöpfung kam durch dieses Licht ins Sein, und genau dieses Licht scheint in jedem Herzen. Alle sind vom Wesen her göttlich, und Religion ist der Ausdruck dieser Göttlichkeit, die bereits im Menschen vorhanden ist. Das Licht des Lebens muß im Dasein offenbart werden. Seid Zeuge dieses Lebenslichtes, aber nicht nur in euch selbst, sondern auch in anderen; denn dasselbe Licht scheint überall, und es gibt keinen Ort, an dem es nicht ist. Wenn ihr dieses Licht einmal entdeckt habt und lernt, damit zu leben, wird sich euer ganzes Dasein ändern. Liebe wird euer Wesen völlig durchdringen, wird aus jeder Pore eures Körpers hervorbrechen und allen Schmutz in gediegenes Gold verwandeln. Liebe, müßt ihr wissen, ist sowohl das Mittel als auch das Ziel des Lebens. Liebe, Licht und Leben sind nur verschiedene Aspekte der Einen Göttlichkeit.

Versucht, für das Göttliche durchlässig zu werden, und die Göttlichkeit wird durch euch hindurchfließen. Das ist kein Ding der Unmöglichkeit, sondern der Gipfel aller menschlichen Bestrebungen. In dieser Welt der Materie muß man sich notgedrungen mit den materiellen Dingen befassen. Wir müssen das Beste aus der uns gegebenen stofflichen Hülle und der materiellen Welt machen. Sie dient einer bedeutenden Aufgabe im göttlichen Evolutionsplan. Die Materie ist die Leiter, über die sich der Geist über das Körperbewußtsein zu erheben und in den jenseitigen Bereich zu begeben hat, das Reich der Göttlichkeit, in seine Ur-Heimat. Lernt, das Beste aus den euch gegebenen Mitteln zu machen; dann wird - so sicher wie der Tag der Nacht folgt - der Sieg euer sein. Ein wahrer Christ muß sein Kreuz täglich auf sich nehmen. Das Kreuz stellt den menschlichen Körper mit ausgestreckten Armen dar. Ihr müßt über das Körperbewußtsein gelangen, und in das Reich Gottes wiedergeboren werden. Der Schüler muß wissen, wie er täglich sterben kann, um sich des ewigen Lebens jenseits von Zeit und Raum erfreuen zu können.[2]

Simran und Meditation überfluten den Geist mit den Wassern des Lebens. Der Geist kommt zu sich, erhebt sich in seine in ihm verborgene Gottheit und stürzt - wie ein ungestümer Fluß im Gebirge - eilig dem Meer des Lebens entgegen, das sein ewiger Ursprung ist, und verschmilzt mit ihm, wobei er seine Einzel-Identität verliert.[3]

Ein wahrer Meister ist nicht nur ein menschliches Wesen, sondern eins mit Gott und hat als solcher die Kräfte aller Götter und Göttinnen in sich. Er ist wahrlich das Fleisch und Blut gewordene Wort. Die Lektion, die so ein Meister seine Schüler lehrt, ist, unentwegt über den Herrn, den Schöpfer aller Dinge, zu meditieren und ihn niemals zu vergessen.[4] Verehrt das lebendige Licht - werdet sein Sklave! Bindet euch nicht an irgend etwas anderes, denn alles andere ist wandelbar.[5]

Die Meister sagen: «Haltet ein, wo ihr seid! Betrachtet euren Zustand!» Alles kommt durch den Mangel an Meditation, und das einzige Heilmittel ist die Rückverbindung der Seele mit Gott. Schon ein klein wenig Berauschung, hervorgerufen durch ständige, tägliche Übung, wird allmählich die Vorliebe für äußere Vergnügen schwinden lassen. Diese äußeren Reize machen es dem Gemüt äußerst schwer, sich zurückzuziehen und nach innen zu gehen. Wenn wir beginnen, die innere Süße zu genießen... «Wenn diese Süße erfahrbar wird, ist jener andere Genuß nicht mehr nach unserem Geschmack.» Natürlich wird der süßere Geschmack die anderen fade erscheinen lassen.[6] Die Ursache all unserer Nöte kann auf die Tatsache zurückgeführt werden, daß wir nicht von *Naam*, der richtigen Farbe durchdrungen sind.[7] Wenn aber die Seele nicht lernt, willentlich den Körper zu verlassen, und wenn sie keine Berauschung erfahren hat, weil sie in *Naam* nicht eintauchen konnte, dann werden auch noch so viele Reden und Taten keinen Erfolg auf dem göttlichen Pfad herbeiführen können. Vergeßt diese Tatsache nicht, denn sie ist klar und einfach.[8]

Hört! Öffnet eure Ohren und lauscht! Wer seine Meditationen durchgeführt hat, hat alles getan. Der, dessen Meditation nicht getan ist, wird keinen Sinn in seinem Lebenswerk finden können. Dem Nachdruck auf die Wichtigkeit der Meditation liegt eine tiefe Bedeutung zugrunde. Wenn ihr euer tägliches Leben nicht im Griff habt, dann versucht, das zu erreichen; oder widmet der Meditation mehr Zeit, dann werdet ihr in der Lage sein, die Herrschaft darüber rascher zu gewinnen. Wer zum bewußten Mitarbeiter im göttlichen Plan wird, stellt fest, daß sein rechtschaffenes Leben von selbst entsteht. Was immer er tut, es wird in der rechten Weise geschehen; er wird gar nicht fähig sein, anders zu handeln. Der Grund eures Versagens ist der, daß ihr euren Meister nicht wahrhaft liebt, sondern es nur auf verschiedene Weise zur Schau stellt, physisch und finanziell oder durch Lippenbekenntnis. Es gibt niemanden, der dem Meister sein Gemüt wirklich opfert. Ohne Aufgabe des Gemüts gibt es jedoch keinen Erfolg.[9]

Wann werdet ihr die Tatsache, daß ihr und er nicht voneinander getrennt oder verschieden seid, wirklich erkennen? Dann, wenn ihr euch durch Loslösung des Selbst vom Stofflichen trennt. Ihr könnt es mit Gefühlen oder Schlußfolgerungen versuchen, aber beide sind dem Irrtum unterworfen - Sehen steht über allem. Wann kann man sich selbst oder die Seele in ihrer natürlichen Reinheit sehen? Beherrscht die Sinne, beruhigt das Gemüt und den Verstand, dann wird die Seele in all ihrer Herrlichkeit erschaut. Wer sich selbst erkennt und weiß, daß er das Sprachrohr Gottes ist - daß Gott durch ihn wirkt -, ist frei von Täuschung. Aus einem solchen Zustand erwächst große Kraft.[10]

Verrichtet eure Hör- und Sehmeditation; befreit die Seele vom Gemüt und von den Sinnen. Das innere Hören und Sehen sind Nahrung für die Seele - gebt dem Körper erst dann Nahrung, wenn ihr zuvor der Seele Nahrung gegeben habt![11]

Lernt, wie ihr den Körper willentlich verlassen und in die oberen Ebenen aufsteigen könnt. Wenn ihr das tut, werdet ihr doppelten Gewinn haben. Erstens werdet ihr wissen, wie ihr den Körper verlassen könnt, da ihr gelernt habt, es täglich zu tun, und wenn der Tod kommt, werdet ihr weder Schmerzen noch Furcht haben. Zweitens wird durch das häufige Reisen in die höheren Ebenen und die willentliche Rückkehr zur Erde die Furcht vor unserem unbekannten Schicksal schwinden, und ihr werdet einen unerschütterlichen Glauben an das wahre Leben entwickeln; sein Geheimnis ist uns dann enthüllt. Es hat keinen Sinn, auf den Tod zu warten, um die Tatsachen des Lebens zu entdecken.[12] Die Meister kommen, erheben ihre Hände und rufen der Welt zu: «O Brüder, haltet euch an eure Meditationen, denn ohne sie könnt ihr nicht freikommen!»[13]

Die wertvollen Augenblicke des Erdenlebens, die in spirituellen Übungen verbracht wurden, tragen wesentlich zur letztlichen Befreiung vom ewigen Rad bei. Widmet euch regelmäßig und liebevoll euren heiligen Meditationen, da sie der innerste Kernpunkt sind, um den sich die gesamten heiligen Lehren drehen, und da durch sie der Seele eine allumfassende Entwicklung zuteil wird.[14]

Meditation heißt, sich so sehr auf eine Sache zu konzentrieren oder darüber nachzusinnen, daß man alle anderen Dinge vergißt.[15]

Maulana Rumi sagt, daß diese Welt - verglichen mit der Weite der inneren Welten - nicht einmal die Ausdehnung eines Atoms hat. Welch eine überwältigende Fülle an Leben doch in uns liegt![16]

Wenig Wissen ist gefährlich! Seht zuerst nach, was in eurem eigenen Haus - dem Körperhaus - vorhanden ist. Vertieft euch in die Seiten der heiligen Bücher und seht, was dort geschrieben steht! Das gleiche Wissen, das ich euch vermittle, ist auch dort enthalten, aber mangels eines selbstverwirklichten Menschen verstehen wir nicht, was geschrieben steht.[17] Das Juwel des Wissens ist dieser widerhallende Ton, und wer nach innen geht, wird ihn finden. «Alles ist in diesem Haus, nichts ist außerhalb.» Der unermeßliche Schatz der Göttlichkeit liegt innen verborgen, doch wir suchen außen nach ihm, und so sind all unsere Bemühungen umsonst. Wer außen sucht, wird sich in der Täuschung verlieren.[18]

Ändert die Richtung

Die Menschen scheuen sich, nach innen zu gehen. Es ist schwierig, zweifellos, aber der Pfad liegt innen. Was bringt das äußere Umherwandern schon? Nur wenige Zentimeter im Innern vorwärts zu gehen, ist besser, als eine Reise rund um den Erdball zu machen. Das Gemüt jedoch möchte nicht «eingesperrt» werden, obwohl es zu seinem Vorteil wäre. Durch seine nach außen gerichteten Neigungen zerstreut es sich; es erlangt jedoch nur dann Kraft, wenn es nach innen geht. Aus schlechter Gewohnheit klammert es sich an die äußeren Dinge. Die Götzenanbetung, sei es nun ein Götze aus Stein oder Papier, ist eine Erfindung des Gemüts.[19]

Die Welt ist ein bloßes Nichts, ein Ort voller Täuschung und Unrecht, wertlos und ohne Tugend, ein Ort, an dem die finstersten Taten begangen werden. Was gibt es hier, das für die Seele oder das Gemüt einen wirklichen Wert enthielte? Macht dem Gemüt diese Tatsachen verständlich, denn gegenwärtig ist es all der Falschheit der Welt stark verhaftet; dabei braucht es sich nur umzudrehen und sich der Wahrheit zuzuwenden, um an etwas Höheres gebunden zu werden. Wenn die Seele von den Sinnen nicht abläßt, wie kann sie dann den Körper überschreiten? Wenn sie den Körper nicht überschreitet, wie kann sie erkennen, was sie ist? Es ist eine ganz einfache Sache, die nicht das Verstehen einer bestimmten Philosophie erfordert. Wo die Philosophien der Welt enden, da fängt Religion erst wirklich an.[20]

Solange das Herz der Brennpunkt ist, erzeugt das Gemüt weiterhin Gedanken - recht zerstreute -, und der einzelne wird durch die äußeren Umstände leicht beeinflußt. Wenn die Aufmerksamkeit ihren Mittelpunkt zur Höhe der Augen erhoben hat und das Gemüt nach innen gegangen ist, dann hört es auf, Gedanken hervorzubringen, und läuft nun anstatt außen innen umher. Dann bleibt der einzelne notwendigerweise von den äußeren Umständen oder Veränderungen unangefochten.[21]

Das Gemüt setzte oft seine ganze Kraft ein, fast wie ein Ringkämpfer, und erklärte: «Das werde ich nicht tun!» Aber immer wieder wurde es von den Sinnen in Versuchung geführt und überwältigt. Wir alle fassen entschiedene Vorsätze, wenn es aber darauf ankommt, sie einzuhalten, kippen wir um. *Soami Ji* enthüllt ganz offen unsere Lage: Es sind unsere ureigenen Verzweiflungsschreie und die Versprechungen, die wir geben, uns morgen zu ändern - ein Morgen, das in den Händen der negativen Kraft liegt und niemals kommt. Alle sitzen im gleichen Boot und stoßen den gleichen Schrei aus; geht also in euch und seht, was ihr mit eurem kostbaren Leben macht!

Warum beginnt ihr das gute Werk nicht jetzt? Das Gemüt ist sehr klug, es ist nichts Unbedeutendes. Seine Gedanken sind klug wie die eines Richters und so bemerkt es, daß trotz all seiner Bemühungen dennoch keine Freiheit, sondern nur Niederlage erfolgt. Einige Menschen sind der Leidenschaft verfallen, andere schmoren bei lebendigem Leib im Feuer des Begehrens, wieder andere sind in den Netzen der Selbstsucht und des Hochmuts gefangen und stolzieren steif und aufgeblasen durch das Leben. Die ganze Welt befindet sich in dieser schrecklichen Verfassung:

«Ich möchte alle Freuden aufgeben; doch wenn
ich sie nur sehe, bin ich schon machtlos.»

Es liegt so viel Anziehungskraft in den äußeren Freuden, daß das Gemüt vergißt, wie klug es ist und sich zu schwach fühlt, um zu kämpfen. Wenn eine Katze eine Maus sieht, kann sie der Versuchung nicht widerstehen. Was geschieht also? Wir sagen: «Genießen wir doch jetzt, und sehen wir den Folgen ins Auge, wenn sie kommen.» Gewöhnlich sind wir uns unserer Torheiten in einem gewissen Ausmaß bewußt, jedoch zu spät.[22]

Das Gemüt ist keine geringe Sache und nicht leicht zu besiegen, aber wir sollten damit beginnen, indem wir seine Richtung ändern. Solange es sein Gesicht den weltlichen Dingen zuwendet, wird die Seele weltlich sein; wenn es sich aber umdreht und die Seele anschaut, wird die Seele spirituell werden. Wir müssen uns umwenden.[23]

Wenn ihr vollkommen davon überzeugt seid, daß die Quelle von Frieden und Harmonie innen liegt und daß ihr den Schlüssel und die Mittel habt, um innen anzuklopfen, dann solltet ihr die kostbaren Augenblicke nicht verstreichen lassen, ohne daraus ein Höchstmaß an spirituellem Nutzen abzuleiten. Ihr braucht euch nur zu entscheiden und dann zu handeln.[24]

Ein Meister ist erforderlich

Alle Beispiele der Geschichte zeigen, daß niemals jemand ohne Hilfe eines Meisters auf die höchste Stufe der bewußten Selbsterkenntnis gelangen konnte. Vielmehr ist es ein grundlegendes Gesetz, daß niemand ohne tatkräftige Hilfe und Führung einer Meisterseele den inneren Schleier durchbrechen oder durchdringen kann. Wenn jemand glaubt, es selbst tun zu können, dann laßt es ihn versuchen, damit er sieht, ob er es tatsächlich kann. Wenn man nicht zögert, eine weltliche Angelegenheit zu erlernen, die man nicht kennt, warum sollte man dann in seiner Suche nach etwas, das gänzlich den inneren spirituellen Welten angehört, irgendwelche Zweifel hegen? Auch wenn jemand als Folge von Rückwirkungen aus vergangenen Leben vielleicht einige eigene Erfahrungen hat, braucht er doch jemanden, der ihn zum weiteren Fortschritt auf dem Pfad führt. Alle, die auf den Weg gestellt wurden, sollten deshalb liebevoll und ergeben mit ihren Meditationen weitermachen, so daß sie von Tag zu Tag innerlich fortschreiten und die süße innere Glückseligkeit genießen können.[25]

Die äußeren Erfahrungen unterscheiden sich in den verschiedenen Ländern, die inneren Erfahrungen jedoch nicht. Der Meister kann beschrieben werden als jemand, der überfließt vor Göttlichkeit und über dem Sinnenleben steht. Er hat sich von den verschiedenen Umhüllungen der gröberen und feineren Materie befreit und hat den All-Wahrhaften mit seinem inneren Auge gesehen. Er ist kompetent, die in den Menschen verborgenen göttlichen Möglichkeiten zu entwickeln. Von Gott selbst wurde er mit magnetischer Kraft ausgestattet. Er ist das Sprachrohr des Ewigen. Er trägt das leuchtende Licht des Unendlichen in sich und ist befähigt, die Lampen der anderen zu entzünden.[26] Nur durch die Gnade eines wahren Meisters also kann man eine Zeitlang vom dunklen Abgrund dieser mächtigen Sinne hinweggeführt werden. «Mit unbeschreiblicher Kraft zieht der mächtige Guru die Aufmerksamkeit an.» Und im Innern ist der immerseiende Herr, beschrieben als *Naam*, *Shabd* oder das Wort.[27]

Shabd, das Wort

Große Schönheit ist in *Shabd*. Es birgt eine Musik in sich, die jede von Menschen hervorgebrachte weit übertrifft und die Seele zu sich zieht. Unaufhörlich ruft es den Geist in seine göttliche Heimat, und obwohl es von den gewöhnlichen Menschen nicht vernommen wird, können jene, die durch Übung und die Gnade des wahren Meisters die Fähigkeit des inneren Hörens entwickelt haben, seine Weisen jeden Augenblick des Tages hören, einmal stärker, wenn sich das Gemüt an einem Punkt sammelt, dann wieder schwächer werdend und verstummend, wenn sich die Gedanken in verschiedene Richtungen zerstreuen und die Aufmerksamkeit geteilt ist. *Shabd*, das Wort, ist der wirkliche Halt des Suchers. Es ist die bewußte Kraft, die alles erschaffen hat, und es ist zugleich der wirkliche Meister, der *Shabd-Guru*, denn der vollkommene Meister ist seine physische Offenbarung in menschlicher Gestalt.[28]

Shabd, das Wort, bringt unzählige Segnungen mit sich. Es ist das Kraftwerk aller Energie und Kraft, in welcher Form auch immer es sich zeigt, von den Lebensenergien *(Pranas)* angefangen bis hinab zur Elektrizität und zum Magnetismus. Alle Formen des Lebens sind die Offenbarung von *Shabd*. Alles, was besteht, kommt aus *Shabd*, und es gibt nichts, das nicht von *Shabd* herrührt, dem Lebensstrom, der innerhalb und außerhalb des Raumes rhythmisch flutet. Jene, die sich mit *Shabd*, dem Wort, verbinden und durch *Shabd* leben, sind wahrhaft die Kinder des Höchsten, der das Leben des Lebens und das Licht allen Lichts ist. *Shabd* ist das «Brot des Lebens», das vom Himmel herunterkommt für alle, die nach Rechtschaffenheit hungern, und es ist das «Wasser des Lebens» für jene, die nach

Selbst- und Gotterkenntnis dürsten. Wahre Liebe, Weisheit und Kraft sind die größten Gaben, die man erlangt, wenn man sich in der Sonne des himmlischen Lichtes wärmt.[29]

Surat, die Aufmerksamkeit, und *Shabd*, das Wort, sind natürlicherweise miteinander verwandt. *Shabd* zeichnet sich aus durch das Licht und den Tonstrom, durch die das Gemüt ruhig wird. Und der Geist, befreit von den Griffen des Gemüts, wird unweigerlich von *Shabd* angezogen und in seine ursprüngliche Wohnstatt gebracht, von welcher der Tonstrom ausgeht. Auf der anderen Seite können diejenigen, die *Prana*-Übungen durchführen, nicht über die Grenzen der *Pranas* hinausgelangen, die sich bis zum astralen oder mentalen Himmel, der als *Chidakash* bekannt ist, erstrecken. Wer aber *Shabd* übt, kann frei, unbehindert und ehrenvoll gehen, wohin er möchte, denn *Shabd*, die Wortkraft, erstreckt sich ohne irgendwelche Begrenzungen überall hin, und er kann die wahre Heimat seines Vaters erreichen.[30]

Die besonderen Töne, die nach oben ziehen, es sind fünf an der Zahl, wie die verschiedenen Heiligen festgestellt haben, können wir durch die Gnade der Meister erfassen und in ihrer Gemeinschaft damit in Verbindung kommen. Diese Töne tragen die Wirkung der spirituellen Ebenen in sich, von denen sie ausgehen, und rufen so bei dem, der mit ihnen in Verbindung kommt, den gleichen Effekt hervor. Sie haben ihre eigenen himmlischen Melodien. Ihre berauschenden Weisen befreien die Seele von der Persönlichkeit, sie lösend von den Fesseln des irdischen Lebens.

Wer dem Feuer nahekommt, wird erwärmt, ungeachtet dessen, ob er es aus eigenem Antrieb tut oder nicht. So kann das heilige *Naam*, der göttliche Gesang, nicht anders, als dich zu beeinflussen, wenn du ihm nahe kommst, ob du es willst oder nicht und ganz gleich, ob zur rechten oder zur unrechten Zeit. Die Kraft Gottes kann nicht anders, als auf dich einzuwirken, wenn du einmal mit ihr in Verbindung kommst.

Die äußere Musik hat auf alle lebenden Wesen einen unglaublichen Einfluß. Sie nimmt die schwere Last der bedrückenden Sorgen und der Rastlosigkeit weg, unter der wir unaufhörlich stöhnen, und vertreibt jeden Gedanken an sie. Sie wäscht durch die wohlklingenden Melodien den Schmutz des Alltags fort und nimmt die Seele gefangen. Sie zieht das Gemüt von dem lärmenden Trubel der Welt draußen zurück und sammelt es auf natürliche Weise, ohne Zuflucht zu irgendwelchen künstlichen Methoden zu nehmen. Musik ist wahrlich immer die Kunst der Heiligen gewesen.[31]

Die spirituellen Töne sind eine Hilfe auf dem inneren Pfad, und ein kompetenter Meister gibt bei der Einweihung vollgültige Anweisungen darüber, wie sie sich von einer Ebene zur anderen unterscheiden und wie man sie auf der Weiterreise zu den höchsten spirituellen Bereichen ergreifen kann. Hierin also liegt die Notwendigkeit für eine Meisterseele, denn sie ist es, die *Hari Naam*, das göttliche Wort, in den Tiefen der Seele erweckt. Ohne den Meister bleibt der ewige Gesang immer ein verhülltes Mysterium, zu dem es keinen Zugang gibt. Da er die menschgewordene Musik ist, liegt es in seiner Zuständigkeit, sie zu offenbaren und hörbar zu machen und so den Menschen zum Thron des Allmächtigen zu leiten.[32]

Könnten wir diesen hörbaren Lebensstrom in uns selbst entdecken, könnten wir seine untersten Enden finden, so wäre er als Pfad benutzbar, der unweigerlich zu seiner Quelle führt. Die Ströme treten an bestimmten Stellen vielleicht in Schluchten und Stromschnellen ein, aber sie sind dennoch der sicherste Weg für die Aufwärtsreise. Ist

eine Bergkette auch noch so unwegsam, so schneiden die
Wasser doch einen Pfad und bahnen einen Durchgang, und
wer sich ihre Führung zunutze macht, findet immer den
Weg. Und seit dieses *Naam*, der Wort-Strom, aus *Anaam*,
dem Wortlosen, hervorgegangen ist, wird der Mensch, der
daran festhält, in jedem Fall zum Ausgangspunkt gelangen, wenn er eine Ebene sich wandelnder Relativität nach
der anderen überschreitet, bis er am Ursprung von Namen
und Form ankommt und dann mit dem verschmilzt, das
weder Name noch Form hat.[33]

Von der Zeit an, da das Schülerkind zum lebenden Meister geführt und innen mit dem heiligen *Naam*, dem Wort,
verbunden wurde, wird die unablässige Flut von Gnade und
Schutz im Überfluß strömen. Die Gläubigen und Liebevollen entwickeln Empfänglichkeit und nehmen diese Gaben
in sich auf, um ihr Leben zu bereichern; sie werden eine
Quelle der Inspiration für andere. Die inneren göttlichen
Offenbarungen kommen durch die Gnade des Meisters und
können keineswegs auf persönliches Bemühen zurückgeführt werden, wie groß dieses auch erscheinen mag. Doch es
ist von größter Wichtigkeit, sich strikt an seine Gebote zu
halten, um so Gnade und Segen von ihm zu erflehen. Nicht
die inneren Erfahrungen zeigen den spirituellen Fortschritt
an, sondern die grundlegende persönliche Einstellung und
eine gelassene Lebensart des Schülerkindes beweisen seinen Wert. Die Wahrheit steht über allem, aber noch höher
steht die wahre Lebensweise. Einen Menschen kann man
sehr gut nach seinem Umgang und seinen Handlungen
beurteilen. Von dem Augenblick an, da wir mit dem heiligen
Naam, der Gotteskraft, verbunden werden, ist die spirituelle Entwicklung stetig, unvermindert, harmonisch und
unaufhörlich. Die Pausen schweigender Stille erzeugen
eine starke Sehnsucht, und die Schmerzen der Trennung
vom Meister und vom heiligen *Naam* in den innersten

Tiefen des Herzens sind die glückliche Einleitung für einen großen Sprung nach vorne. Die sich anhäufenden Bemühungen des ernsthaft Ergebenen werden zu seiner übergroßen Freude eines Tages die Schleusen der göttlichen Herrlichkeit öffnen.[34]

Ohne die festigende Kraft von *Naam* bleibt die Seele in der Welt zerstreut und ist dauernder Beunruhigung durch das Gemüt ausgesetzt. Leidenschaft und Zorn haben die gleichen Folgen. Wenn ein Hindernis sich offen oder verborgen zwischen uns und unseren Wunsch stellt, dann steigt Zorn auf, gefolgt von Neid, Kritik, Verleumdung, Feindschaft, banalem Gezänk und anderem - wir treiben von einer schlechten Gewohnheit in die andere. Das alles kommt vom Mangel an tiefgehender Meditation.

Wenn ihr auch nur ein wenig mit fester Aufrichtigkeit meditieren würdet, könntet ihr eine Berauschung erfahren. «Wenn dieser Nektar kommt, scheint anderer Wein geschmacklos.» Wenn ihr den wirklichen Nektar des Lebens gekostet habt, werdet ihr tausend Arbeiten lassen, um zu meditieren und ihn zu genießen. Jede freie Minute wird dann genutzt; ihr werdet euer Leben neu ordnen, um mehr und mehr Zeit für die Meditation zu gewinnen. Wenn die Leute gefragt werden, warum sie nicht meditieren, haben sie die Ausrede, daß sie keine Zeit hätten. Verzeiht, aber nie ist für diese kostbare Arbeit jemals Zeit vorhanden, obwohl der «wahre Schüler» immer bereit und gewillt ist, den weltlichen Obliegenheiten nachzukommen. Wir führen das Hören auf den inneren Ton (*Bhajan*) nicht getreulich aus, weil wir noch nicht genug innere Erfahrung von *Naam* gemacht haben.[35]

«Ohne Shabd gibt es keinen Weg, aus diesem Gefäß aus Lehm herauszukommen»; und dieser Weg liegt im Innern eines jeden Wesens. Wenn die Verbindung mit *Naam* hergestellt wurde, muß sie gefestigt werden. *Naam* ist der Schatz der zwei Welten: der physischen und der spirituellen. «Wenn ihr dem Sant begegnet, Brüder, wertet das wahre Naam hoch; dieser Schatz des Lebens bleibt hier und im Jenseits.» Er ist in beiden Daseinsstufen wirksam.[36] Mit der Wiederholung, dem *Simran*, könnt ihr ungeteilte Konzentration erreichen, und mit gesammelter Aufmerksamkeit (*Dhyan*) kommt ihr in die Stille; aber *Shabd*, das Wort, ist die einzige Kraft, die euch ins Jenseits hebt.[37] Ich möchte, daß ihr euch mit guten Gedanken und der ganzen Kraft eures Gemüts und eurer Seele in den Dienst des heiligen Wortes stellt; dann wird das heilige Wort für euch Sorge tragen.[38]

«Dienst am heiligen Wort» bedeutet einfach, daß ihr euch mit dem heiligen Tonstrom vereinigt oder euch auf ihn abstimmt; der Tonstrom ist das Leben eures Lebens, die allererste Äußerung der Gottheit, des handelnden Gottes. Als solches muß man mit ihm in Verbindung kommen und sich mit ihm vereinen. Taucht man darin ein, so ist es das Eintauchen in das Meer der All-Bewußtheit. Es reinigt die Seele von den Myriaden karmischer Eindrücke, die während der zahllosen Jahrhunderte ins Gemüt eingelagert wurden. Das ist dann der Dienst am heiligen Wort, am Heiligen Geist, der sich als göttliches Licht und göttlicher Ton offenbart.[39]

Das unfehlbare und wirksamste Heilmittel, um das Gemüt reinzuwaschen, so sagen alle Meister, ist die Vereinigung mit dem heiligen Wort - der wirkenden Gotteskraft, die alles Sichtbare und Unsichtbare erschafft und erhält. Auf die Musik der Seele eingestimmt zu sein bedeutet, daß der Knoten entzweigeschnitten wird, der zur Zeit den materiellen Körper mit der bewußten Seele verbindet, die durch zahllose Fesseln im Körper eingekerkert ist.

Guru Nanak sagt im *Jap Ji*:

«Wenn Hände, Füße und Körper beschmutzt sind, wäscht man sich mit Wasser. Sind die Kleider schmutzig und verunreinigt, säubert man sie mit Seife. Wenn das Gemüt durch Sünden besudelt ist, kann es nur durch die Vereinigung mit dem Wort gereinigt werden.»[40]

Wenn der Tonstrom manchmal stärker wird, so deutet das seinen ständigen Schutz über euch an und ist eine Einladung, um unter seiner Führung innen voranzuschreiten. Ihr solltet ihm so hingebungsvoll lauschen, daß euer ganzes Selbst in ihm aufgeht und er euch ins Jenseits bringen kann, damit ihr die höhere Glückseligkeit kosten könnt.[41] *Bhajan*, das Hören auf den Tonstrom, ist unerläßlich für eine rechte Lebensweise, denn die wahre Bedeutung von *Bhajan* ist, nach innen zu gehen und sich mit dem Herrn wieder zu vereinen - nicht mehr und nicht weniger.[42]

Wer in aller Aufgeschlossenheit vor einem gottverwirklichten Menschen sitzt, wird in seiner Gemeinschaft verstehen lernen, was *Shabd*, das Wort, ist und welchen wahren Gewinn man vom Meister hat.[43]

Vorteile aus der Vereinigung mit Naam

Ihr werdet zustimmen, daß eine überwältigende, innere Wärme ganz von selbst von oben kommt, sobald die Aufmerksamkeit innen vollkommen im Denkzentrum verankert ist und alle umherschweifenden Gedanken durch die gedankliche Wiederholung der kraftgeladenen Namen beherrscht werden. Diese vervielfacht sich im Überfluß und bringt eine allmählich schneller eintretende Hingabe an die heiligen Meditationen mit sich. Ein gut bestelltes und schön gepflegtes Feld wird reiche Ernte hervorbringen, wenn es mit den Wassern der liebevollen Hingabe und des demütigen Bittgebetes bewässert wird.[44]

Naam, das Wort, hält Körper und Gemüt in einem Zustand der Ausgeglichenheit. Die Naam-Ergebenen haben vollkommenen Frieden, und die Verästelungen des Gemüts werden für alle Zeiten beseitigt. Alles Begehren verliert seinen Einfluß auf das Gemüt. Der Verstand erhält beruhigenden Balsam; er setzt der kräftezehrenden Hast ein Ende, und damit schwinden alle nervösen Spannungen und alle mentalen Mühen und Belastungen. *Naam* verleiht Unverletzlichkeit gegen alle körperlichen und weltlichen Leiden und Sorgen. Wenn man die Aufmerksamkeit nach innen zurückzieht, wird das Gemüt ruhig, und die Seele wird von aller Gemütsbedrängnis frei.

Selbst die Ichsucht - die älteste Krankheit des Menschen - löst sich in Luft auf, und damit nimmt der beständige Tanz des Kommens und Gehens in dieser Welt ein Ende. Der Prozeß der Seelenwanderung ist nur die natürliche Begleiterscheinung des von sich selbst eingenommenen Willens, der Ichsucht.

Guru Nanak sagt:

> «Immer wenn man glaubt, daß das kleine Ego, das 'Ich' die Dinge tut, nimmt man die nie endende Rolle eines immer aktiven Handelnden an, der für sein Tun verantwortlich ist, und fängt sich in dem verwickelten Netz der Seelenwanderung.»

Das einzige Mittel, um diesem endlosen Kreislauf der Geburten und Tode zu entgehen, ist somit das Ausmerzen des Ego. Es ist ein eindeutiger Prüfstein für den göttlichen Strom, der die Welt durchdringt. Alle unternommene Arbeit, die der gänzlichen Auslöschung des Ego dient, ist darum ein Bemühen in der rechten Richtung. Man nennt es Loslösung der Seele von den Wechselfällen des Lebens oder Befreiung von allem, was weltlich ist. Mit einem Wort, das Geheimnis liegt in der Befreiung der Seele von allem, was an ihr persönlich ist, denn dann trifft man die Wurzel allen Übels. Die vielen Rezepte für dieses Aufgeben des «Ich-Bewußtseins», die heutzutage die Welt überfluten, versagen darin, uns das Ziel, die Befreiung, erlangen zu lassen. Denn mit solchen Methoden nährt sich nur das Ego und wird immer stärker, anstatt daß es ausgelöscht würde. Solange man nicht ein bewußter Mitarbeiter im göttlichen Plan ist, kann man nicht selbstlos werden.[45]

Tonstrom, Seele und Meister sind ein und dasselbe. Dein wachsendes Verlangen, dem Tonstrom zu lauschen, bringt dich der Quelle der Glückseligkeit näher. Es nährt die Seele und räumt den jahrhundertealten Schmutz vom Gemüt weg. Durch die Gnade des Meisters wird vergangenes *Karma* ausgemerzt, wenn man dem Ton versunken lauscht. Die Initiierten werden beständig nachdrücklich darauf hingewiesen, wie wichtig es ist, diesem heiligen Ton zu lauschen, um so von den Auswirkungen des gegenwärtigen *Karma* freizukommen. Die Verbindung mit dem Tonstrom müssen wir pflegen, während wir die uns nach dem jeweiligen Schicksalskarma zugeordneten Pflichten erfüllen.[46]

Die Last der karmischen Schulden wird leichter, wenn wir dem heiligen Tonstrom lauschen, auch wenn es seine niedrigsten Stufen sind; denn in der stürmischen See des Lebens hält er den Kiel unserer Barke fest und sicher und bewahrt sie davor, in Untiefen auf Grund zu laufen, auf Sandbänken zu stranden oder gegen unter Wasser liegende Felsen zu fahren. Aber wir müssen uns bemühen, höhere Töne zu erlangen, denn diese üben eine starke Anziehung auf die Seele aus; folgen wir ihnen, werden wir allmählich zur Befreiung geführt. Durch die Gnade der Meisterkraft, die immer bereit ist, uns auf dem Pfad alle mögliche Hilfe zu gewähren, können wir durch liebevolle Hingabe und Übung diese höheren Töne leicht unterscheiden und uns mit ihnen verbinden.[47]

Der Wunsch ist die Grundursache aller Störung und allen Leidens. Wenn du dem heiligen Tonstrom eine Zeitlang regelmäßig lauschst, wirst du wunschlos werden. Er ist das bewährte Allheilmittel dafür. Das Aufgehen der Seele im heiligen *Shabd* (Wort) vermittelt eine unaussprechliche Glückseligkeit und Harmonie, so daß die Wurzeln der Wünsche vollkommen verkümmern.[48] ...Vertiefe dich liebevoll in den Tonstrom. Das säubert das Gemüt, reinigt das Herz und erhöht die Seele.[49] Wer über *Naam* meditiert, ist nicht nur im Spirituellen erfolgreich, sondern auch in weltlichen Bestrebungen.[50]

Sobald die Seele eine Verbindung mit dem größeren Bewußtsein bekommt, erlangt sie Kraft und wird belebt. Wenn man die Aufmerksamkeit vom Körper abwendet und nach oben geht, erlangt der Körper vollkommene Ruhe. Es ist Gesetz, daß ein nur wenige Minuten währender wahrer Schlaf ausreichend ist. Bei jenen, die diesen Pfad gehen, ist die Reduzierung des Schlafes eine sehr häufige Erscheinung.[51] Nach der Meditation fühlt man sich nie unwohl. Das Ergebnis liebevoller und genauer Meditation ist das Gegenteil: man fühlt sich ruhig und heiter. Die Zeit, die uns jetzt zur Verfügung steht, ist sehr kostbar. Damit man nicht bedauern muß, sie verschwendet zu haben, ist es besser, sie in vollem Ausmaß zu nutzen. Solchen Menschen kommt innere Hilfe zu, wie Luft dem Feuer zu Hilfe kommt.[52] Das heilige *Naam* ist ein Allheilmittel gegen alle Krankheiten: körperliche, mentale und spirituelle. Medizin hilft bei der Wiederherstellung des physischen Körpers, aber ein harmonisches Leben voll erhabener Frömmigkeit ist nur durch regelmäßige und gläubige Meditation möglich. Wer nach innen Zutritt hat, kann ganz leicht sein Schicksal ablesen. Es ist ihm ein offenes Buch.[54] Während der erhabenen Augenblicke der Meditation, wenn das Schülerkind mit dem Unendlichen in Einklang ist, um vom unaufhörlichen Fluß der göttlichen Gnade Nutzen zu ziehen, kommt die seltene Gabe des rechten Verstehens in wachsendem Ausmaß herab.[55]

Solange wir durch Gemüt und Materie bedeckt sind, können wir die Wirklichkeit nicht sehen. Wenn du diese Bedeckungen abgeworfen hast, wirst du in der Lage sein, andere auf einen Blick richtig einzuschätzen. Jeder einzelne handelt unter dem Einfluß des Gemüts und ist blind. Das Gemüt ist die Schlange in unserem Körper, die uns immer beißt. Unter ihrem Einfluß handeln wir, und unsere Handlungen sind die Ursache unserer endlosen Mühen hier, die Geburten und Tode hervorrufen. Dieses schlangenhafte Gemüt ist aber dann ganz bezaubert, wenn es das Wort auffängt. Es wird vom lieblichen Ton des Wortes angezogen, und wenn es ihn hört, wird es bewegungslos, und die Seele wird aus ihrer Knechtschaft befreit. *Nanak* sagt, daß es außer der Praxis des Tonstromes keinen anderen Weg gibt, das Gemüt zu überwinden. Und solange das Gemüt nicht besiegt ist, kann man nicht nach innen gehen. Das Gemüt wirkt durch das Ego. Wenn das Gemüt das Wort kostet, ist die Seele frei, und kein anderer Geschmack wird das Gemüt auf Dauer befriedigen; das Gemüt fühlt sich nämlich sonst immer früher oder später unbefriedigt und beginnt, sich nach etwas anderem umzusehen. Nur wenn es vom Wort gekostet hat, findet es vollkommene Befriedigung.[56]

Es gibt ein Beispiel aus *Lord Krishnas* Leben, als er in den Jumna-Fluß sprang. Dort sah er eine riesige Schlange mit tausend Köpfen. Wie bändigte und überwand er diese Schlange? Er spielte die Flöte. Das Gemüt kann nur mit dem inneren Ton beherrscht werden, es gibt keinen anderen Weg. Äußere Dinge beruhigen es vielleicht für eine Weile, aber sie können es niemals beherrschen. In der Vergangenheit haben viele heilige Menschen durch das Gemüt alles verloren. Durch die Verbindung mit dem Wort und die Gemeinschaft mit dem «Wort, das Fleisch ward», kann die Macht des Gemüts allmählich überwunden werden. Wenn ihr zu Füßen eines vollendeten Meisters sitzt, genießt ihr den Segen seiner heiligen Ausstrahlung, denn seine Aufmerksamkeit ist in seiner Gewalt. Dort geht ihr gänzlich in der Stille auf und vergeßt die Welt für eine Weile.[57]

Wahrer innerer Verzicht gelingt nur durch die Verbindung mit *Shabd*. Die Natur mit ihren vergänglichen Reizen hört dann auf, für den Entsagenden anziehend zu wirken. Wenn man alles aufgibt, dringt man in den alles beherrschenden Geist ein. Die Bindung an die Materie hört auf. So erwarten den Menschen keine weiteren Geburten und Tode mehr. Das Sinnesleben und der Zauber der Welt faszinieren ihn, der auf seinem Weg zu Gott ist, nicht mehr.

In der Bindung losgelöst zu sein, wird ebenfalls ausschließlich mit Hilfe von *Shabd* erlangt. Was immer derjenige tut, wird dann im Sinne der Pflichterfüllung getan und ohne Bindung an die sich daraus ergebenden Früchte. Die Grundursache allen Elends beruht auf der Tatsache des Gebundenseins des Menschen. In unserer Unfähigkeit, uns von allem loszusagen, werden wir durch alles, was wir tun, gefangen gehalten. Wir müssen unsere Kraft schonen, um von allen Dingen losgelöst zu bleiben, seien sie auch noch so kostbar oder mögen wir auch noch so sehr nach ihnen verlangen.[58]

Sobald der Lebensstrom einmal hörbar wird, fühlen wir uns nie mehr allein, denn wir hören sein Klingen, wo wir auch sind, sei es zu Hause oder draußen. Die Stimme Gottes läßt uns immer an die wahre Heimat unseres Vaters denken. Die Verbindung mit dem Tonstrom zu üben, befreit von allen Sorgen und Qualen, den fünf tödlichen Leidenschaften, den Lüsten des Fleisches und des Gemüts, und hinterläßt die Seele in ihrer ursprünglichen durchscheinenden Reinheit, losgelöst von allem, was zur Welt gehört und weltlich ist. *Shabd* ist die Stütze bei der irdischen Reise und im jenseitigen Leben. Durch die Erfahrung vom Überschreiten der körperlichen Grenzen werden wir dem Tod gegenüber furchtlos, und wenn die zugemessene Spanne des irdischen Daseins zu Ende geht, streifen wir das sterbliche Kleid des Fleisches ein für allemal ab, und dies leicht und glücklich, wie man seine alten abgetragenen Kleider ablegt. Dann sind wir befreit vom Zyklus der Geburten und Tode und gehen frei und ehrenvoll in unsere himmlische Heimat ein.

Das Wort zu üben und mit ihm Verbindung zu halten, bringt das Licht des Himmels ein, und man fühlt sich von Gott gesegnet. Es gibt uns intuitives Wissen vom Selbst und von Gott. Wir erfahren in uns die ganze Verwirklichung der Seele als das eine, allen gemeinsame Lebensprinzip, das sich auf alles erstreckt, in sich und um sich, ohne Schranken und Begrenzungen von Zeit und Raum. Denn alles Leben ist von Ewigkeit zu Ewigkeit nur eines, ungeachtet der vielen Formen und Muster, durch die es sich offenbart. In dem Augenblick, in dem wir uns ins Zeitlose erheben, werden wir selbst zeitlos. Dies ist in der Tat wirkliche Meditation und wirkliche Ergebenheit, die zur wahren Liebe zu Gott und seiner Schöpfung führt, indem man sein eigenes Selbst ausdehnt und mit dem Selbst des Schöpfers eins wird.[59] In den Strophen 8 - 11 schreibt *Guru Nanak* im *Jap Ji*, dem Prolog zum *Adi Granth*, der heiligen Schrift der Sikhs:

> «Durch die Verbindung mit dem Wort kann man ein Siddha (Mensch, der mit übernatürlichen Kräften begabt ist), ein Pir (Moslem-Heiliger oder spiritueller Lehrer),
> ein Sura (Gottheit) oder ein Nath (Yogi - ein Adept in Yoga) werden.
> Durch die Verbindung mit dem Wort kann man die Mysterien der Erde, des «tragenden Bullen» (Dhaul: ein erdichteter Bulle, der angeblich Himmel und Erde trägt) und der Himmel verstehen.
> Durch die Verbindung mit dem Wort werden die irdischen Regionen, die himmlischen Ebenen und die niederen Welten enthüllt.
> Durch die Verbindung mit dem Wort können wir unversehrt durch die Pforten des Todes entkommen.
> 0 Nanak! Seine Ergebenen leben in ständiger Verzückung, denn das Wort wäscht alle Sünden und Sorgen fort.[60]
> Durch die Verbindung mit dem Wort kann man die Kräfte von Shiva, Brahma und Indra erlangen.
> Durch die Verbindung mit dem Wort kann man die Achtung aller gewinnen, ungeachtet der eigenen Vergangenheit.

Durch die Verbindung mit dem Wort kann man die Einsicht eines Yogi in die enthüllten Geheimnisse des Lebens und des Selbst gewinnen.
Durch die Verbindung mit dem Wort kann man den wahren Sinn der Shastras (philosophische Abhandlungen der Hindus), Smritis (alte Hindu-Schriften) und der Veden (erste Bücher menschlichen Denkens) erkennen.
0 Nanak! Seine Ergebenen leben in ständiger Verzückung, denn das Wort wäscht alle Sünden und Sorgen fort.[61]
Durch die Verbindung mit dem Wort wird man zur Wohnstatt von Wahrheit, Zufriedenheit und wahrem Wissen.
Durch die Verbindung mit dem Wort erwirbt man die Früchte des Badens an den achtundsechzig Pilgerorten (Ath-Sath: hier bezieht sich Nanak auf den Hinduglauben, wonach ein Bad an achtundsechzig - buchstäbliche Bedeutung - Pilgerorten Reinigung von allem sündhaften Tun bringt).
Durch die Verbindung mit dem Wort erlangt man die Achtung der Gelehrten.
Durch die Verbindung mit dem Wort erlangt man Sehaj (dieses Wort bezieht sich auf den Zustand, in dem die Wirren der physischen, astralen und kausalen Welt mitsamt ihrem zauberhaften Panorama überschritten sind und das große Lebensprinzip im Innern geschaut wird).[62]
O Nanak! Seine Ergebenen leben in ständiger Verzückung, denn das Wort wäscht alle Sünden und Sorgen fort.[63]

Durch die Verbindung mit dem Wort wird man zur Wohnstatt aller Tugenden.
Durch die Verbindung mit dem Wort wird man ein Sheikh, ein Pir und ein wahrer König der Spiritualität.
Durch die Verbindung mit dem Wort finden die spirituell Blinden ihren Weg zur Verwirklichung.
Durch die Verbindung mit dem Wort durchquert man das grenzenlose Meer der täuschenden Materie.
O Nanak! Seine Ergebenen leben in ständiger Verzückung, denn das Wort wäscht alle Sünden und Sorgen fort.«[64]

Hilfreiches

Ihr würdet wahres Wissen erlangen, wenn ihr das Wissen der Sinne übersteigen würdet. Tretet in die innere Stille ein, und die Stille wird laut werden. Tretet mit Sehnsucht in euren Augen von außen nach innen ein. Das ist die zentrale Botschaft jedes wahren Meisters. In eurem eigenen Haus werdet ihr ihn sehen. Deshalb möchte ich euch bitten, daß ihr sehnsüchtig in euer Herz schaut, mit Stille in eurem Herzen, mit Schweigen in eurer Seele, ohne an diese Welt oder die nächste zu denken. Die Gnade Gottes wird sich auf euch herabsenken, und der Blick wird zu einem Einblick anwachsen; Er wird sich euch selbst enthüllen, und ihr werdet ihn in eurem eigenen Selbst sehen.[65]

Du mußt dir bitte darüber klarwerden, daß das ständige Denken an weltliche Beschäftigungen die Ursache für die gegenwärtige menschliche Geburt war. Um Befreiung aus dem Kreislauf der Geburten und Tode zu erlangen, muß das Gedankenmuster erneuert werden, indem man göttliche Gedanken einsetzt. Das liebevolle Denken an den Meister und die Wiederholung der Namen stellen eine große Hilfe dar, um die Sinnesströme vom unteren Körper zurückzuziehen, wenn der innere Vorgang der Kontemplation über die göttlichen Lichter und schließlich über die bezaubernde strahlende Gestalt des Meisters beginnt.[66]

«In liebevoller Erinnerung an den Meister dasitzen» bedeutet genau, was die Worte implizieren. Dafür ist kein Fachwissen erforderlich. Es ist ganz einfach ein Gefühl von tiefsitzender, von innen auf natürliche Weise entstandener Liebe oder ein Sehnen. Die stille Einsamkeit eines Ortes kann der Meditation nützlich sein. Dienst für den geliebten Meister ist eines der wirksamsten Mittel, die dabei helfen, das Gefäß eines Menschen zu reinigen, und er ist ein mächtiges Hilfsmittel, um nach innen zu gelangen. Nach innen zu gehen ist die erste und dringlichste Pflicht eines Schülers und kann durch die Gnade des Meisters erreicht werden, die sich wiederum beeilen wird, wenn der Schüler ein liebevolles Leben führt, dient und meditiert, denn beide sind miteinander verbunden und hängen eng zusammen.[67] Wo ihr auch seid, könnt ihr dem Meister bestens dienen, und der beste Dienst, der seine Freude einbringt, ist ernsthafte Meditation. Vorbild zu sein ist besser als jede Vorschrift. Das ist die beste Hingabe und hat ihren eigenen, unvergleichlichen Lohn.[68]

Ihr solltet versuchen, alles über euer Gemüt und die Ichhaftigkeit zu vergessen. Gestört werdet ihr einfach deshalb, weil ihr unaufhörlich euer Ego füttert, indem ihr ständig daran denkt und darauf herumreitet. Ihr müßt wissen, daß regelmäßige Meditationen die lasterhaften Eigenschaften des Gemüts durch tugendhafte ersetzen und allmählich darin gipfeln, daß ihr euch sowohl über Laster als auch über Tugend erhebt. Geht gelassen mitten durch Lärm und Hast und denkt daran, welch ruhiger Friede und welche Harmonie euch innen während der Meditationen erwarten. So eine Bemühung wird euch mit tiefreichender Freude und Wonne segnen. Nährt die Kraft des Geistes, damit ihr in allen Lebensbereichen geschützt seid. Laßt euch niemals durch irgendwelche Einbildungen beunruhigen![69]

Ihr könnt euch dessen sicher sein, daß das Leben eines Initiierten zugunsten seines spirituellen Fortschritts vollkommen von der gnädigen Meisterkraft überwacht wird. Wer es gern mag, regelmäßig zu meditieren und sich einen starken Sinn für Selbstverleugnung einprägt, indem er seinen Willen dem göttlichen Willen des Meisters übergibt, erfreut sich fortwährender Wonne und Harmonie. Was euch auch begegnet, ist verkleideter Segen, der freudig angenommen werden soll. Vermeidet Eile und Sorge. Lernt statt dessen mit ungeteilter Aufmerksamkeit und Hingabe nur eine Sache zu einer Zeit zu tun. Alle Wonne und Freude liegen in der konzentrierten Aufmerksamkeit am Augenbrennpunkt, und wenn ihr diesen Vorgang einübt, wird sich euer ganzes Leben verändern und mit der Gnade des Meisters in der Farbe der Göttlichkeit getränkt werden.[70]

Ihr braucht euch nicht ausführlich mit eurem persönlichen Charakter oder den Unreinheiten im Gemüt zu befassen. Das führt zu Selbstmitleid. Bitte seht ein, daß die Pflanze gut treibt und überreichlich blüht, wenn man den Setzling an den Wurzeln bewässert. Das heilige *Naam* ist das bewährte Allheilmittel gegen die Krankheiten des Gemüts. Obwohl es ein sehr erfreuliches Anzeichen ist, wenn man sich seiner Fehler bewußt ist, erzeugt eine übertriebene Besorgnis manchmal Krankhaftigkeit, die wiederum den Fortschritt hemmt. Die bewußte Verbindung mit dem Göttlichen im Innern erneuert das Gedankenmuster des Schülerkindes und es sieht alles viel klarer. Eile mit Weile! Eure Aufgabe ist es, unbedingt gehorsam und demütig ergeben zu sein. An Ihm liegt es, euch für eure Bemühungen zu belohnen. Geduld ist die edelste Tugend, aber sie ist die Frucht sehr langer Pflege. Lernt einfach, mit ungeteilter Aufmerksamkeit und Hingabe in der Gegenwart zu leben. Ihr solltet euer Gemüt so trainieren, daß eurerseits weder Hast noch Zwang, noch Verstimmung aufkommen, wenn ihr etwas ausführt, was ihr tun müßt. Ihr werdet sehen, daß euch das in allen Lebensbereichen und auch bei den Meditationen von Hilfe sein wird.[71]

Niedergeschlagenheit und Verzweiflung brüten in egoistischen Herzen. Wenn ihr euch durch Aufgeben und Auslöschen des Ego einen tiefen Sinn für Demut einprägt, werdet ihr euch mehr an unaussprechlicher Wonne und Harmonie erfreuen. Demut ist der Rettungsanker der Lieben. Sie ist eine Zierde der Heiligen, die auf dieser physischen Ebene so arbeiten, daß sie ihre Göttlichkeit vor dem Auge der Öffentlichkeit versteckt halten. Wie sicher und edel ist es, demütig im Namen des Meisters zu wirken, indem man alle Ehre an ihn weiterleitet. Ihr seid persönlich Zeuge der heiligen Wahrheit, wie gnädig man entschädigt wird, wenn man für den Meister arbeitet, um der göttlichen Gnade einen Kanal zu bereiten. Ihr solltet euch liebevoll an den Grundsatz halten, allen Erfolg der Meisterkraft und Fehler eurer eigenen persönlichen Schwäche - die allmählich zu überwinden ist - zuzuschreiben. Das Ego ist ein Grundelement des Menschen. Durch Meditation über den Tonstrom und das Licht wird es ganz langsam vernichtet. Allmählich wird euch aufdämmern, daß ihr in den Händen der göttlichen Kräfte eine Puppe seid, die nach Gottes

Geheiß tanzt.[72] Vollkommene Übergabe an seinen Willen und sein Wohlgefallen ist der verläßlichste und sicherste Weg zur inneren Einkehr und zur Reise in die Bereiche reiner Wonne und echter Harmonie.[73]

So wie man in einem elektrischen Aufzug ohne Hilfe und Mühe nach oben kommt, so ist es ganz natürlich und logisch, daß die Seelenströme auf ähnliche Weise zum Augenbrennpunkt zurückgezogen werden.[74] Sitzt mit ruhigem Gemüt bei den Übungen. *Trikuti* (die zweite innere Ebene) ist im Bereich des Gemüts. Wenn die Aufmerksamkeit den Tonstrom auffängt und ihm folgt, dann schläft das Gemüt und ist untätig; die ganze übrige Zeit, wenn die Aufmerksamkeit nicht beim Strom ist, bekommt das Gemüt die Oberhand.[75] Du brauchst dich nicht abzumühen, um am Augenbrennpunkt zu bleiben, wenn du dich schnell zurückziehst. Du brauchst dich bloß völlig zu entspannen, froh auszuruhen und dich dem göttlichen Willen und Wohlgefallen des Meisters zu überlassen und ins Jenseits gehen. Tiefe Stille im Innersten verbunden mit dem brennenden Verlangen der Seele wird mehr göttliche Gnade erflehen.[76] Du mußt deine Gedanken während der Meditation zum Schweigen bringen. Die Stillegung des Intellekts ist der letzte Nagel im Sarg. Du solltest dir nicht dieses oder jenes wünschen. Sitze einfach an der Türe und warte. Erhabene Stille erreicht man am besten und leichtesten, wenn man liebevoll und demütig in der gnädigen Meisterkraft ruht, damit sie gewährt und uns mit dem beglückt, was sie als richtig erachtet. Diese wohlwollende Kraft ist stets bei euch und weiß genau um eure aufrichtigen Bemühungen. Aber solange ihr euch eurer Handlungen bewußt seid, steht ihr euch selbst im Weg; entfernt ihr euch aber liebevoll, wird er sich euch in Form der himmlischen Offenbarungen des göttlichen Lichts und des heiligen Tonstromes zeigen. Es ist ungefähr so, als ob ihr jemanden bittet, ins Zimmer zu treten, dabei aber den Weg verstellt, weil ihr in der Türe steht.[77]

Man soll sich die Dinge nicht im voraus vorstellen oder sich Ergebnisse vor Augen halten, denn diese werden von selbst kommen. Wir haben uns lediglich mit liebevollem Gedenken hinzusetzen, den Blick fest auf die Stelle zwischen und hinter die beiden Augenbrauen gerichtet und die gedankliche Wiederholung der fünf heiligen Namen ohne jede Anspannung oder Anstrengung der Augen oder des Kopfes vorzunehmen. An uns ist es, in einer aufnahmebereiten Haltung und Einstellung zu sein; denn der Vollbringer ist immer ein und derselbe: der Meister, der am besten zu beurteilen vermag, welches die geeignete Zeit ist, das beste Maß und die rechte Art für jeden weiteren Fortschritt auf dem Pfad.[78]

Die Meditationsübungen sollten ein leichter, natürlicher und erfreulicher Vorgang sein, bei dem man ausgedehnte Stunden sitzen kann. Versucht also bitte, solche Erschütterungen eures Glaubens zu vermeiden, die eure Gedanken vom Pfad abziehen, bis ihr genügend fortgeschritten und innen stark genug geworden seid, um gegen die einlaufenden Impulse, die nicht hilfreich sind, unempfindlich zu sein und ihr selbst liebevolle Gedanken und Impulse auszustrahlen imstande seid. Dies ist ein Zeitabschnitt, in dem man sehr aufpassen muß. Fahrt also bitte in Glauben und Regelmäßigkeit fort! Die Meisterkraft ist über euch und läßt euch alle mögliche Hilfe zuteil werden.[79]

Wenn ihr also in der Meditation sitzt, dann vergeßt die Welt; nur der *Guru* soll vor euch sein und ihr vor ihm - nichts sonst! Wenn unsere Moslembrüder sich zum Gebet setzen, dann breiten sie vor sich einen Gebetsteppich aus, um sich daran zu erinnern, daß nichts zwischen Gott und dem Ergebenen steht. Gerade so sitzt in der Übung, und ihr werdet nicht einmal merken, daß ihr euch zurückzieht. Das ist der wahre Weg, Gott zu erkennen - und das Meer des Lebens zu überqueren.[80]

Einige sind bei der Durchführung ihrer spirituellen Übungen auf vorgeschriebene Weise in kurzer Zeit erfolgreich, andere wieder nicht, weil sie das Gemüt und die nach außen gehenden Sinneskräfte bewußt beherrschen wollen. Deshalb wurde immer nachdrücklich darauf hingewiesen, daß alle unerwünschten Charakterzüge und Gewohnheiten auszumerzen und durch die entgegengesetzten edlen Tugenden zu ersetzen sind. Dafür ist die Führung des monatlichen Tagebuches zur Selbstbeobachtung Pflicht. Je mehr ihr in der Menschwerdung voranschreitet, desto mehr werden Gemüt und Sinne bewußt von euch beherrscht werden.[81] Je mehr ihr versuchen werdet, die Schwächen in euch auszurotten und liebevoll *Simran*, die Wiederholung der fünf heiligen Namen Gottes, die vom Meister mit der Gotteskraft erfüllt wurden, *Dhyan*, inneres Sehen, und *Bhajan*, inneres Hören, zu pflegen, umso reicher wird das Ausmaß eurer inneren Erfahrungen sein.[82] Ein reines Leben ist ausschlaggebend für fruchtbare Meditation.[83]

Wenn das Gemüt nichts anderes mehr braucht als den Meister, dann zieht er, der immer da ist im Inneren, den Vorhang zur Seite und erscheint. Es geht also darum, tiefe Sehnsucht nach ihm zu entwickeln. Dieses Verlangen wird durch Meditation erweckt und durch liebevolles Denken an ihn im innersten Herzen, wobei alle anderen Dinge ausgeschlossen sind.[84]

Regelmäßigkeit

Ein Initiierter zu sein, reicht nicht aus. Man muß die Meditationen regelmäßig hingebungsvoll ausführen und sich von Tag zu Tag entwickeln. Mangel an spirituellem Fortschritt und Fernbleiben von Zusammenkünften, durch die solch innerer Fortschritt wahrscheinlich genährt wird, sind dazu geeignet, unter unerfreulichem Einfluß eine negative Einstellung hervorzurufen.[85]
Hazur Baba Sawan Singh Ji, der Meister von *Sant Kirpal Singh*, sagte:

> «... ganz gleich, in welchen Umständen man sich befindet und welche neuen Probleme einem begegnen, ein Ergebener sollte seinen Bhajan (die Hörmeditation), nicht auslassen. Er mag ihm vielleicht täglich nur fünfzehn Minuten oder sogar nur fünf widmen, aber er sollte ohne Unterbrechung mit ihm verbunden sein.»[86]

Spirituelle Meditationen sind die Nahrung der Seele und man sollte nicht damit aussetzen. Ein Tag, an dem ihr sie aufschiebt, wirft euren Fortschritt beträchtlich zurück. Diese Übungen sollten deshalb bitte gläubig, regelmäßig und liebevoll ausgeführt werden. Sie sind als erster Schritt vorgesehen, um eure Seele nach oben über euren Körper zur inneren strahlenden Gestalt des Meisters zu erheben, die euch dann führt und Schritt für Schritt weiter nach oben nimmt, bis euer Ziel erreicht ist. Auf diese Weise seht ihr den Unterschied zwischen den Ritualen, die innerhalb des Herrschaftsbereiches des Körpers und der Sinne ausgeführt werden, und jenen Übungen, die euch über das Körperbewußtsein erheben.[87]

Der spirituelle Hintergrund hat für den inneren Fortschritt eines jeden große Bedeutung, doch sind ehrliche und beharrliche Bemühungen, die unter der beschützenden Führung des lebenden Meisters eingesetzt werden, nie umsonst und erbringen im Laufe der Zeit viel Frucht - und das im Überfluß. Sei dir dessen ganz sicher, daß hinter dem Vorhang alles aufgezeichnet wird und daß sich die gnädige Meisterkraft deiner innersten Bestrebungen voll bewußt ist.[88] Jede Kleinigkeit, die für die spirituelle Übung getan wird, zählt beachtlich für euren inneren Fortschritt. Das gesammelte Ergebnis eurer Hingabe wird im Laufe der Zeit und zum richtigen Zeitpunkt mit der Gnade des Meisters sehr gute Ergebnisse hervorbringen.[89]

Du solltest - ungeachtet weltlicher Verluste oder Gewinne - immer auf dem heiligen Pfad voraneilen. Du wirst zugeben, daß zur Stunde des Todes letzten Endes alles zurückgelassen werden muß, und daß uns nur das heilige *Naam* ins Jenseits begleiten wird. Du kennst sehr wohl die überragende Wichtigkeit regelmäßiger Meditationen. Je mehr du dich entwickelst während du hier lebst, eine desto größere Strecke der inneren Reise im Jenseits hast du zurückgelegt. Du mußt dir darüber klar sein, daß du nur in dieser vergänglichen Welt bist, um die seltene Wonne des heiligen *Naam* zu genießen: Gott und Meister (der Gott im Menschen) an erster, alles andere an zweiter Stelle![90]

Versuche, nur eine Sache zu einer Zeit zu tun! Wenn du in all deinen Angelegenheiten Disziplin walten läßt, wird dein Fortschritt auch nicht durch noch so viele zusätzliche Verpflichtungen, die du vielleicht hast, verzögert werden. Versuche, regelmäßig Stunden einzusetzen, ungestört durch irgendwelche Gedanken an die materiellen Dinge um dich.[91]

Will man Fertigkeit erlangen, so verlangt das beharrliche und ehrliche Bemühung.[92]

Wenn der Meister euch etwas gewährt, dann baut es durch tägliche Meditationen aus. Wir tun das nicht gerne und sagen, wir hätten die Zeit nicht, aber denkt daran, daß ihr für euch selbst sterben müßt, keiner wird das für euch tun![93]

Es heißt, daß jene, die nicht *Bhajan* üben, niemals frei von Nöten sein werden. Ständig wird sie Trägheit quälen. Sie sind immer faul. Wann tritt dieses Zögern ein und wann vergeht es wieder? Für negative Arbeit ist der Mensch voller Aufmerksamkeit, aber er schlummert, während *Naam* ausgeschenkt wird. Um seine Sinne zu befriedigen, ist er selbst um Mitternacht ganz wach und bereit. Aber für *Bhajan*... «jetzt nicht, morgen sehen wir weiter». Das kommt hauptsächlich daher, weil er sich regelmäßig den äußeren Vergnügungen widmet - er fühlt sich zu ihnen hingezogen. Er hat kaum nennenswert *Bhajan* geübt, hat noch nicht reichlich genug von dessen süßem Nektar getrunken und deswegen fühlt er sich nicht davon angezogen. Durch die Trägheit wird der Aufschub zum Dieb der Zeit... «nicht gerade jetzt, wartet ein bißchen... wir wollen heute abend üben, nein, morgen früh ... laß uns erst diese Arbeit beenden, und dann...» Und was ist das tragische Ergebnis? Wenn ihr den einen Augenblick beiseite schiebt, dann wird der nächste, von dem ihr glaubt, daß er besser wäre, nie kommen. Wenn man träge wird, bewirkt die Trägheit Schlaf. Wenn eure Meditation nicht fruchtbar ist, wie wollt ihr dann wissen, was innen ist? Auch wenn man bei der Initiation durch die Gnade des Meisters innen etwas gesehen hat, wird man dennoch denken, daß alles nur Einbildung sei. So streut uns das Gemüt Sand in die Augen mit dem Ergebnis, daß sich die Seele in weltliche Vergnügungen zurückzieht und ihre Aufmerksamkeit zerstreut.[94]

Wie die Dinge auch liegen, wie besetzt durch äußere Pflichten der Schüler auch ist, er muß jeden Tag etwas Zeit - sei es auch noch so wenig - für den *Bhajan* finden. Nur durch die Aufrechterhaltung der Verbindung mit *Shabd* kann man etwas erreichen. Hat ein Schüler einmal die Verbindung durch ständige Übung gestärkt, fließt die innere Musik zu jeder Tagesstunde unaufhörlich ein. Sie wird zu einem hellen Ruf, der auf ewig nach innen einlädt und uns wie ein seidenes Gewand geschickt aus den Dornen der irdischen Wünsche hebt.[95]

Schöpft den vollen Segen aus der Meditation und setzt Tag für Tag mehr Zeit ein. Je mehr ihr einsetzt, desto näher schreitet ihr eurem Ziel entgegen. Wenn ihr euch weigert, wird der Tag kommen, an dem ihr voll Bedauern für die verlorene Gelegenheit sein werdet. Das alles ist eine ganz einfache Tatsache, und äußere Respektbezeigungen erreichen nichts. Lernt, unbedingt zu gehorchen - das ist kurz gesagt das ganze Geheimnis.[96]

Bildet neue Gewohnheiten

Wie das Feuer ist das Gemüt ein sehr guter Diener, aber ein schlechter Herr. Es hat eine der besten Eigenschaften mitbekommen, die zum spirituellen Vorteil nutzbar gemacht werden kann. Es genießt, in gewohnten Gleisen zu laufen, und wenn ihr etwas Bestimmtes jeden Tag regelmäßig zu einer bestimmten Stunde einige Tage hintereinander tut, so werdet ihr sehen, daß eine Gewohnheit gebildet wird, und das Gemüt findet Gefallen daran, diese gleiche Sache automatisch zu tun. Wenn das Gemüt also auf spirituelle Übungen hingelenkt wird, indem ihr die Meditationen einige Zeit hindurch regelmäßig zur festgesetzten Stunde durchführt, so werdet ihr feststellen, daß dann dasselbe Gemüt, das sonst die Einkehr verübelt, mit der Gnade des Meisters daran Freude findet. Wenn das Gemüt seine lasterhaften Eigenschaften beiseite läßt, werden die göttlichen Offenbarungen, die vom Meister gewährt werden, höchst anziehend sein und das Gemüt eingefangen.[97]

Schmiedet die Nägel der Regelmäßigkeit! Eine Armee ohne Befehlshaber wird im Chaos enden, deshalb müssen wir unser Leben durch Regelmäßigkeit beherrschen. Wenn ihr irgendwo angestellt seid, geht ihr täglich ohne eine Schwierigkeit zur rechten Zeit dorthin. Für die Meditation sollten wir uns dieselbe Einstellung zu eigen machen und uns täglich zu einer regelmäßigen Zeit hinsetzen. Bedauerlicherweise lassen wir uns treiben; manchmal sitzen wir zur Meditation, manchmal nicht. Wären wir wirklich regelmäßig, würden wir sehen, daß wir uns unbehaglich fühlen, wenn wir einmal einen Tag nicht meditieren - als ob wir etwas versäumt hätten.

Wenn möglich, sollte es im Haus einen Raum geben, der nur dem Denken an Gott dient. Ihr würdet feststellen, daß die bloße Atmosphäre dieses Raumes euch an Ihn erinnert.[98]

Die ganz frühen Morgenstunden sind am besten für die Meditation geeignet, da alle Gedanken während der Nachtruhe nachlassen und die Nahrung verdaut ist.[99] Steht jeden Tag früh auf und meditiert!

«Erhebt euch vor Sonnenaufgang und wiederholt Naam; alle negativen Auswirkungen werden gemildert, oh Nanak.»

Der frühe Morgen ist die günstigste Zeit für die Meditation.

«Höchste Gedankeneinheit über das wahre
Naam erhält man in den wenigen ambrosischen
Stunden vor Sonnenaufgang.»

Steht also früh auf und schüttelt jegliches Trägheitsgefühl ab. Vertieft euch, auch wenn ihr liegt - sogar in der Nacht - oder wenn ihr euch ausruht, in die Erinnerung an Ihn. Legt euch auch mit ebensolchen Gedanken schlafen, so daß einzig die Erinnerung an Ihn euer Pulsschlag ist. Wenn ihr am Morgen aufsteht, seid wach! Nehmt ein Bad oder weckt euch sonstwie auf, aber seid wirklich wach, wenn ihr euch zur Meditation hinsetzt. Durch diese Angewohnheiten wird sich die Meditation auch in den Schlaf fortsetzen, und auch wenn ihr wach seid, werdet ihr den ganzen Tag diese meditative Einstellung haben.[100]

Die stille Einsamkeit eines Ortes kann hilfreich sein für die Meditationen. Dienst am und für den geliebten Meister ist eines der mächtigsten Mittel, das dazu dient, das Gefäß des Schülers zu reinigen, und das hilft, nach innen zu gehen. Nach innen zu gehen, ist der allerwichtigste Teil der heiligen Lehren. Wir können es nur durch die Gnade des Meisters erreichen, die ihrerseits dadurch schneller zu uns kommt, wenn wir ein Leben in Liebe, Dienst und Meditation leben. Auf diese Weise sind sie miteinander verbunden und einander verwandt.[101]

Niemand ist dir näher als dein Meister. Du brauchst nicht in die Berge zu flüchten, obwohl eine stille Umgebung hilfreich für eine friedliche Meditation ist.[102] Wenn es bei dir sehr laut ist, dann suche vielleicht ein Kloster oder eine Kirche in der Nähe, wo du mehr Frieden und Stille hast, um deine Meditationen durchzuführen.[103]

Wir sollten für die Zukunft eine Lektion lernen und die Reinheit unserer Umgebung nicht durch unsere sündigen

Handlungen beeinträchtigen, besonders nicht Orte, die für die Meditation gedacht sind. *Swami Vivekananda* sagte, daß Gott uns vergeben wird, wenn wir die Sünden bereuen, die wir an weltlichen Orten begehen, aber er wird niemals die Sünden vergeben, die an heiligen Orten begangen werden. Wenn ihr also an eine heilige Stätte geht, haltet eure Gedanken rein und allein auf Gott gerichtet.[104]

Licht und Ton sind so wirksam, daß das Gemüt still wird, wenn es sich aufmerksam in sie vertieft. Vor eurer Meditation könnt ihr vielleicht ein Gebet sprechen, was eine Aura schafft, die als Einfriedung um euch dient, und ihr werdet mit großer Freude die Gegenwart des Meisters spüren. Bitte denkt daran, daß das Gemüt an sich leblos ist und vom Geist Leben erhält, welcher ruhig wird, sobald er auf die inneren Offenbarungen eingestimmt ist.[105]

Der spirituelle Hintergrund

Die spirituelle Entwicklung ist etwas Persönliches, und jeder einzelne bringt seinen spirituellen Hintergrund mit, um ganz unter der beschützenden Führung des lebenden Meisters fortzuschreiten.[106] Alles hängt vom Hintergrund, der Ernsthaftigkeit, der Liebe und der Hingabe ab, die ein Mensch für seine spirituellen Übungen einsetzt. Die göttlichen Schätze sind für alle da, ob arm oder reich. Die liebevolle Hilfe des Meisters beschleunigt den Fortschritt.[107]

Frage: Ist die Art und das Ausmaß unseres spirituellen Wachstums oder Vorwärtskommens jenseits des zehnten Tores von unseren vergangenen Leben bestimmt?

Meister: Ja - in gewisser Weise ist es dadurch festgelegt. Der Mensch ist in der Entwicklung. Einer, der die erste

Klasse abgeschlossen hat, bekommt die Zulassung für die nächste Stufe. Einer, der gerade erst auf den Weg gestellt wurde, braucht seine eigene Zeit. Darüber gibt es jedoch keine strenge und feste Regel. Wer (eben) auf den Weg gestellt wurde und sich regelmäßig voll Vertrauen den Meditationen hingibt, hat größeren Fortschritt zu verzeichnen, als einer mit einem anderen Hintergrund, der in seinen Meditationen nicht regelmäßig ist.[108]

Es ist unrichtig zu denken, daß man vor Ablauf von mindestens fünf Jahren keinen spirituellen Fortschritt haben könne. Wer nicht reif ist, wird weder zum gnädigen lebenden Meister geführt, noch wird er in die Mysterien des Jenseits eingeweiht. Wer initiiert ist, erhält eine Erfahrung von Licht und Ton, um damit beginnen zu können. Der Fortschritt ist jedoch unterschiedlich, entsprechend dem Hintergrund aus der Vergangenheit; und das ist der Grund, warum einige vielleicht schnell fortschreiten, andere aber zurückbleiben. Aber es besteht sichere Hoffnung für jeden. Es ist ein einfacher und doch mühsamer Ablauf, der durch die Gnade des Meisters sehr erleichtert wird.[109] Auch wenn er am Anfang nur wenig gibt, besteht dennoch Hoffnung auf viel mehr; und was immer er gibt - beschütze es mit deinem Leben![110]

Entwicklung braucht Zeit

Baba Ji (Baba Jaimal Singh) sagte immer:

«Hat man einmal einen kompetenten wahren Meister getroffen, lernt man den ganzen inneren Weg kennen und begibt sich auf die spirituelle

Reise. Es muß nur noch die Rechnung von
Geben und Nehmen beglichen werden, die den
Höhenflug der Seele hemmt. Die Seele ist noch
nicht rein genug, um das göttliche Shabd aufzufangen und muß daher zuerst von allen karmischen Rückwirkungen befreit werden.
Der Meister muß die Seele in diesem jetzigen
Leben von den Ketten des Karma befreien, um
sie vor der Unabdingbarkeit zu bewahren,
weitere Geburten für die Rückzahlung zu bekommen.»[111]

Du brauchst wegen deines begrenzten inneren Fortschritts keine Zweifel zu hegen; versuche vielmehr, noch genauer und ernsthafter zu sein! Innere Sehnsucht der Seele und intensive liebevolle Hingabe segnen das Schülerkind mit fruchtbaren Meditationen. Im Laufe der Zeit wirst du allmählich wachsen.[112]

Du solltest nicht von dir aus das eine oder andere unbedingt haben wollen. Sitze einfach in einer Haltung demütigen Bittens und habe volles Vertrauen in die Fähigkeit des Meisters, dir zur jeweiligen Zeit das zu geben, was in deinem besten Interesse ist. Es ist an ihm, zu geben, und nicht an uns, zu verlangen.[113]

Materie und Gemüt sind Veränderungen unterworfen, aber im Geist gibt es keine Veränderung. Beim Gemüt handelt es sich nicht um etwas, das aus- und eingeschaltet werden kann, wie man will. Es kann trotz bester Bemühungen nicht in einem Tag, einem Monat oder einem Jahr aus seinem gewohnten Gang herausgerissen werden. Es ist ein lebenslanger Kampf. Wer diesen Kampf geführt hat oder gerade im Kampfe steht, der weiß, was es heißt, mit dem Gemüt zu kämpfen. Betrachtet einmal die grobe Beschaffenheit des Gemüts: Es ist der Sohn, die Tochter, die Gattin, der Gatte, die Eltern, Reichtum und Besitz, Bindung an Niederes, Gier, Lust, Ärger, Stolz und was nicht noch alles. Es ist an die äußere Welt mit Seilen gebunden, doppelt, drei- und vielfach geflochtenen Seilen. Es wird schon so lange durch diese Ketten gehalten, daß es die Beschwerlichkeit der Ketten nicht mehr fühlt. Für einen Vogel im Käfig ist die Gefangenschaft der normale Lebensablauf.[114]

Du solltest deinen inneren Fortschritt nicht bezweifeln, da der durch solch eine Einstellung behindert wird. Sei dir dessen sicher, daß hinter dem Vorhang alles sorgfältig aufgezeichnet wird und deine ernsthaften Bemühungen dir spirituell gutgeschrieben werden. Der Gedanke ist der Schlüssel zum Erfolg. Die Denkweise des Initiierten verändert sich allmählich, wenn er auf allen Lebensgebieten den allumfassenden Schutz und die Führung der Meisterkraft fühlt.[115]

Alles was euch durch die göttliche Fügung zukommt, ist für euren spirituellen Fortschritt ohne Ausnahme richtig.[116]

Geduld und Ausdauer

Das Erfolgsgeheimnis auf dem Pfad ist Übung, mehr Übung und noch mehr Übung.[117]

Deine Klage, daß dein Gemüt während der Übungen herumwandert, ist die Klage, die beinahe von jedem Übenden in den Anfangsstufen erhoben wird. Das Gemüt hat Freude daran, auf freiem Fuß herumzulaufen und möchte seine Freiheit nicht eher aufgeben, bis es im Austausch für seine derzeitigen Vergnügungen höhere Freuden erlangt hat. Aber ständige Übung wird es zwingen, seine früheren Gewohnheiten aufzugeben.[118]

Schaut nur, wie leicht und einfach es aussieht, aber es erfordert viel Ausdauer und Standhaftigkeit, um auf dem Pfad erfolgreich zu sein. Ihr müßt nur ein ehrfurchtsvolles Schweigen in euch bewahren, damit ihr euch der vollen Früchte der göttlichen Gnade erfreuen könnt, welche sich selbst in großer Fülle offenbaren wird. Bitte, denkt daran, daß ein reicher Mann, an dessen Tür ihr einige Tage lang regelmäßig immer wieder klopft und wartet, euch sicherlich eines Tages nach dem Zweck eures täglichen Klopfens fragen wird. Dies ist nur ein weltliches Beispiel, aber wenn ihr geistig genauso an der himmlischen Tür Gottes wartet, mit beharrlicher Geduld und in aller Bescheidenheit, glaubt ihr nicht, daß er dann auf eure demütigen Bitten antworten wird? Ganz bestimmt wird er es tun! Ihr müßt bloß geduldig warten und nach innen schauen.[119]

Ich wünsche dir, daß du den Pfad in vollem Glauben und Vertrauen in den Meister beschreitest und vor allem dankbar bist, in diesem schwierigen Zeitalter, in dem wir leben, zur Initiation angenommen worden zu sein. Habe Ausdauer, Ausdauer und nochmals Ausdauer! Ausdauer wird zusammen mit vollem Vertrauen in die gnädige Meisterkraft - die oben wirkt - eines Tages alle Hindernisse beseitigen, und du wirst dein ersehntes Ziel erreichen.[120] Aber Zeit, Geduld und Ausdauer sind dafür notwendig. Es geschieht nicht an einem Tag.[121]

Simran

Simran, die Wiederholung der eigentlichen Namen Gottes, übt einen unvermeidlichen Einfluß auf das Gemüt aus. Er führt zu *Dhyan*, der Sehmeditation, und läßt die Seele die Welt und die weltlichen Dinge vergessen. In der Meditation verbleibt nichts außer dem konzentrierten*Simran*, und aus der großen und tiefen Stille des Herzens (*Hriday Kamal* der Heiligen, das ist der göttliche Grund hinter den Augenbrauen) kommt ein unaufhörlicher Tonstrom. Er hilft die Seele emporzuheben, führt zum Zurückziehen vom Körper (natürlich ohne die Silberschnur zu zerreißen) und leitet die Seele bei ihrer Weiterreise in die verschiedenen spirituellen Bereiche. Die strahlende Gestalt des Meisters ist immer bei der Seele, führt sie und hilft ihr bei jedem Schritt. Dieser Tonstrom ist das Bindeglied zwischen Gott und Mensch, und auf diese Weise ist eine unauflösbare Verbindung und Beziehung zwischen dem Schöpfer und seiner Schöpfung hergestellt.[122]

Das Wiederholen der Namen in Abständen hat - wie oben erwähnt - einen Sinn. Es ist ein Schutz gegen die Widrigkeiten und Hindernisse, die den Pfad blockieren, und hilft, die Sinnesströme vom unteren Körper zum Augenzentrum zurückzuziehen, ohne daß sich das Schülerkind dabei anstrengen muß. Die Aufmerksamkeit sollte durchdringend auf die Mitte dessen geheftet sein, was du vor dir siehst. Wenn die Namen ununterbrochen geistig wiederholt werden, wird sich die Aufmerksamkeit teilen. Der Blick sollte beständig feststehen, und die Wiederholung sollte mit Abständen durchgeführt werden, einfach um sich gegen jeglichen negativen Einfluß zu schützen und beim Prozeß des Zurückziehens vom Körper zu helfen.[123]

Die eigentlichen Namen Gottes haben die Macht, die Kräfte der Finsternis, die dem Geist begegnen und ihn bei seiner Vorwärtsreise angreifen könnten, zu vertreiben. Der *Simran* dieser Namen hilft der Seele sowohl auf der irdischen als auch auf der überirdischen Ebene. Es ist deshalb notwendig, daß *Simran* mit den Namen ausgeführt wird, welche die Meisterseele anrät, da sie mit einer ungeheuren spirituellen Kraft geladen sind, welche die negativen Kräfte kaum ertragen können und vor der sie fliehen wie von einem Zauberer vertrieben. Ewig und unvergänglich wie diese Worte des Meisters sind, verleihen sie der Seele, in die sie einsinken und in der sie Wurzel schlagen, ewiges Leben.[124]

Die heiligen kraftgeladenen Worte tragen den Lebensimpuls des Meisters in sich, und geschieht deren Wiederholung in tiefem Glauben und mit ungeteilter Hingabe, so füllt dies die Seele allmählich mit Bewußtsein und hinterläßt in ihr unauslöschliche Eindrücke. Auch wenn du während deiner Meditationen nichts siehst, solltest du zu einem vertrauensvollen *Simran* Zuflucht nehmen, der vergleichbar ist mit dem Bestellen des Bodens. Er muß für die reiche Ernte der Spiritualität vorbereitet werden, welche mit der gnädigen Barmherzigkeit des Meisters gut bewässert wird. So trägt die heilige Saat der Initiation zur rechten Zeit Früchte.[125] Sobald das Gemüt umherzustreifen beginnt, halte es durch *Simran* an.[126] Sei stark in deinem *Simran*; er wird alle Schwierigkeiten beseitigen. Du wirst mutig und furchtlos werden. Du wirst innen so viele Flüsse und Berge sehen und du wirst sie überqueren, indem du sie überfliegst. Der *Simran* wird dich befähigen, über sie hinwegzuschweben.[127]

Sich über das Körperbewußtsein erheben

Die Grundschritte fangen da an, wo alle Philosophien enden. Es ist eine Sache des Sehens, des Sich-Erhebens über den Körper und der eigenen Erfahrung.[128] Das höchste Ziel ist, zur Gottbewußtheit aufzusteigen. Das geht nur, wenn ihr euch selbst erkennt - erkennt, wer ihr seid. Ihr seid nicht der menschliche Körper, ihr wohnt nur in ihm, der höchsten Stufe der ganzen Schöpfung. Wir müssen den besten Gebrauch von ihm machen - das heißt, aus ihm herauskommen. Dazu raten uns die Meister immer, unser Bewußtsein über den Körper zu erheben. «Lernt zu sterben, damit ihr beginnt zu leben.» Wenn ihr das tut, tragt ihr die richtige Brille, um zu erkennen. Alles erscheint dann in seiner richtigen Perspektive. Deshalb haben alle Meister gesagt: «Erkenne dein Selbst!»

Meditation zeichnet sich gewöhnlich aus durch das Zurückziehen der Sinnesströme vom Körper mit Hilfe der Wiederholung der kraftgeladenen Namen oder durch das Lauschen auf den Tonstrom, der von der rechten Seite kommt. Vielleicht verstehst du es so noch besser: Nimm an, da gibt es ein Dach, zu dem hundert Stufen führen, und solange du nicht alle hundert Stufen überwunden hast, kannst du nicht oben ankommen, selbst wenn du auf der neunundneunzigsten stehst. Du bist noch unter dem Dach und nicht darauf. Während du dich dem Dach näherst, wirst du immer mehr Licht sehen. Ähnlich verlangt das Zurückziehen der Sinnesströme hinauf zum Augenbrennpunkt vollkommenen Stillstand der nach außen gehenden Kräfte und die Sammlung der inneren Aufmerksamkeit am Zentrum zwischen und hinter den beiden Augenbrauen.

Dieser heilige Vorgang muß in einem Zustand der mühelosen Anstrengung vor sich gehen. Wenn du gänzlich innen am Augenbrennpunkt verankert bist und den Prozeß des Zurückziehens nicht beobachtest, dann wirst du sehen, daß du mit wenig oder gar keiner Mühe deinerseits völlig zurückgezogen wirst, ohne irgend etwas zu spüren, so wie ein Haar aus der Butter gezogen wird. Wenn du vollkommen oder auch nur teilweise zurückgezogen bist, dann schaue in die Mitte dessen, was vor dir ist, und der Intellekt sollte für diese Zeit ruhiggestellt sein, wenn sich deine innere Schau öffnet.[129]

Wenn ihr eure Übungen genau macht, werdet ihr euch über das Körperbewußtsein erheben. Ihr seid nicht der Körper. Ihr werdet allmählich Erfahrung vom Jenseits bekommen. Ihr müßt den Körper verlassen! Dieses Schicksal erwartet jeden, und es gibt keine Ausnahme von dieser Regel. Trotzdem fürchten wir den Tod. Der Tod ist nur eine Veränderung, so wie die Sonne auf der einen Seite der Welt untergeht und auf der anderen wieder aufgeht.

Ähnlich verlassen wir diese Welt und erheben uns ins Jenseits. Das ist eine praktische Frage - und wenn euch jemand zeigt, wie man sich über das Körperbewußtsein erhebt, so solltet ihr dies tagtäglich weiter entwickeln.[130] Wenn ihr euch mit dieser Einstellung über den Körper erhebt, dann wird euch immer bewußt sein, daß diese Welt nicht eure Heimat ist. Die Heimat der Seele ist das Haus unseres Vaters. Wir sind begünstigt, den menschlichen Körper zu haben, in dem wir in das Haus unseres wahren Vaters zurückkehren können. Das ist in niedrigeren Schöpfungsformen nicht möglich. Der Mensch, der zu sterben lernt, der den Körper willentlich zu verlassen lernt, gewinnt das ewige Leben und braucht nie wieder zurückzukommen.

Alle Herrlichkeit und Schönheit liegen in euch. Die astralen Ebenen sind schöner als die physische. Die kausale Ebene ist noch schöner und die spirituellen Ebenen jenseits davon sind die schönsten von allen. Wer Erfahrung vom Jenseits hat, möchte natürlich dort hingehen, aber wir sind hier gebunden. Auch die Meister spielen die ihnen zugedachte Rolle. Sie möchten zurückgehen, aber sie sind durch Weisung gebunden - sie müssen das Werk fortführen.

Wenn du dich in der Meditation über das Körperbewußtsein erhebst, kommt der Körper ganz zur Ruhe und dein Bewußtsein erweitert sich. Wenn du den Körper wieder übernimmst, ist er kraftgeladen und bekommt einen neuen Aufschwung.[131]

Ihr seid glücklich dran, daß euch gelehrt wurde, wie man das Kreuz täglich auf sich nimmt, um über das Körperbewußtsein zu gelangen und in das Reich Gottes, das in euch liegt, wiedergeboren zu werden. Lernt, länger im Jenseits zu bleiben, und erfreut euch der Glückseligkeit des Gottesreiches in euch![132]

Die strahlende Gestalt des Meisters

Wenn das Gemüt einmal unter Kontrolle ist und es nicht länger zweifelt und wankt, «dann erscheint die strahlende Gestalt des Meisters im Innern. Zwischen ihr und der physischen Gestalt besteht kein Unterschied. Sie ist wie die Wiedergabe eines Bildes durch einen reinen Spiegel. Solange das Glas nicht klar ist, kann man keine Widerspiegelung sehen.»

Das Gemüt ist wirklich ein Glas, das alles verschleiert und verbirgt, solange es durch den Unrat der weltlichen Verhaftungen besudelt ist. Aber in dem Augenblick, da dieser Film weggeputzt ist, spiegelt es in sich den Höchsten wider.[133]

Der Ausdruck *Guru Dev* bezeichnet die selbstleuchtende Gestalt des Meisters, die frei von seinem physischen Körper ist und weit über diesem steht. Sie wird mit dem inneren, feinstofflichen Licht der Seele wahrgenommen. Wenn diese dem astralen Meister von Angesicht zu Angesicht begegnet, vergehen alle Zweifel, und ihre Mühen werden mit dem höchsten Gut des Lebens gekrönt.

Diese subtile, von der physischen Gestalt des *Guru* losgelöste Form wird *Guru Dev* genannt. Sie ist selbstleuchtend und von einem strahlenden Glanz, der sich in unübersehbare Weiten erstreckt. Der *Satguru*, der Meister der Wahrheit, ist die sowohl durch den *Guru* als auch durch den *Guru Dev* wirkende Kraft der Wahrheit oder Gotteskraft. Fest in *Sat*, der Wahrheit, verwurzelt, nimmt er seine Inspiration unmittelbar aus *Sat*, der ewigen, unwandelbaren Beständigkeit, und ist daher als *Satguru* bekannt.

Der *Guru Dev* empfängt die Seele, wenn sie die Grenze zwischen der physischen und den feinstofflichen Regionen überschreitet, indem sie Sterne, Sonne und Mond durchquert. In den *Veden* wird davon als *Devian* und *Pitrian Margs* (Wege) gesprochen. Die astrale Gestalt des Meisters sieht genauso aus wie seine physische, doch sehr viel schöner, leuchtender und anziehender. *Guru Nanak* bezieht sich auf diesen erleuchteten Pfad mit folgenden Worten:

> «Die strahlende Gestalt des Meisters bezaubert und beglückt in wunderbarer Weise. Nur ein vollendeter Meister kann dies der Seele offenbaren.»

Diese strahlende Gestalt des Meisters ist der ständige Begleiter der Seele in den verschiedenen Ebenen, die mit *Sach Khand*, der Wohnstatt der Wahrheit, enden. Wenn sie zum Augenbrennpunkt herabkommt, braucht sich ein Schüler um nichts mehr zu mühen. Darin besteht die Hingabe der Ergebenen. Die Hälfte der Arbeit ist getan. Von nun an behütet die astrale Gestalt des Meisters die Seele in voller Verantwortung und führt sie zum letzten Ziel. Selbst die Heiligen verehren diese Gestalt, sie ruft in ihnen Freude und Entzücken hervor.

Die Offenbarung des *Guru Dev* hängt allein von Gottes Gnade ab und von den besonderen Verdiensten des einzelnen beim Fortschreiten auf dem spirituellen Pfad.[134]

Es ist wirklich nicht nötig, sich die Gestalt des Meisters vorzustellen oder im Geiste zu vergegenwärtigen, während man mit dem *Simran* beschäftigt ist. Jeder Versuch in diese Richtung trägt eher dazu bei, die Aufmerksamkeit zu zerstreuen. Dies zu tun birgt noch eine weitere Gefahr: Jede Gestalt, die ihr heraufbeschwört, wird Schein sein, eine Projektion eures Gemüts und nicht die Wirklichkeit. Wenn ihr initiiert seid, wohnt der Meister die ganze Zeit in euch. Was bereits innen ist, wird automatisch sichtbar werden, wenn ihr voll und ganz nach innen geht, obwohl es vielleicht einige Zeit dauern wird, bis ihr euch an die - vorher unbekannte - neue Umgebung gewöhnt. Gott offenbart sich von selbst vollkommener in einer menschlichen Gestalt, in der er wirkt - ohne jegliche geistige Vergegenwärtigung eurerseits.[135] Es ist wirklich ein glücklicher Tag für einen Initiierten, wenn er seinem strahlenden Meister innen begegnet. Wenn der Meister regelmäßige Meditationen auferlegt und die Notwendigkeit, ein liebevolles und reines Leben zu führen, betont, so zielt dies darauf ab, den Initiierten den Weg frei zu machen. Nicht alleine ihre Bemühung wird ihrer beschwerlichen Arbeit Erfolg bescheiden, sondern die liebevolle und willige Übergabe und vertrauensvolle Gelassenheit, in der sie sitzen und die Gebote befolgen.[136]

Hat die Seele einmal zur strahlenden Gestalt des Meisters im Innern Zutritt erlangt, so ist die Hauptarbeit getan. Der Rest ist eine Frage der Zeit. Der *Satguru* könnte sie natürlich direkt auf höhere Ebenen bringen, aber er bewirkt den Fortschritt stufenweise, denn sonst wäre der Schock und die Anspannung zu groß, wie es bei einem hartnäckigen *Pandit*, einem Schriftgelehrten, der Fall war.[137] Wenn man sich mit dem Meister innen verbindet, ist man imstande, alle Dinge zu erkennen, vom Anbeginn bis in Ewigkeit.[138] Der Meister spricht in allen Ebenen mit seinem Schüler von Angesicht zu Angesicht und gibt ihm in Notzeiten weisen Rat.[139] Ein Schüler sollte nie zufrieden sein, bis er mit dem Meister innen von Angesicht zu Angesicht in seiner strahlenden Form in Verbindung kommt und mit ihm spricht, wie man es gewöhnlich außen tut. Du solltest all deine Gedanken zusammennehmen, um so bald wie möglich dieses Ziel zu erreichen, denn dann erst werden alle deine Sorgen ein Ende nehmen.[140]

Schwierigkeiten in der Meditation

Frage: Warum ist es so schwierig, *Shabd*, den Tonstrom, zu hören?

Meister: *Shabd* erklingt in allen sichtbaren und unsichtbaren Universen. Die menschliche Seele und das heilige *Shabd* sind vom selben göttlichen Wesen. Wer durch regelmäßige, gläubige und sorgfältige Meditationen sein inneres Bewußtsein entwickelt hat, kann dieser himmlischen Melodie jederzeit lauschen, wenn er möchte. Die Neulinge haben etwas Schwierigkeiten bei der Sammlung ihrer Aufmerksamkeit am Augenzentrum und bei der sorgfältigen Kontrolle ihrer Schwingungen und Gedanken. Außerdem können jene, die viel sprechen und ihre kostbare Energie in müßigen und losen Gesprächen vergeuden, dieser himmlischen Melodie nicht lauschen. Es sind ungeteilte innere Hingabe und Aufmerksamkeit, die es möglich machen, derart versunken zu lauschen. Mit Ausdauer und Standhaftigkeit zu üben, ruft die göttliche Gnade herab und der Initiierte kann dann dem heiligen Wort lauschen.[141] Die zerstreute Aufmerksamkeit des Initiierten erlaubt ihm nicht, den heiligen Tonstrom zu hören. Außerdem steht die überwältigende Bindung an weltliche Freuden und Sinnesbefriedigung im Weg.

Der lebende Meister ist menschgewordene Liebe und deshalb ist liebende Hingabe an ihn jener Faktor, der eine bessere innere Verbindung mit dem hörbaren Lebensstrom schafft. Es liegt an der Einstellung des menschlichen Gemüts, das keinen Gefallen daran findet, angekettet zu sein und es so erforderlich macht, daß eine Disziplin eingehalten wird, um eine bewußte innere Verbindung mit der himmlischen Melodie zu bekommen. Am Anfang ist es wirklich schwierig, aber durch regelmäßige Übung fühlt die Seele die angeborene Verwandtschaft mit dem Tonstrom, wenn man durch die Gnade des Meisters innere Glückseligkeit erfährt.[142]

Frage: Warum schiebt man die *Shabd*-Übung auf die lange Bank, wenn sie doch so wesentlich für den spirituellen Fortschritt ist?

Meister: Das menschliche Gemüt ist durch die Vorsehung so gestaltet, daß es Ruhe und Stille in seinem Zentrum - hinter und zwischen den beiden Augenbrauen - verübelt. Es ist ein Werkzeug der negativen Kraft, das mit jeder menschlichen Seele verbunden ist und nur an Äußerlichem Geschmack findet. Sich nach Innen zu wenden, macht ihm keinen Spaß. Außerdem ist es verliebt in sinnliche Freuden, von denen es schwer lassen kann. Dem gnädigen Schutz des lebenden Meisters ist es zu danken, daß er die bewußte

Verbindung mit dieser himmlischen Melodie gewährt; jedoch schenken die *Satsangis* diesem wichtigsten Teil der spirituellen Übungen nicht die rechte Beachtung. Es mag noch hinzugefügt werden, daß jene Lieben, die darin vertieft sind, nach den groben Freuden des Fleisches und der Materie zu trachten, sich selten dem heiligen Pfad zuwenden. Wenn es einigen von ihnen vielleicht geschieht, daß sie aufgrund der vergangenen karmischen Entwicklung zum Meister geführt werden und die Einweihung erhalten, dann finden sie keinen Gefallen an dieser göttlichen Schulung.

Der menschliche Körper ist wie ein Rundfunkempfänger, mit dem diese göttlichen Melodien von allen, die leben, empfangen werden können. Der lebende Meister ist derjenige, der unsere beschädigten Apparate reparieren kann und uns zeigt, mit welchem Knopf und wie die Wellenlänge eingestellt wird, auf der man dieses himmlische Lied hören kann. Regelmäßigkeit und Standhaftigkeit verbunden mit unermüdlichem selbstlosem Dienst im Geiste der Hingabe, sind die Haupthilfen für die Durchführung dieser geistigen Übungen.

Das Gemüt verfügt über eine sich wandelnde Reihe von Tricks, die es auf den Initiierten losläßt, um ihn von der Hörübung abzuhalten. Manchmal stellt es sich als guter Freund dar, der den Schüler beschwatzt, indem er Familienverpflichtungen usw. vorschiebt, und der Gute ist in der Schlinge der Bindung gefangen. Andere Male erhebt es sich wie ein schrecklicher Gegner zum harten Kampf. Außerdem halten die Versuchungen der weltlichen Freuden das Gemüt ständig am Schwingen und Schwanken. Der einzige Ort, an dem es Ruhe finden kann, ist das Augenzentrum, der Sitz der Seele. Das Aufschieben der *Shabd*-Übung ist eine jahrhundertealte Krankheit des menschlichen Gemüts, wofür die göttliche Gnade des Meisters das unerläßlichste Heilmittel ist.[143]

Ich rate euch, mit gewissenhafter Regelmäßigkeit an euren Meditationen festzuhalten, auch wenn ihr euch durch weltliche Angelegenheiten verwirrt oder vom Gemüt übermannt fühlt. Bitte merkt euch, daß das die Tricks der negativen Kraft sind, welche die Lieben in äußerer Verwirrung hält. Dadurch wird die kostbare Zeit, die euch zur Verfügung steht, verschwendet. Packt die Gelegenheit beim Schopfe und laßt euer Gemüt nie frei, so daß es sich nicht in Schwermut oder Traurigkeit ergeht. Während der Augenblicke reiner Glückseligkeit und Harmonie wird eure Seele mit göttlichen Impulsen erfüllt, und neue Ausblicke rechten Verstehens öffnen sich zu eurer unerwarteten Freude.[144]

Zur Zeit hat jede Seele durch die fortwährende Verbindung mit dem Gemüt die Neigung angenommen, durch die nach außen gerichteten Sinne abwärts und nach draußen zu fließen. Aus diesem Grunde kann sie den Tonstrom, das Elixier des Lebens, im Inneren nicht ergreifen. Eine auf den Kopf gestellte Schale kann lange Zeit im Regen stehen, ohne daß auch nur ein Tropfen hineinfällt; wenn sie aber richtig aufgestellt ist, wird sie durch einen oder zwei Regenschauer gefüllt werden. Genau dasselbe ist mit der Seele der Fall, sobald ihr die Meisterseele die Verbindung mit dem lebensspendenden Tonstrom gibt. Indem sie ihr durch das Zurückziehen des Sinnesstromes die rechte Richtung gibt, füllt sich die lotusgleiche Schale des Geistes mehr und mehr mit dem Wasser der Unsterblichkeit, bis die Seele völlig durchtränkt und für immer gerettet ist.

Wißt ihr, das Gemüt ist immer hinter Freuden irgendwelcher Art her. Aber die Freuden dieser Welt sind alle vergänglich und tragen immer einen Stachel auf dem Grund.

«Unser aufrichtigstes Lachen birgt Leid in sich», sagt ein englischer Dichter.

Dieses abtrünnige Gemüt kann nur bezwungen werden, wenn ihm statt der äußeren Freuden die innere Freude der bezaubernden Weisen göttlicher Musik - das Wort - gegeben wird. Wenn es dieses süße Elixier kostet, wird es von den weltlichen Freuden abgelenkt und bezwungen. Dann wird die Seele frei.[145]

Du hast bezüglich deines Tagebuches zur Selbstbeobachtung erwähnt: wenn andere auf dem Weg fortschreiten, warum es in deinem Fall nicht ebenso sein sollte. Meditation ist eine Sache von Liebe und Hingabe; sie dient dazu, das Gefäß vom ganzen inneren Schmutz und Staub zu reinigen. Lieblose Gedanken, die Neigung sich zu rächen, Stolz auf Gelehrtheit und Wissen, lauernde Zweifel und Skepsis, Mißtrauen gegenüber Gott und Mangel an Glauben in ihn sind einige der gewaltigen Hindernisse, die im Weg stehen und Gottes Gnade und Segen am Einfließen hindern. Sorgfältige und regelmäßige Meditation, der mit Liebe und Hingabe die nötige Zeit gewidmet wird, bringt gute Ergebnisse, und das im Überfluß.[146]

Was sind das für Wellen, die im Meer des Gemüts schwingen? Die Wellen entstehen, weil die Sinne überkochen. Allein durch die Augen gehen 83 Prozent aller Eindrücke in uns ein und 14 Prozent durch die Ohren. Die restlichen drei Prozent gehen durch die anderen Sinnesorgane ein. Diese Eindrücke durch die Sinne sind so heftig, daß diese ständig auf dem Siedepunkt sind. Das erste, was wir lernen sollen, ist also, wie man die Sinne beherrscht. Erst wenn die Sinne unter unserem Befehl stehen, wird das Gemüt ruhig sein. Ist das Gemüt beruhigt, wird auch der Intellekt still, und die Seele kann eine Verbindung mit der Überseele bekommen. Wenn ihr in einen Behälter drei Löcher macht, ihn mit Wasser füllt und dann durch die drei Löcher Luft durchpreßt, so werdet ihr sehen, daß das Wasser aufschäumt und Blasen wirft. Aber wenn ihr etwas Alaun in das Wasser tut, wird es kristallklar und ruhig. So wird das Alaun *Naam* durch den Schmutz von Geburt um Geburt hindurchdringen.[147]

Unter dem Einfluß der Sinne ist es sehr schwierig, den Sitz der Seele im Körper zu erreichen oder sich über das Körperbewußtsein zu erheben. Wenn ein Mensch auch nur einen starken Wunsch hat, sagen wir einmal den der Lust, mögen ihn die Leute nach außen hin auch für eine große Seele halten, aber er tanzt doch innerlich nach der Musik dieses Wunsches. Äußerlich beeindruckt er die Leute vielleicht auf vielerlei Weise, aber innerlich gräbt er fürwahr die Grube, in die er gefallen ist, immer tiefer. Direkt oder indirekt entfernt er sich von der Wahrheit, und was er auch gelernt hat, ist nun null und nichtig geworden. So wiederhole ich bescheiden, daß es sehr schwierig ist, ein Mensch zu werden, während es nicht schwer ist, den Herrn zu erkennen. Aber die Aufmerksamkeit muß das Gemüt überreden, von den Sinnen abzulassen und in der Wissenschaft, die sich mit dem Erheben ins Jenseits befaßt, bewandert zu werden. Wenn die Sinne besiegt sind, werden die fünf Feinde nicht angreifen. Die fünf Feinde sind Lust, Ärger, Gier, Verhaftetsein und das Ego. Wenn die zehn Sinne beherrscht werden, wird darüber hinaus das Licht in der Seele offenbart. Gottes Licht wird sich in jenem Körper völlig offenbaren, in dem die fünf groben und fünf subtilen Sinne ganz unter Kontrolle sind.[148]

Zwei sehr starke Kräfte sind Ärger und Lust. Sie herrschen über alles. Wenn sich die Aufmerksamkeit der Lust zuwendet, fällt die Seele sehr tief. Im Ärger weitet sich das Ego aus. Die Seele kann nicht mit *Naam* verbunden werden, solange sie sich nicht nach innen zurückzieht und sich über die Sinne erhebt. Statt dessen ist unsere Aufmerksamkeit zu einem Abbild des Gemüts geworden. Wir wollen all die niedrigen, weltlichen Dinge genießen, und dennoch sagen wir, daß wir das Höchste von allem ersehnen, den Nektar des Lebens! Das ist ganz falsch - was glauben wir denn, wie weit wir damit kommen? Tut nur eine Sache zu einer Zeit, aber behaltet doch nicht diese falsche Einstellung bei! Ein Heiliger sagt: «Wo Naam ist, ist nicht Kam (die Lust) - wo Kam ist, gibt es kein Naam.» Zwei können nicht gleichzeitig bestehen: Licht und Dunkelheit.

Der Hauptteil unserer kostbaren Zeit wird damit vergeudet, daß wir uns in Eifersüchteleien, Egoismus, Skandalen, Kritik, Verleumdung, Besitzwünschen usw. ergehen. Es gibt auch noch andere erniedrigende Fallgruben. Ihr müßt aber wissen, daß Lust und Ärger die mächtigsten sind und eine Seele unter ihrem Einfluß niemals sehr weit im Innern gehen kann, denn man findet dann keine Ruhe, Heiterkeit oder Einheit.

Wer keine Lust und keinen Ärger empfindet, ist das Abbild Gottes. Denkt nur, der bloße Blick eines solchen Menschen kann das Gemüt zur Ruhe bringen, und die unerwünschten Dinge lockern eine Zeitlang ihren Griff. Die Worte, die von so einer seltenen Persönlichkeit kommen, sind mit ihrer inneren Ausgeglichenheit so sehr geladen, daß Menschen, die sie hören, auch eine heitere Stille empfinden. Es ist klar, daß Luft, die nahe an Eis vorbeistreicht, eine erfrischende Kühle mitbringt, und daß Luft, die an Feuer vorbeistreicht, Wärme gibt. Die Worte eines Menschen sind also mit der Ausstrahlung geladen, die seinem inneren Zustand entspricht - sei es Ärger, Lust oder eine angenehme Ruhe. «Wes das Herz voll ist, des geht der Mund über.»

Jeder, ob gebildet oder ungebildet, ist im mächtigen Griff dieser beiden äußerst zerstörerischen Charakterzüge gefangen. Ihr wurdet - vielleicht schon tausendmal - gebeten, dies völlig zu begreifen, aber noch immer erkennt ihr die Gefahr nicht. Wenn das Gemüt etwas vorschlägt, sagt ihr noch immer: «Ja Herr, ich tue, was immer du befiehlst.» Der Meister und Gott werden sehr leicht und schnell beiseite geschoben. Sehr wenige Menschen wollen ihre Fehler zugeben, und unter solchen Bedingungen ist die Erlösung sehr weit entfernt. Ein menschliches Wesen zu werden, ist äußerst schwierig; Gott zu erkennen, ist überhaupt nicht schwer. Wenn die Seele nur von den Sinnen und dem Gemüt abließe und über das Körperbewußtsein käme, dann würde sie etwas Großes erreichen.[149]

Die durch belanglose Dinge hervorgerufene Behinderung während der Meditation kann vielleicht deinem feinfühligen Wesen zugeschrieben werden. Das Reservoir des unbewußten Gemüts ist angefüllt mit weltlichen Gedanken, Anregungen und Trieben, die aus vergangenen Leben ererbt sind. Das muß gänzlich abfließen, bevor dieses Gefäß mit Liebe und Hingabe an den Meister und Herrn gefüllt werden kann. Ehrerbietige Demut und Selbstverleugnung sind veredelnde Tugenden. Die geistigen Anwärter wachsen in göttlicher Weisheit und schreiben nichts sich selber zu, wenn sie sich an der herrlichen Glückseligkeit der göttlichen Berauschung ergötzen.[150]

Oftmals läßt ein schlechter Gesundheitszustand keine richtige Meditation zu. Solche Zeiten treten in der Abwicklung des vergangenen *Karma* auf, aber ihre Härte und Dauer werden durch die Gnade des Meisters beträchtlich gemildert.

Du brauchst über deinen Fortschritt nicht zu zweifeln und solltest statt dessen fröhlich sein. Du machst deine Arbeit und widmest der Meditation regelmäßig Zeit. Jede Kleinigkeit, die für den spirituellen Aufbau getan wird, zählt als Guthaben und wird letztendlich zu deinen Gunsten stehen.

Die Abwicklung des *Karma* spielt in der Tat eine große Rolle, und deshalb wird den lieben Initiierten die Wichtigkeit eines disziplinierten Lebens voll liebevoller Demut und Frömmigkeit so ausdrücklich nahegelegt. Du wirst von der Meisterkraft, die oben wirkt, mit zunehmender Gnade gesegnet werden.[151]

Es ist der natürliche Wunsch eines Initiierten, sich hoch in die inneren Ebenen zu erheben, innen den strahlenden und bezaubernden Meister zu treffen und sich an seiner Gnade, seinen Segnungen und auch an dem vollkommenen Frieden und der Glückseligkeit jener Regionen zu erfreuen.

Oft blockieren Schwierigkeiten den Weg. Diese müssen überwunden werden. Ihr habt jemand Starken über euch. Nehmt Zuflucht zu ihm!

Warum sollte jemals ein Kind es nicht wagen, seinem Vater zu schreiben? Jeder, der reiten gelernt hat, fiel auch oft vom Pferd. Eine Sünde zu begehen, ist menschlich, aber darin zu verharren, ist teuflisch.

Sei bitte nicht verzagt! Vermeide ungeeignete Gesellschaft und sei bei deinen Meditationen regelmäßig und ernsthaft. Tue dein Bestes und überlasse den Rest der Kraft über dir und sorge dich nicht! Kein noch so großes Ausmaß an Sorge wird dir helfen. Überlasse es ihm, sich um dich Sorgen zu machen. Tue du in Bescheidenheit deinen kleinen Teil.[152]

Bezüglich deiner Schwierigkeiten bei der Konzentration, die - wie du sagst - seit deiner Initiation zugenommen haben, möchte ich dir ein Gleichnis erzählen, damit du in Ruhe darüber nachdenkst und dies besser verstehen kannst. Das Gemüt ist wie ein Pferd, das mit den Fesseln der Materie gebunden ist, und normalerweise beherrscht es den Geist. Als Werkzeug der negativen Kraft ist das Gemüt solange ganz ruhig, wie man alle Bemühungen innerhalb ihres Bereiches anstellt, und es verübelt Stille und Konzentration nicht. Wird es aber durch die heilige Initiation von einem kompetenten Meister auf das Innere eingestimmt, ist die Fessel entzwei geschlagen. Die Seele ist frei für die Reise zurück in die Bereiche von Frieden und Harmonie, die jenseits der Reichweite der negativen Kraft liegen. So unternehmen die bindenden Kräfte einen nutzlosen Versuch, die Bemühungen des spirituellen Aspiranten zu vereiteln, solange die Seele nicht vollkommene Befreiung aus der Gebundenheit von Gemüt und Materie erlangt hat. Die Umstände, denen du gegenüberstehst, sind charakteristisch für einen geistig Strebenden. Sie wirken als verkleideter Segen, durch den unsere Ernsthaftigkeit und Redlichkeit bei jedem Schritt getestet werden und durch den wir mit der Gnade des Meisters entschlossener und standhafter werden.[153]

Du klagst, daß dir während der Meditation immer wieder Gedanken an Geschäftliches im Kopf herumschwirren. Das geschieht deshalb, weil du es dir noch nicht zur Gewohnheit gemacht zu haben scheinst, die Meditationen auf die richtige Art und Weise auszuführen. Ich stelle fest, daß du gewisse Schulden zu bereinigen hast, und daß du deine Pflichten als Ehemann und Vater tun mußt - und das erfordert, daß du in deinem Geschäft hart arbeitest. Du solltest dies ernsthaft tun. Arbeit ist Gottesdienst. Aber nach einem Tag harter Arbeit ist es an der Zeit, einen Strich zu ziehen. Zu dieser Stunde, sei es um 8, 9, 10 oder 11 Uhr am Abend, solltest du dein Geschäft völlig vergessen, indem du denkst, daß du es in die Obhut eines Fähigeren und Mächtigeren übergeben hast. Dann entspanne dich, und entspanne dich restlos! Und wieviel Zeit du auch hast, widme sie ohne Unterbrechung den spirituellen Übungen mit vollem Vertrauen und Liebe und mit so viel Ernsthaftigkeit, wie du sie auch bei deinem Geschäft einsetzt. Klammere dich an nichts. Laß die Meisterkraft, die ständig bei dir und über dir am Werk ist, dich mit dem segnen und dir das gewähren, was sie für das Beste erachtet. Du solltest deinerseits Freude empfinden und die Ergebnisse dem Meister oben überlassen.[154]

Was gemeint ist mit «die Übungen nicht auf die rechte Art und Weise ausführen», ist lediglich eine andere Ausdrucksweise dafür, daß die ungeteilte Konzentration, die dem vollkommenen Zurückziehen zum Augenbrennpunkt vorausgeht, von den Lieben noch nicht erreicht wurde.

Ihr seid der Bewohner eures eigenen Körpers, aber noch nicht sein Herr. Eure Diener, das Gemüt und die fünf Sinne, haben den Thron eingenommen, auf dem eure Seele sitzen sollte. Bis sie enteignet und an ihren rechtmäßigen Platz als Diener gestellt sind, werden sie euch nicht erlauben, daß ihr euch zurückzieht und nach innen geht. Wie ein liebender Vater wartet der Meister im Innern sehnsüchtig auf den Tag, an dem ihr euer Haus in Ordnung gebracht habt. Er wartet nur auf eine Gelegenheit, um euch dem Gefängnis des Körpers zu entreißen, und wie ein Sportangler, der seinen Fisch einmal erfolgreich am Haken hat, wird er ihn nicht entkommen lassen, bis er ihn sicher in seinem Korb hat.[155]

Wie man Ungenauigkeiten in der Meditation überwindet

Ich stelle fest, daß du trotz deiner besten Bemühungen nicht in der Lage bist, irgendeine wahrnehmbare innere Erfahrung zu haben. Um diesen Widerspruch und seine Ursache auszumachen, solltest du bitte folgendes ergründen:

1. Wiederholst du die heiligen geladenen Namen mündlich? Wenn ja, so muß das, wenn auch vielleicht allmählich und langsam, durch die gedankliche Wiederholung ersetzt werden. Dazu kann man noch folgendes erläutern: Nimm an, du hast vor einigen Tagen jemanden getroffen und mit ihm ein Gespräch geführt, und du möchtest dich jetzt wieder daran erinnern. Du wirst weder die Zunge benutzen noch wieder sprechen, sondern du wirst die ganze Unterhaltung in Gedanken wiederholen. Das ist die wahre Form der Wiederholung, des *Simran*. Die fünf heiligen Worte müssen während der Meditation in Gedanken wiederholt werden.

2. Bleibst du dir des Atemvorganges, der in deinem Körper abläuft, bewußt? Wenn ja, so muß das ausgeschaltet werden! Da der Atemvorgang vom Nabelzentrum seinen Ausgang nimmt und im Nasenzentrum endet, bleibst du andernfalls auch während deiner Meditationen im Körper. Du kannst dies vermeiden, indem du liebevoll und unablässig nach innen schaust, hinter und zwischen die beiden Augenbrauen, und dabei den Körper unten und den Atemvorgang, der im Körper abläuft, vollständig vergißt. Du wirst mir zustimmen, daß wir uns normalerweise, während wir den ganzen Tag unsere Arbeit verrichten, lesen oder schreiben, kommen oder gehen, sitzen oder uns bewegen, essen oder trinken, oder sogar während wir sprechen, des Atemvorganges nie bewußt sind. Genauso darfst du dir auch während der Meditationen seiner nicht bewußt sein.

3. Fühlst du während der Übung des *Simran* irgendeine Starre oder Steifheit in deinem Körper? Wenn ja, ist es genauso wichtig, das - wie oben besprochen - auszuschalten! Die Sinnesströme vom Körper unten werden nicht durch die einseitigen Bemühungen des Schülers zum Augenbrennpunkt zurückgezogen, sondern von der liebenden Gnade der barmherzigen Meisterkraft, die oben wirkt,

damit wir innen fortschreiten. Du solltest den Vorgang des Zurückziehens im Körper nicht beobachten, sondern deinen inneren Blick unaufhörlich in die Mitte dessen heften, was du innen siehst. Das Üben des *Simran* ist tatsächlich ein langsamer Prozeß, aber wenn er mit der Gnade des Meisters gefestigt ist, erreicht man den Augenbrennpunkt ohne besondere Anstrengung. Du wirst mir zustimmen, daß es die liebevolle Hingabe und der schmerzliche Schrei der Seele sind, die Barmherzigkeit hervorrufen und durch die man in Einklang gebracht wird.

4. Bringst du während der Meditation deine Gedanken zum Schweigen? Natürlich wirst du sagen: «Nein». Die Stillegung des Intellekts ist der letzte Nagel im Sarg. Wie er am besten ausgeschaltet werden kann, wird im Folgenden erklärt:

Du solltest nicht dazu neigen, irgend etwas haben zu wollen. Sitze einfach an der Tür und warte. Die erhabene Stille wird am besten und leichtesten erreicht, indem du liebevoll und demütig in der gnädigen Meisterkraft ruhst, damit sie dir gewährt und dich mit dem segnet, was sie für richtig erachtet. Diese gütige Kraft ist ständig bei dir und sieht deine ehrlichen Bemühungen sehr wohl. Aber solange du dir deiner Handlungen bewußt bist, stehst du dir selbst im Weg, und wenn du dich liebevoll entfernst, wird Er selbst sich dir in Form der himmlischen Offenbarungen des göttlichen Lichts und heiligen Tonstroms zeigen. Es ist ungefähr so, als ob du jemanden einlädst, in das Zimmer einzutreten, dabei aber den Eingang blockierst, weil du selbst im Türrahmen stehst.

Ich hoffe, daß du in der Lage sein wirst, aus dem oben Gesagten den Fehler herauszufinden und ihn mit der Gnade des Meisters zu beseitigen. Ich erkenne dein Verlangen an, aber die Tatsache bleibt bestehen, daß er - der Große im

Innern - dich sicher in dem günstigen Augenblick, den er für richtig erachtet, segnen wird.[156]

Was der Meister dich zu tun heißt, ist nicht wirklich schwierig, könntest du nur dessen Einfachheit erfassen! Er sagt dir, daß du in einer Haltung sitzen sollst, die dir am angenehmsten ist, in der du am längsten ohne Bewegung sitzen kannst, daß du ganz wach bleiben mußt, während du in dieser Haltung sitzt und deine Aufmerksamkeit auf den Sitz der Seele hinter und zwischen den beiden Augenbrauen richtest, daß du liebevoll und fest in die Mitte der Finsternis vor dir schauen und den *Simran* der fünf geladenen Namen langsam und mit Pausen wiederholen sollst.[157]

Würden die Lieben unter gebührender Beachtung der Selbstprüfung ihre spirituellen Übungen auf die richtige Art und Weise durchführen, dann würden sie sich, so sicher wie zwei und zwei vier sind, über das Körperbewußtsein erheben und ins Jenseits hinübergehen, wo der innere Meister geduldig wartet, um seine Kinder an der Schwelle zur Astralebene zu begrüßen. Aber weil sie unfähig sind, dies auch nur für eine kurze Zeit zu tun, glauben sie irrigerweise, ihre Meditationen wären bar jeglicher greifbaren Ergebnisse.[158]

Gefahren auf dem Weg

Während man in der Meditation sitzt, vergißt man vielleicht die Wiederholung der fünf heiligen Namen. In so einem Fall können uns das Gemüt und *Kal* (die negative Kraft) täuschen. Sei also auf der Hut und höre nicht auf mit der Wiederholung, wenn du zurückgezogen bist oder solange du sitzt! Wenn die Gestalt des Meisters bleibt, während der *Simran* geübt wird, sollte der Schüler auf die Worte des Meisters hören und sie als wahr annehmen. Wenn wir vergessen, die fünf kraftgeladenen Worte zu wiederholen, taucht oft das Gemüt in der Gestalt des Meisters vor uns auf, um uns zu täuschen oder falsch zu führen. Erscheint der wirkliche Meister dem Schüler, wird er alle Fragen beantworten, die ihm gestellt werden. Keine täuschende Gestalt wird bestehen bleiben, während der Schüler den *Simran* ausführt. Wenn vom Meister eine Antwort in Träumen gegeben wird, dann muß das nicht wahr sein. Die strahlende Gestalt des Meisters erscheint dem Schüler, während er sich in einem bewußten Zustand befindet und sie bleibt während des *Simran* bestehen. Die negative Kraft erzählt uns vielleicht gelegentlich etwas, besteht aber nicht vor den fünf Namen. Sie gibt vielleicht vor, unser Meister zu sein. Solchen Worten darf man nicht vertrauen![159]

Wenn die Seele sich zurückzieht, geht sie mit dem Astralkörper in höhere Regionen und sieht Gestalten. Zu diesem Zeitpunkt solltest du die fünf Namen wiederholen. Die Gestalten werden verschwinden. Nur solche Personen werden vor dir bestehen bleiben, die von der fünften Ebene sind, und von diesen wirst du Nutzen haben. Die Seele geht hierhin und dorthin und sieht viele Begebenheiten, die sich anderswo ereignen. Aber wir sollten nicht unsere Zeit damit verschwenden, uns mit solchen Dingen abzugeben, da dies unseren spirituellen Fortschritt verzögern wird. Wenn du regelmäßig Zeit für deine spirituellen Übungen einsetzt, wirst du vorwärtsschreiten und sicher dem Meister innen von Angesicht zu Angesicht begegnen.[160]

Was Visionen anbelangt: wenn du dich über das Körperbewußtsein erhebst, kannst du auf den astralen Ebenen Visionen haben. Verwickle dich nicht darin, sie zu betrachten, sondern wiederhole die fünf Namen. Manchmal magst du Löwen und Schlangen erscheinen sehen. Das sind keine Formen des Meisters der Liebe. Eine Schlange stellt manchmal das Gemüt dar. Schenke ihr also keine Beachtung; sie wird dir nichts tun. Manchmal verlassen uns die fünf Leidenschaften - Lust, Ärger, Gier, Bindung an Niedriges und Ego - in Form eines Löwen oder kleiner Kinder. Diese Dinge können den Fortschritt einer Seele, die den *Simran* der fünf heiligen Namen übt, nicht behindern.[161] Was die Stimmen betrifft, die an dich herantreten, so schenke ihnen keine Beachtung. Fordere bitte den Betreffenden auf, vor dir zu erscheinen und zu sprechen. Wenn er auftaucht, wiederhole die fünf Namen. Nur wenn er vor der Wiederholung bestehen bleibt, höre auf seine Stimme. Gewöhnlich kommen diese Stimmen von der negativen Kraft, und man sollte ihnen keine Aufmerksamkeit schenken.[162]

Die mentale Welt zu überqueren ist nicht so leicht, wie es denjenigen, die in den Mysterien des Jenseits unerfahren sind, erscheinen mag. Sie ist die trügerischste Welt, wo sich selbst die *Mahatmas* und *Rishis* trotz all ihrer Gelehrsamkeit, ihrer Härten und Bußen nicht behaupten können. Was gibt es in dem gewaltigen Universum (der drei Welten), das *Brahman* nicht bereit wäre, den aufrichtigen Seelen anzubieten, die versuchen, seinem Machtbereich zu entkommen, um die wahre Heimat ihres Vaters zu erreichen! Auf jeder Stufe, sei es in der physischen, der astralen oder der mentalen Welt, sucht er den Weg der strebenden Seelen zu blockieren. Die großen Propheten und Gesandten Gottes und alle anderen haben ihre Erfahrungen mitgeteilt, die sie in heftigen Begegnungen mit Satan, *Mara*, *Ahriman*, bösen Geistern, *Asuras*, Dämonen und deren Helfern in vielfältiger Weise machten. Im Guten und im Bösen versuchen sie, die Wahrheitssucher auf ihrem Weg zu behindern und sie mit der Verheißung von Königreichen und Fürstentümern auf ihre Seite zu ziehen. Und wenn sie ihren Versuchungen nicht erliegen, drohen sie ihnen durch Gewalt: mit Feuer und Erdbeben, dem Aufspalten des Himmels, Blitz, Donner, Wolkenbrüchen und dergleichen mehr! In einer so heiklen Lage kann man den Prüfungen und Drangsalen nur standhalten, wenn man seinen *Guru* oder *Murshid* zur Seite hat, denn die Meisterkraft zieht dann die Schülerseele zu sich, nimmt sie in sich auf und geleitet sie auf den Pfad des «tönenden Lichts». Für jede Seele setzt *Brahman* alles ein und läßt sie nicht frei, bis er überzeugt ist, daß der Sucher an dem Schutz der Meisterkraft (von *Akal*, dem Zeitlosen) festhält.[163]

Bitte, mache dir keine Sorgen über die negativen Kräfte, sondern sinne statt dessen mehr über den göttlichen Schutz der Meisterkraft nach, indem du dich in das liebevolle Denken an den Meister vertiefst. Liebe, verbunden mit innerer Demut und dem Auslöschen des Ego, überwindet alle solchen Hindernisse, wie sie auch geartet sein mögen.[164]

Durststrecken auf dem Weg

Ich freue mich zu sehen, daß du mit der Gnade des Meisters einige Zeit für deine heiligen Meditationen einsetzt. Die gelegentlichen Zeiten der Trockenheit oder unbestimmter Gefühle treten als Folge von vergangenem *Karma* auf, und das Schülerkind sollte dann mehr Mut und Entschlossenheit aufbringen, um an der Zeiteinteilung für die heiligen Übungen und der Regelmäßigkeit festzuhalten. Zu deiner Information sollte vielleicht betont werden, daß der liebevolle Schutz des Meisters während solcher Zeiten viel stärker wird, wie du es durch seine Gnade gespürt hast. Die heiligen Meditationen werden mit seiner Gnade fruchtbarer, wenn sie in einem Geist der Hingabe an den Meister durchgeführt werden. Dein aufrichtiges Gebet nach Regelmäßigkeit ist hoch zu würdigen. Du solltest an deinem Entschluß sorgfältig festhalten, ungeachtet der Proteste des Gemüts. Du wirst mit Seiner Gnade fortschreiten. Bitte beachte, daß das Gemüt an den eingefahrenen Gewohnheiten Gefallen findet, die sich aufgrund seines Schwelgens in den sich wiederholenden Handlungen der Sinne gebildet haben. Du mußt seine Einstellung von abwärts nach aufwärts ändern und alles andere wird von selbst kommen. Du mußt die Geleise sorgfältig verlegen, und die mächtige Maschine wird dann auf ihnen mit der ihr eigenen Kraft und Geschwindigkeit laufen. Stimme dein Gemüt auf die heiligen Füße des Meisters - des höchsten Führers - ein und versuche dein Äußerstes, seine heiligen Gebote zu halten.[165]

Die auftretenden Trockenperioden in der Meditation, die der spirituell Strebende manchmal erlebt, sind ein verborgener Segen, der die innere Hingabe zum Schritt auf eine höhere Stufe vorbereitet. Du brauchst dir darüber keine Sorgen zu machen, gib dich statt dessen ernsthaft mit neuem Eifer und Nachdruck deinen heiligen Meditationen hin! Die gnädige Meisterkraft wird dir alle nur mögliche Hilfe, alle Gnade und allen Schutz zukommen lassen.[166] Der Mensch ist so beschaffen, daß er nicht lange auf einer Stufe stehen bleiben kann. Er entwickelt sich entweder weiter oder fällt zurück. Du kannst selbst beurteilen, in welche Richtung du dich bewegst, indem du prüfst, wie weit dein Gemüt und deine Sinne unter deiner bewußten Führung stehen.

Das erreichst du nicht nur durch eine ethische Lebensweise, sondern auch durch die innere Hilfe und Kraft, die du jedesmal bekommst, wenn du bei der Meditation sitzt. Wird also kein sichtbarer innerer Fortschritt erreicht, so sei dir dennoch sicher, daß der Boden bewässert wird. Jedesmal, wenn du sitzt, schaffst du eine Gewohnheit, die das Gemüt eines Tages zu seinen eigenen Gunsten annehmen wird, ganz im Gegensatz zu seiner derzeitigen Gewohnheit, in äußeren Dingen Freude zu suchen. Gewohnheiten verhärten sich zur zweiten Natur, und das ist der Grund für die gegenwärtigen Schwierigkeiten, die von den Lieben in ihren tagtäglichen Meditationen erfahren werden. Die Gewohnheit, äußeren Freuden hinterher zu laufen, wurde für das Gemüt ganz selbstverständlich. Deshalb verübelt es einem das Sitzen in der Stille. Wenn du eine neue Gewohnheit ausbildest, wirst du mit der Zeit die Natur des Gemüts von einer, die in äußeren Dingen Freude sucht, in eine verwandeln, die nach der Wonne und Lieblichkeit der inneren Dinge dürstet.[167]

Verzögerungen

Die Enthüllung innerer Erfahrungen gegenüber anderen - außer dem Meister - wirkt sich nachteilig auf den Betreffenden aus und verzögert den inneren Fortschritt. Das hat seine Bedeutung. Ein Reicher möchte gerne seine schwer verdienten Reichtümer so überwachen, daß sie von anderen, die ihm neidisch werden könnten, nicht bemerkt werden. Genauso benötigen die spirituellen Schätze, die vom Ergebenen erlangt wurden, besondere Sorgfalt und Wachsamkeit, um sie vor anderen verborgen zu halten, damit sie sicher und wohlbehalten bleiben. Ein Setzling kann von einer vorbeikommenden Ziege gefressen werden, ist er aber zu einem robusten Baum herangewachsen, kann nicht einmal ein Elefant ihn ausreißen. Auch die feindlich gesinnten Gedanken anderer beeinträchtigen den Schüler. Darüber hinaus wird die Tatsache, daß andere neidisch werden, ihm keine rechte Führung geben. Die Gesetze der physischen Ebene verlangen, daß sich jeder besonnen verhält und seine außergewöhnlichen Eigenschaften, die sich auf höhere Ebenen beziehen, nicht zeigt. Darum ist es für den disziplinierten Schüler erforderlich, daß er Toleranz und Demut entwickelt. Man kann beobachten, wie einer, der seine persönlichen Erfahrungen erzählt, oft übermütig wird und so das Ego ermutigt, die Oberhand zu gewinnen; und als Ergebnis kommt der Stolz auf. Auf dieser fundamentalen Basis schufen die Heiligen ein Gesetz, das von allen und jedem strikt befolgt werden muß: die inneren Erfahrungen dürfen nicht enthüllt werden, außer dem Meister gegenüber, der befähigt ist, auf dem Weg die rechte Führung zu geben.[168]

Darüber hinaus sollte man sehr darauf bedacht sein, nicht in körperliche Vergnügungen zu verfallen, da dies die innere Schau verdunkelt.[169]

Bei der Initiation wurdest du gewarnt und dir wurden ganz klar die Dinge gesagt, die den Fortschritt in der Meditation fördern und die Dinge, die im Weg stehen und den spirituellen Fortschritt behindern. Zu deiner Anleitung werden sie nachstehend kurz wiederholt:

> «Das Enthüllen von inneren Erfahrungen
> gegenüber einem anderen als dem Meister,
> Nachlässigkeit in der Enthaltung von verbotener
> Nahrung (d.h. alle Fleischsorten, Fisch, Geflügel, Eier und Berauschungsmittel), Lücken und
> Versäumnisse in irgendeinem Teil der Meditation verzögern den Fortschritt.»

Du konntest die neue Freude und Schönheit, die der Meister dir gab, nicht bei dir behalten und begingst einen schweren Fehler, als du darüber zu ... sprachst. Die Reaktion von ...'s Gemüt war der Grund dafür, daß sich Zweifel in dein Gemüt einschlichen. Du kannst dir dessen sicher sein: Seit der Initiation ist der Meister immer bei dir, er sieht alles und reagiert auf alles, was ein Initiierter tut. Lukas sagte: «Achte darauf, daß das Licht in dir nicht Finsternis sei». Bete also nun wieder mit Liebe und Hingabe zur Meisterkraft im Innern, daß sie dir den Weg öffnet. Er wird dir zuhören. Er ist nicht entfernt von dir. Deine Meditationen werden wieder lieblich werden. Große Möglichkeiten werden sich auftun.[170]

Beschreibung des Gemüts

Der Gemütsstoff besteht aus einer höchst verfeinerten Materie, dem *Satva*, das auch in den Elementen enthalten ist. Wie Spinnenfäden breitet es sich im Körper aus, seine Fühler fest in den Sinnen verwurzelt und durch die Sinnesorgane wirkend. Der Ausgangspunkt des Gemüts reicht ebenfalls hoch hinauf, da es im universalen oder kosmischen Gemüt, *Chid-Akash*, verwurzelt ist. Es dient als Bindeglied zwischen dem materiellen Körper und dem bewußten Geist oder der Seele im Körper, das sowohl dem Gemüt als auch dem Körper Leben gibt. Wie Feuer ist es ein guter Diener, aber ein schlechter Herr.[171]

Solange sich die Seele im Gemütsbereich befindet, ist sie eine Gefangene. Vom Gemüt überwältigt, unterliegt sie ihm und muß seine Anordnungen befolgen. Das Gemüt und die Seele sind ihrerseits gemeinsam in Formen eingesperrt - nacheinander in kausalen, astralen und physischen. Das Gemüt scheut sich davor, nach innen zu gehen und mit dem

Tonstrom in Verbindung zu kommen, denn dort verliert es seine Identität und Freiheit. Statt dessen ist es bereit, so weit zu gehen, daß es angesichts von Geschossen in Schützengräben sitzt, um einen entscheidenden Sieg zu erringen. Es wird auch glücklich die Risiken einer Atlantiküberquerung auf sich nehmen, um einen Namen zu erlangen oder einen Rekord aufzustellen.[172]

Was bringt den Wunsch hervor? Alle Vorstellungen im Gemüt sind Wünsche.[173] Gegenwärtig wünscht sich das Gemüt solche Dinge, die es nicht haben kann. Wenn es die Wahrheit erkennt, wird ihm die ganze Natur zu Gebote stehen.[174]

Das Gemüt ist nichts als ein Lagerhaus karmischer Eindrücke, die seit Anbeginn der Zeit in einer endlosen Reihe von Inkarnationen entstanden. Der Körper muß *Karma* erfüllen, und *Karma* formt wiederum den Körper; all das gehört zum Körper und seinen Beziehungen. Die ganze Welt ist ein Spiel der karmischen Eindrücke, die bei den Menschen der Welt im Gemüt gelagert sind. Das ist der Grund, warum die Welt als Schöpfung des Gemüts, als *Mano Mai Shrishti* bezeichnet wird.[175] Das Gemüt selbst ist nicht bewußt; es spiegelt vielmehr die Bewußtheit der Seele wider.[176] Jeder, dessen Seele unter dem Einfluß und der Herrschaft des Gemüts steht, wird zum Abbild des Gemüts, denn er vergißt sein wahres Selbst. Wir nennen das Ego oder Ichheit, denn man denkt: «Ich bin ein und alles.»[177] Gott plus Gemüt ist der Mensch, und Mensch minus Gemüt ist Gott.[178]

Intellekt

Frage: Welche Eigenschaften hat das Gemüt?
Meister: Das Gemüt hat vier Seiten oder Eigenschaften, nämlich: 1.*Chit*: Es kann mit einem See verglichen werden, in den unaufhörlich zahllose Ströme von Eindrücken unmerklich einfließen. 2.*Manas*: Das ist die denkende Kraft des Gemüts, die über solche Eindrücke nachsinnt, die auf der Oberfläche des Sees in Form von Kräuseln oder Wellen dann entstehen, wenn der Hauch des Bewußtseins über das Wasser des *Chit*-Sees bläst und eine endlose Kette von Gedanken - einen nach dem anderen - auslöst. 3.*Budhi* oder Intellekt: Das ist die Kraft des Verstandes, des logischen Folgerns, der Urteilskraft und der schließlichen Entscheidung, nachdem das Für und Wider abgewogen wurde, welche das *Manas* vorbrachte. Er ist der große Schiedsrichter, der die Lebensprobleme, die ihm begegnen, zu lösen versucht. 4.*Ahankar* oder Ego: Das ist die Kraft der Selbsteingenommenheit des Gemüts, denn sie schreibt sich gern alle begangenen Handlungen zu und bereitet dadurch eine reiche Ernte von *Karma* vor, die dazu führen, daß wir uns fortwährend im gigantischen Rad des Lebens auf- und abbewegen.[179]

Alle Handlungen hinterlassen Eindrücke, die jedoch von abgestumpften Gemütern nicht entziffert werden können. Nur wenn sich das Gemüt entwickelt - und das geschieht, wenn wir nach innen und aufwärts reisen -, belebt sich die Erinnerung und die Aufzeichnungen werden klar.[180]

Frage: Uns wurde im *Satsang* gesagt, daß alle Gedanken, die während der Meditation in das Gemüt kommen, sich astral einprägen und für uns *Karma* bilden. Würdest du dazu bitte etwas sagen?

Meister: Die Gedanken hören nicht auf, das Gemüt zu füttern und hinterlassen Eindrücke im *Chita* - dem unterbewußten Reservoir des Gemüts. Sie stellen das Saatkarma dar, das in einem späteren Abschnitt Frucht tragen wird. Die Gedanken jedoch, die während der Meditation ins Gemüt kommen, werden mächtiger und werden bei ehestmöglicher Gelegenheit Frucht tragen. Deshalb sieht man sie als wesentlich schädlicher an als jene, die während der normalen wachen Stunden ins Gemüt kommen. Das ist auf die innere Konzentration während der Meditation zurückzuführen, während der das Gemüt im Verhältnis viel aufmerksamer und ungeteilter ist.

Lauscht man mit verzückter Aufmerksamkeit und Versunkenheit auf den Tonstrom, der von der rechten Seite kommt, so brennt dies jene *Karma*-Samen weg und macht sie unfruchtbar.[181]

Eigenschaften des Gemüts

Frage: Welche Rolle spielt der Intellekt auf dem Weg?
Meister: Eine sehr kleine, was die praktische Seite anbelangt. Aber das bedeutet nicht, daß der Intellekt der Spiritualität abträglich ist. Wenn ein intellektueller Mensch auf den Pfad kommt und sich wirklich dem Willen des Meisters übergibt und tut, was ihm gesagt wird, dann gibt es für diesen Pfad keinen besseren Schüler als ihn, denn er hat einen Vorteil gegenüber einem normalen Übenden. Und dieser Vorteil ist: Er wird in der Lage sein, anderen die Wahrheit auf vielerlei Art und Weise zu übermitteln, in einer Sprache, die aus gut durchdachten Worten besteht,

die Intellektuelle viel leichter überzeugen wird, als einfache Sätze von einem bloßen Praktiker.[182]

Frage: Spielt der Intellekt bei der Selbst- und Gotterkenntnis irgendeine Rolle?

Meister: Ja, der Intellekt spielt eine bedeutende Rolle beim Verständnis der Theorie des Problems der Selbsterkenntnis. Hat man aber die Theorie einmal erfaßt, bleibt für den Verstand nicht mehr viel zu tun übrig. Danach kommt es auf das Üben mit Herz und Seele an, um das Ziel durch den Vorgang des Herauslösens des Selbst zu erreichen, denn die Wissenschaft vom Selbst ist in der Hauptsache Praxis.[183]

Frage: Können wir mit dem Intellekt ins Jenseits eindringen?

Meister: Nein, der Intellekt ist lediglich eine der Fähigkeiten des Gemüts, nämlich Schlußfolgerungen zu ziehen. Der Intellekt ist erdgebunden, und das sind auch auf dem Intellekt gründende Folgerungen. «Wie kann das Geringere das Größere erfassen oder der begrenzte Verstand die Unendlichkeit erreichen?»[184]

Frage: Können wir uns der Gotterkenntnis jemals vom Verstand her sicher sein?

Meister: Nein. Gotterkenntnis ist nicht eine Sache des Intellekts. Sie ist eine Frage der tatsächlichen Erfahrung jenseits der Welt des Wissens. Unsere ganzen Gespräche über Gott sind nur gefolgert und meistens eine Sache von Gefühlen und Emotionen, die alle dem Irrtum unterworfen sind. Aber sieht man das, was innen ist (mit geöffnetem innerem Auge), dann heißt das glauben, und es gibt keinen Raum für Unsicherheit und Skepsis.[185]

Ich würde dir raten, dich nicht zu sehr mit logischen Folgerungen zu beschäftigen, weil das dazu führt, das Gemüt zu zerstreuen. Das denkende Ich bleibt eine ziemlich lange Zeit bei uns; seine Reichweite dehnt sich von den physischen zu den kausalen Ebenen, und so lange alle diese Ebenen, die den Gemütsbereich bilden, nicht erfolgreich überwunden sind, fällt es nicht ab.[186]

Für spirituellen Fortschritt ist Stille in Gemüt und Intellekt ganz wesentlich. Jedes überflüssige Ringen mit dem Intellekt oder freie Spiel des Verstandes verzögert den spirituellen Fortschritt. Konzentration bedeutet die Herrschaft über die gedanklichen Schwingungen. Sie kann erreicht werden, indem man sich innerlich auf den Tonstrom einstimmt, der die astrale Offenbarung der Meisterkraft ist, die immer bei dir ist.[187]

Ein Wortschwall ist lediglich Ausdrucksträger, mit dem du versuchst, deine innersten Gefühle darzulegen, weil du wegen der vom Gemüt verursachten Verwirrung eine Lösung suchst. Jede Frage trägt eine vernünftige Antwort in sich eingebettet. Die menschliche Intelligenz ist manchmal an der Oberfläche verwirrt, aber wenn du dich bemühst, tief in die innersten Tiefen der Herzensstille zu graben, wirst du aus dem Brunnen der Gottheit unaussprechliche göttliche Wonne hervorquellen finden. Göttlichkeit dämmert in tiefer Stille - der Seher wird stumm und still vor überfließender göttlicher Berauschung und findet Gefallen daran, sein kleines Ich mit Ihm - dem Licht- und dem Tonstromprinzip - zu verschmelzen.[188]

Die Philosophie befaßt sich mit der Theorie, aber bei der Mystik geht es um die Verbindung mit der Wirklichkeit; denn die Philosophie ist auf der Stufe des Intellekts tätig, während die Mystik auf der Ebene der Seele wirkt.[189] Mit dem Verstand könnt ihr euch vieles merken, was der Meister sagt und lehrt. Aber das hat kein Leben - ihr sprecht dann eben nur auf der Ebene des Intellekts. Leben oder Bewußtheit ist daher etwas ganz anderes als intellektuelles Ringen oder Streiten.[190] Du sollst jedoch wissen, daß der Gedanke eine Äußerung der Seele ist, die den Menschen als abstrakte Eigenschaft gegeben wurde, damit sie reibungslos in dieser Welt wirken können. Aber man muß diesen intellektuellen Bereich übersteigen, indem man ihn zur Ruhe bringt. Dann werden die göttlichen Offenbarungen, das Licht und der Tonstrom, deine Seele wieder mit Göttlichkeit aufladen und sie schließlich mit dem Absoluten verschmelzen.[191]

Es liegt außerhalb des menschlichen Begriffsvermögens, die Herrlichkeit und Grenzenlosigkeit des Göttlichen abzuschätzen. Deine Fragen befinden sich innerhalb des intellektuellen Bereiches, wohingegen Spiritualität erwacht, wenn der Intellekt durch liebende Hingabe und ehrerbietige Demut zum Schweigen gebracht wurde. Während der stillen und erhabenen Augenblicke der heiligen Meditationen ist das Schülerkind der Quelle von Glückseligkeit und Harmonie näher, und mit der Gnade des Meisters wird das seltene Geschenk des rechten Verstehens gewährt. Regelmäßige Speisung mit dem heiligen *Naam* wird dir die göttliche Glorie in ursprünglicher Schönheit offenbaren. Den Initiierten wird beständig geraten, die göttlichen Tugenden zu üben, die für regelmäßigen Fortschritt auf dem heiligen Pfad hilfreich sind. Es ist ein langsamer, aber sicherer Prozeß.[192]

Behinderung durch das Gemüt

Zwischen Gott und dem Geist, der Seele, gibt es kein anderes Hindernis als einen Gemütsschleier. Würde dieser Schleier aufhören, in den Winden der Wünsche zu flattern, was er gegenwärtig tut, könnte der Geist die kosmische Energie unmittelbar von ihrer Quelle aufnehmen.[193] Das

Gemüt mag zwar dazwischenstehen, aber die Seele weiß, was der *Guru* und was Gott ist.[194]

«Im Tempel Gottes zieht uns das Gemüt abwärts, von der Wahrheit weg.» Es liegt am Gemüt, daß wir nicht teilhaben können an dem, was in uns ist. Es zieht uns wie Bleigewichte nach unten. Das Gemüt wird wiederum von den Sinnen gezogen, und die Sinne werden von den Vergnügungen der Welt umhergezerrt. Wenn sich die Aufmerksamkeit von der Außenwelt zurückzieht, von den Sinnen abläßt und das Gemüt zur Ruhe bringt, erst dann erkennt sie, daß sie Seele ist. Habt ihr dies verstanden? Unser Gemüt ist die Schranke zwischen Seele und Gott.[195]

Frage: Warum vergißt das Gemüt die Glückseligkeit?

Meister: Vergeßlichkeit ist die Haupteigenschaft des menschlichen Gemüts. Wegen der groben *Maya*, des Gebundenseins an die Materie, vergessen wir die innere Glückseligkeit und werden von den sinnlichen Antrieben übermannt. Wenn das innere Bewußtsein langsam wächst, vergißt das Gemüt seine niederen Neigungen und findet mit der Gnade des Meisters beständig Gefallen an der inneren Wonne.[196]

Wer von seinen Gemütsimpulsen geleitet wird, ist als *Manmukh* bekannt. Diese Menschen können sich nicht über das Körperbewußtsein erheben. Sie versuchen es hin und wieder, stellen aber ihr Gemüt immer über den Meister, was zur Folge hat, daß sie immer wieder hilflos stürzen. Wenn sie tiefes Vertrauen in die Kompetenz des Meisters in sich festigen könnten und sich weniger auf ihr eigenes intellektuelles Urteil verlassen würden, könnten sie mit dem seltenen Vorrecht der inneren Umkehr gesegnet werden, um sich höchster Glückseligkeit zu erfreuen.

Diese Lieben können nicht innere Stille und Ruhe erlangen. Der Meister versucht, es ihnen auf die eine oder andere Weise verständlich zu machen, aber sie sind so erfüllt und berauscht von dem, was ihr Verstand hervorbringt, daß sie die Größe und Erhabenheit des heiligen Pfades nicht begreifen. Ihr müßt bitte verstehen, daß das Gemüt seine verschiedenen Gewohnheiten hat, an denen es festhält. Im allgemeinen merken wir erst dann wo der Schuh drückt, wenn wir versuchen, uns still hinzusetzen. Das ABC der Spiritualität beginnt mit dem inneren Schweigen, das notwendigerweise Einsamkeit und Abgeschlossenheit erfordert. Nur in diesen heiligen Augenblicken der Stille können wir die grundlegenden Gesetze der Spiritualität verstehen und uns ihre rechte Bedeutung zu eigen machen.[197]

Die Tücken des Gemüts sind sehr subtil und gefährlich. Oftmals liegt es auf der Lauer, um seine Übergriffe zu machen, wenn man es am wenigsten erwartet. Die eingewurzelten üblen Neigungen sind, wenngleich man sie nicht sehen kann, sehr stark und kommen immer wieder an die Oberfläche, um Schläge auszuteilen, die sich sehr häufig als verhängnisvoll erweisen. Die Spiralfeder schlägt aus wie der Blitz und mit so scharfen und plötzlichen Windungen und Drehungen, daß der Mensch in ihrem Bereich hilflos wird. Hier braucht es den langen und starken Arm des Meisters, der genauso schnell eingreift, um den Menschen zu retten.[198]

Hiermit erinnert uns der Meister noch einmal daran, daß das Gemüt sehr schlecht und listig ist, denn es ist nicht bereit, die Botschaft des *Guru* anzunehmen, wie vernünftig sie auch immer sein mag. Obschon es sehr wohl weiß, daß wir die Ratschlüsse des Himmels auch durch noch so viel wunschhaftes Denken nicht verhindern können, fährt das Gemüt fort, auf andere Weise zu planen und zu manövrieren. Unser Intellekt, endlich und begrenzt wie er ist, kann die subtile Tätigkeit des Gemüts, das endlos weiterdenkt, unmöglich erfassen. Das einzige Heilmittel zur Zähmung des hydraköpfigen Gemüts ist das heilige *Naam*. Wenn es mit dem jederzeit und überall hörbaren Tonstrom und dem heiligen Licht des Himmels in Verbindung kommt, wird es fügsam und vergißt alles um sich her. Dies ist die überragende Medizin für alles Übel der Welt, ein Allheilmittel, das alle Krankheiten des Körpers und des Gemüts kuriert. Wenn man ihm regelmäßige Dosen der himmlischen Musik verabreicht, die vom Thron Gottes ausgeht, wird das Gemüt frei von allen niedrigen Neigungen. Es beginnt, Freude und Entzücken an der höheren, unfaßbaren Glückseligkeit göttlicher Trunkenheit zu finden, welche die größte Gabe des Meisters ist. Stimme niemals dem zu, was das Gemüt vorschreibt, denn es hat hundert und mehr Mittel, dich im physischen Körper und auf der weltlichen Ebene festzuhalten.[199]

Die Hand der negativen Kraft auf deinem Kopf wird dem Gemüt nicht erlauben, dir zu gehorchen. Sie wird die Dualität weiter vertiefen, um die Sache noch schwieriger und verwirrender zu machen. Das Negative wird dir nicht helfen, diese Dualität zu überwinden - das kann nur das Positive. Dies ist ein hervorstechender Unterschied zwischen den Kräften.[200]

Die negative Kraft stellt zwei starke Hindernisse auf, die den Initiierten des Meisters begegnen. Erstens wird das Gemüt immer im Zweifel über die Wirksamkeit der heiligen Meditationen sein. Es wird damit beginnen, sie zu unterlassen und sich anderen Beschäftigungen hinzugeben und sie durch mechanisches Lesen der Schriften und anderer heiliger Texte zu ersetzen. Zweitens wird es das Argument vorbringen, daß es nicht mehr nötig sei, sich an den Meister zu wenden, da die Initiation als solche für den Fortschritt auf dem Weg zurück in die Heimat des Vaters genüge. Selbstgefälligkeit jedoch verzögert den inneren Fortschritt. Wir leben auf einer Ebene, die von der negativen Kraft regiert wird und wo das unerbittliche Gesetz des *Karma* uneingeschränkt wirkt. Das Gemüt ist das Werkzeug dieser negativen Kraft, und es wird euch auf die eine oder andere Weise verwirren, damit ihr an die vielen Begrenzungen des Körpers und die weltlichen Besitztümer gebunden bleibt. Solch ein zweifelndes Gemüt wird, anstatt etwas Nützliches zu tun, den Meister und seinen Pfad bemängeln.[201]

Die negative Kraft hat ein gewaltiges Herrschaftsgebiet: sie verschlingt die ersten drei Ebenen, und diejenigen, die den Verlockungen ihres Gemüts zum Opfer fallen - ob feinstofflich oder kausal -, werden in feineren Fesseln gefangen. Die Meister der höchsten Ordnung, die in der Vergangenheit kamen, haben einige nützliche Schätze in Form ihrer kostbaren Erfahrungen zu unserer Führung hinterlassen, so daß wir sicher in ihre Fußstapfen treten können:[202]

«Durch die Illusion des Körpers werdet ihr auch an die materiellen Dinge gebunden, und das Ergebnis ist, daß ihr zu dem werdet, auf das eure Aufmerksamkeit gerichtet ist. Ihr steht unter dem Einfluß von Gemüt und Sinnen, nährt die Sinne durch die nach außen gehenden Kräfte, und je mehr ihr sie nährt, umso stärker wird das Gemüt arbeiten und umso mehr Kraft wird es bekommen.»[203]

Hier vermittelt uns der Meister eine andere, erhabene Wahrheit, indem er uns sagt, daß wir in einem Spinnengewebe gefangen sind, weil wir ein riesiges Netz von Neigungen gewoben haben, mit dem wir uns selbst im Sumpf der Täuschungen und des Betruges gebunden halten. Ihr werdet wissen, daß eine Spinne feine Fäden aus ihren eigenen Sekreten webt und sich darin verwickelt. Ähnlich ist es mit unserem eigenen Gemüt, das an den physischen Körper und das, was ihm verwandt ist, eine unnötige Bindung entwickelt hat. Wißt ihr, was *Maya* oder der Täuschung zugrundeliegt? Ihre Wurzeln liegen im physischen Körper, wo sie entsteht und sich rundherum ausbreitet wie ein gigantischer Upasbaum. Wir vergessen leicht, daß wir beseelte Körper und nicht nur physische Körper sind. Es sind die Seelenströme, welche die physische Ebene voll und ganz durchdringen und sie dadurch beleben. Sie ihrerseits erhalten ihre Nahrung von einer höheren Lebensgrundlage, nämlich vom heiligen *Naam*, dem Wort. Solange diese göttliche Kraft in uns wirkt, leben wir, und sobald sie zurückgezogen wird, fällt das ganze Gebäude wie ein Kartenhaus zusammen. Und darum heißt es: «Staub bist du und zu Staub wirst du wieder werden.»[204]

Es ist besser, die gegenseitigen Neigungen wachsam zu beobachten, denn das objektive Gemüt ist auf der physischen Ebene sehr mächtig und nur der gemeinsame *Satsang* deckt die schlechten Neigungen auf. Gesellschaftsleben führt zur Zerstreuung des Gemüts. Das Gemüt ist der mächtigste, klügste und listigste Feind, und um den Geist von seiner Gebundenheit zu befreien, ist es notwendig, die Bindungen an die verlockenden materiellen Dinge, die nicht uns gehören und von Materie und *Maya* entwickelt wurden, zu zerreißen.

Die Natur des Menschen ist überall dieselbe. Das Pindi-Gemüt, das sich auf der physischen Ebene befindet, hat es nicht gerne, unterworfen zu sein; denn es ist seit langer Zeit frei und vertiefte sich so sehr in diese äußere Welt, daß es nicht nur die inneren Welten vergessen hat, sondern auch seinen eigenen Ursprung - das Brahmandi-Gemüt von der zweiten inneren Ebene. Anstatt die Sinne zu beherrschen, ist es ihnen jetzt unterworfen und wandert so ständig von einem Gegenstand zum anderen, ohne sich an einem Ort auszuruhen. Wenn es durch einen glücklichen Umstand von den Lebensängsten relativ frei ist, von den inneren Welten hört und gelegentlich einen kleinen Einblick in die Randgebiete dieser Welten bekommt, dann wird es - leider - vom «Ruhm, der letzten Schwäche des edlen Gemüts», wie

Milton es nennt, zurückgehalten, anstatt nach innen zu gehen und diesen Bereich zu meistern. Ruhm und Ehre, die einem die Leute erweisen, halten das Gemüt außen, so wie das Gehör von lieblicher Musik gefesselt wird und das Auge von anziehenden Dingen. Unter der Maske, anderen Gutes zu tun, täuscht es sich selbst und weiß in seiner Unwissenheit nicht, daß die wertvolle Zeit verloren ist. «Erkenne dich zuerst selbst und predige dann!» Es ist nicht recht, eine Sache zu lehren, von der man kein Wissen aus erster Hand hat.[205]

Der Meister nennt uns die Grundursache dieses Mißverstehens und eröffnet uns somit Schritt für Schritt neue Ausblicke rechten Verstehens. Er sagt, daß es töricht sei vom menschlichen Gemüt, an äußerliches Flitterwerk gebunden zu sein, betört von der farbenprächtigen Schale und gleichgültig gegenüber dem süßen Kern im Innern. Man kann das Gemüt mit einer Schmarotzerpflanze vergleichen, die keine eigenen Wurzeln hat, sondern Nahrung aus dem Wirtsbaum zieht, an dem sie sich zäh festklammert. In genau derselben Weise hat das Gemüt keine gesonderte Existenz an sich, sondern ist eine reine Projektion unserer mentalen Struktur und durch die Sinne unentwirrbar mit den Sinnesobjekten verwickelt. Auf seiner niedrigsten Ebene ist es an den Körper gebunden, während es an seinem anderen Ende - der höchsten Ebene - feinstofflich genug ist, seine Nahrung aus der Seele zu ziehen.[206]

Du brauchst dich nicht entmutigt zu fühlen; versuche vielmehr, dein inneres Glück wiederzufinden, indem du dein Bestes gibst und den Rest der gnädigen Meisterkraft, die oben wirkt, überläßt. Auch die dunkelste Wolke hat irgendwo einen Silberstreifen. Er sieht deinen Kummer ganz genau und wartet noch sehnsüchtiger darauf, dich in vertrauensvollen Meditationen im Inneren zu empfangen. Du mußt auf der Hut sein, damit dein unterbewußtes

Gemüt nicht mit trübsinnigen oder krankhaften Gedanken aufgeladen wird. Es trifft keine Unterscheidung zwischen schöpferischen und zerstörerischen Denkanstößen. Es arbeitet mit dem Material, das du ihm durch deine Gedankenimpulse zuführst. Das unterbewußte Gemüt wird einen von Angst getriebenen Gedanken genauso prompt in Wirklichkeit umsetzen, wie einen Gedanken, der durch Mut oder Glauben hervorgerufen wird. Es ist so, wie die Elektrizität die Räder der Industrie drehen und nützliche Dinge leisten wird, wenn sie schöpferisch gebraucht wird, oder aber Leben zerstört, wenn man sie falsch anwendet. In dieser Hinsicht steht es dir in großem Ausmaß frei, für die Gedankenimpulse des Glaubens, der liebenden Hingabe, der Demut und der Selbstübergabe empfänglich zu sein; das wiederum wird dich mit Frieden und Harmonie segnen. Du solltest dich nicht viel mit deiner Verwirrung beschäftigen, sondern jeder Situation mit Mut begegnen. Meine Liebe und meine Segnungen sind bei dir.[207]

Schließe Freundschaft mit dem Gemüt!

Gibt es irgendeine gute oder hilfreiche Eigenschaft des Gemüts? Ja, das Gemüt hat wie Janus auch ein anderes Gesicht. Wenn es durch sanfte Überredung und freundliche Ratschläge und dann und wann mit einem kleinem Klaps richtig geschult wird, kann es von einem schrecklichen Feind in einen wertvollen Freund umgewandelt werden. Dann wird es zur hilfreichen Hand für die Seele in ihrem Bemühen, diese Umkehr zustande zu bringen. Ist dies geschehen, kann man keinen besseren Gefährten haben als das Gemüt. Es hat wie ein Chamäleon die Fähigkeit, die

Farbe des Untergrundes anzunehmen, auf dem es sitzt, und das ist wirklich ein versöhnender Zug. Lebt es in den Begleitumständen äußerlichen Lebens, weitet es sich nach außen und abwärts. Aber wenn es verwurzelt ist am Sitz der Seele, ist es für die höheren und heiligeren Einflüsse einer Meisterseele nicht unzugänglich. Es reagiert auf den Meister und er richtet es anders aus.[208]
Das Gemüt ist zweifellos unser Feind und ist an Stärke zu sehr überlegen, als daß es vernichtet werden könnte. Eine Neuerung von *Soami Ji* (1818-1878) besagt, wir sollten uns mit dem Gemüt anfreunden, dem Werkzeug der negativen Kraft, das in seinem gegenwärtigen Zustand ein Feind der Seele ist. Statt es von allen Seiten - und zudem vergebens - zu bekämpfen, können wir auf freundschaftliche Weise den besten Gebrauch von ihm machen. Ihr wißt, daß das Gemüt gern ausgetretene Wege beschreitet, das heißt, es schafft Gewohnheitsrillen und handelt dann ganz mechanisch immer auf dieselbe Weise. Seht einmal bei euch selbst: wenn ihr irgend etwas zu einer bestimmten Zeit tut und fortfahrt, es tagelang zur gleichen Zeit zu tun, wird eine Gewohnheit gebildet, und nach einiger Zeit gehört sie ganz fest zu eurem üblichen Tagesablauf.

Somit ist dies der leichteste Weg, diesen mächtigen Dummkopf zu überwältigen, anstatt mit ihm einen völlig ungleichen Kampf auszutragen. Wir können diese seine Schwäche zu unserem Vorteil nutzen, indem wir eine regelmäßige Zeit den heiligen Meditationen widmen, und zwar zu einer bestimmten Zeit und mit frommem Eifer und Pünktlichkeit. Es wird sich zeigen, daß euch nach einiger Zeit die inneren Offenbarungen mit etwas weit Überlegenerem ausrüsten werden. Auch das Gemüt selbst, das die Umkehr übelzunehmen pflegte, wird anfangen, Gefallen daran zu finden und allmählich seine früheren Vergnügungen aufgeben. Der Meister gibt uns eine konstruktive Methode zur Lösung dieses Rätsels, das so leicht und interessant dadurch zu lösen ist, daß man ein freundschaftliches Bündnis mit dem Gemüt eingeht, anstatt es zum hartnäckigen Gegner zu machen.[209] Man gewinnt nichts, wenn man das Gemüt verwünscht, denn das Gemüt ist nichts Geringes; also ist der Rat des Meisters, mit ihm Freundschaft zu schließen.[210]

Das Gemüt hat die Angewohnheit, alles nach unten zu ziehen. Ist es aber euer Freund, wird es das nicht tun, selbst wenn es euch verletzen wollte. Unter einer solchen Übereinkunft wird es vielleicht sogar mit euch zusammenarbeiten. Wenn es zu essen wünscht, dann stimmt zu - «Ja, ich werde dir zu essen geben, aber zuerst laß uns ein bißchen meditieren, dann wollen wir essen.» Wenn ihr sofort die Nahrung verweigert, wird es durch den Wunsch danach Qualen leiden. Es ist wie ein störrischer Esel: je mehr ihr es einschränkt, desto störrischer wird es. Dies ist eine sehr genaue Definition des Gemüts. Wenn ihr in ein Buch eine Notiz schreibt: «Seite soundso nicht lesen», wird dies die erste Seite sein, welche die Leute lesen. Sie werden der Versuchung nicht widerstehen können! Macht also euer Gemüt zu eurem Gefährten, kämpft nicht mit ihm![211]

Der *Satguru* rät der Seele, das Gemüt mitzunehmen, wenn sie nach Hause zurückkehren will. Er rät niemals, das Gemüt nicht zu beachten oder es im Stich zu lassen, sondern daß die Seele es zum Verstehen und zur Zustimmung bringen sollte. Solange der Mensch nicht das physische Gemüt tötet und sich von der Sinnesebene zurückzieht, kann er nicht vorankommen. Man muß von allen Sinnesreizen ablassen und sich über das Körperbewußtsein erheben, andernfalls bleibt es unmöglich, höher zu gehen und vom Nektar des Herrn zu kosten. Übermäßiges Essen und Trinken und seine Aufmerksamkeit auf weltliche Bilder, Klänge und Empfindungen zu verschwenden - all dies sind äußere Vergnügen, die einem den Segen der inneren Freuden verwehren. *Lord Buddha* sagte: «Seid wunschlos!», denn der Wunsch bedeutet nichts als Sinnesfreude. Nur wenn man von all dem Abstand nimmt, kann man wirklich einen Schritt aufwärts tun. Könnt ihr das Gemüt mitnehmen, wird es leichter sein; aber wenn ihr euch selbst und euer Ziel in den Freuden des Genusses vergeßt, werdet ihr jeden Wunsch nach Fortschritt verlieren. Macht es zu eurem Begleiter, und macht ihm die Lage verständlich, denn das Gemüt ist unglücklich - so sehr, daß es bisweilen in seiner Qual laut weint.[212]

Macht das Gemüt zu eurem Freund! Es ist unser grausamer Feind, der uns lebenslang quälen wird, aber wenn wir mit ihm Freundschaft schließen, unternehmen wir den ersten Schritt in Richtung der erwünschten Herrschaft. Wenn man sich mit einem Feind anfreundet, wird er vielleicht nicht sofort von seiner Feindschaft ablassen, aber es wird die Dauer seiner Grausamkeit verkürzen. Auf diese Weise gibt es Gelegenheiten, bei denen er zur Ruhe kommt und ihr wacher seid.[213]

Es ist also nur in der Gemeinschaft mit einem *Satguru* möglich, Herrschaft über das Gemüt zu erlangen. Er wird euch helfen, es freundlich zu stimmen und so den Pfad leichter machen. Dann fängt es vielleicht an, euch zuzuhören, was es im allgemeinen ja nicht tut. Viele haben in der Meditation diese Schwierigkeit und sagen, daß ihr Gemüt ihnen nicht erlaubt zu meditieren. Macht es mit Liebe zu eurem Kameraden. Liebe ist etwas so Großartiges, daß sie sogar einen Menschen, der einen ganz schlechten Charakter hat, leiten kann. Ganz gleich, wie sehr ihr eure erbärmliche Situation auch hassen mögt: Der Haß wird nur dazu dienen, das Problem zu vergrößern. Ihr könnt allen Unrat aus einem schmutzigen Haus hinauswerfen und doch wird sich der Geruch davon ausbreiten und nicht nur das Innere des Hauses durchdringen, sondern auch die Umgebung. Die wahre Lösung besteht darin anzufangen, mit dem Wasser der Liebe zu waschen, und nach und nach wird das Schlechte für immer weggewaschen werden. Wenn ihr zu eurem Feind gut seid, wird sich seine Feindschaft ein wenig mildern.[214]

Seines großen Herrschaftsbereiches wegen steht jeder unter der Kontrolle des Gemüts. So erheben sich von jenen, die meditieren, nur sehr wenige über die erste Region. Noch weniger gehen über die zweite hinaus, und sich über die dritte zu erheben, ist wirklich etwas Seltenes.[215]

Das Gemüt zur Ruhe bringen

Seit Zeitaltern ist das Gemüt daran gewöhnt, herumzuspringen und sich mit Dingen der äußeren Welt abzugeben. Je mehr es nach außen geht, umso mehr zerstreut es sich und umso weniger friedvoll ist es. Der Frieden kommt von innen und nicht von außen. Man muß sich nach innen wenden, um ihn zu erlangen. Euch wurde der Weg zur Einkehr gezeigt und wie ihr innen bleibt, um euch auf den höheren Ebenen an Frieden und Glückseligkeit zu erfreuen. Äußeres Verhalten und innerer Fortschritt gehen Hand in Hand.

Ohne ethisches Leben kann kein spiritueller Fortschritt erzielt werden. Deshalb wird großer Nachdruck auf das erstere gelegt. Du brauchst nicht enttäuscht zu sein! Alles wird durch die Gnade des Meisters zur rechten Zeit kommen. Die Zeit spielt dabei eine Rolle. Sei bitte nicht ungeduldig, sondern mache mit deiner Arbeit standhaft und liebevoll mit Vertrauen in die Meisterkraft weiter. Die inneren Erfahrungen werden von Tag zu Tag anwachsen. Arbeit ist Gottesdienst. Wenn du während des Tages in deinem weltlichen Beruf tätig bist, dann widme dich ihm bitte mit Sorgfalt, so daß dein Gemüt voll in der Arbeit aufgeht, die du tust. Sollte es jedoch Augenblicke geben, in denen dein Gemüt frei ist, so sollten diese zur Wiederholung der fünf heiligen Namen verwendet werden, zum liebevollen Denken an den Meister oder zum Lauschen auf den Tonstrom, wenn er sich entwickelt hat. All das erscheint am Anfang vielleicht schwierig, aber langsam kommt das Gemüt nach und nach in diese Gewohnheiten hinein und bald beginnt es, die Meditationen und diese Art von wahrhaftigem und redlichem Leben zu mögen und es zu genießen. Äußeres Versagen muß mit wachem Auge beobachtet und die Fehler müssen von Tag zu Tag beseitigt werden.[216]

Es gibt einen Ton der Wahrheit, der im Inneren vibriert - ein Gesang, der in jedem Wesen erklingt. Es liegt eine große Anziehung darin, diesem Ton zu lauschen und dadurch werden alle anderen Reize vergehen und die Stufe der Sinne wird zurückgelassen: man wird von ihnen frei. Dieses mausgewichtige Gemüt ist schwer geworden, als es den gewichtigen Namen Gottes trank. Es kann durch die quecksilberartige Eigenschaft von *Naam* niedergehalten werden. Dadurch wird es ihm unmöglich, frei umherzulaufen oder sich auf sein ständiges Schwingen einzulassen. Es gibt kein anderes Mittel, das Gemüt zu beherrschen. Die Berichte aus *Lord Krishnas* Leben besagen, daß er in den Jumna-Fluß sprang und die vielköpfige Schlange dort mit dem Klang seiner Flöte beherrschte. Diese vielköpfige Schlange ist das Gemüt, das tausend Möglichkeiten hat, sein Gift zu verspritzen, und ohne diesen Ton aus dem Jenseits kann es nicht kontrolliert und überwunden werden. Intellekt und äußeres Wissen haben darüber keine

Macht; denn obwohl es vielleicht für eine kurze Weile ruhig bleibt, wird es dann wieder davonlaufen. Wenn ihr ein Feuer mit Asche zuschüttet, sieht es so aus, als ob überhaupt kein Feuer mehr da wäre, und doch wird eine starke Brise es wieder beleben und die Hitze darunter freisetzen. Gießt ihr aber Wasser darüber, werden es selbst tausend Wirbelstürme nicht wieder entfachen können.[217]

Wer über Gemüt und Sinne Herrschaft erlangt hat, ist tapfer; denn der innere Fortschritt entspricht dem Ausmaß dieser Kontrolle. Die Wiederholung bringt das Gemüt nach innen und der Tonstrom zieht es hoch.[218] Bitte versuche, die Schwingung des Gemüts zu beruhigen, und wenn es gesammelt hinter den Augen steht, wirst du zu den Regionen des Lichts weiterschreiten.[219]

Aber sie könnten von der Beherrschung des Gemüts noch mehr Nutzen ziehen, wenn sie nur die heilige Technik der Loslösung des Selbst und des Zurückziehens der Sinnesströme vom Körper lernen könnten. Du wirst hierin sicherlich mit Soami Ji übereinstimmen, der sagt, daß das menschliche Gemüt ziemlich töricht ist, daß es den äußeren Sinnesvergnügungen zum Opfer gefallen und endlos in Kummer und Sorgen verwickelt ist. Du weißt, daß das Gemüt gegenwärtig innere Stille und Ruhe übelnimmt, da es die Neigung hat, außen umherzustreifen, und das seit Äonen und Äonen ohne Ende. Mit äußeren Betätigungen kann man es stundenlang ununterbrochen beschäftigt halten, aber würde man es mit innerer Ruhe und Stille versuchen, dann würde es schreien und Aufruhr machen, denn dann verhält es sich wie ein kleines Kind, das - in ein dunkles Zimmer eingeschlossen - kreischt, schreit und klopft, um herauszukommen. Würde man dem Kind einige Süßigkeiten geben und einige Spielsachen, dann würde es aufhören zu schreien. Ganz ähnlich ist es mit dem menschlichen Gemüt.

Der lebende Meister besitzt den Schlüssel zum Jenseits. Wenn er dem Schülerkind die inneren Bindeglieder der Göttlichkeit gibt, die es in höhere Regionen führen, erlangt der Schüler ein Gefühl der Befriedigung. Du weißt, daß die innere Glückseligkeit erhaben und unvergleichlich ist. Es gibt nichts ähnliches auf der Erde, aber - o weh! - das Gemüt ist so sehr von der Lust nach Frauen, Wein und Reichtum berauscht, daß es die Größe der inneren spirituellen Glückseligkeit nicht erblicken und begreifen kann. Aber geduldige und ständige Bemühungen, das Gemüt still zu halten, werden dir allmählich mit der Gnade des Meisters die Schätze der Göttlichkeit innen eröffnen. Wenn du dich zur Meditation setzt, dann sei immer wach und frisch und warte geduldig, wie ein liebevolles kleines Kind, das in die Augen der es stillenden Mutter hochsieht.[220]

Das Gemüt ist verliebt in Vergnügungen und läuft ihnen nach, wann und wo es sie nur finden kann. In der physischen Gegenwart des Meisters kommt es zur Ruhe. Durch seine göttliche Ausstrahlung werden die Seelen zu ihm hingezogen, und das Gemüt, welches von der Seele Bewußtsein erhält, ist für diese Zeit ruhig.

Tulsi Sahib sagt:

> «Die Aufmerksamkeit,
> der äußere Ausdruck der Seele,
> wird beim Zusammensein
> mit einem Sadh beherrscht.
> Nur dann erlangt das Gemüt
> etwas Ruhe.»

Die Freuden des Fleisches sind ganz anders als das wahre Glück, das aus dem inneren Frieden in der Seele geboren ist. Wenn das Gemüt mit dem Verlangen ausgestattet wird, etwas Erhabenes zu genießen und Gelegenheit bekommt, dies zu tun, dann erkennt es den Wert wahren Glückes. Das Ergebnis davon ist, daß die Sinnesfreuden ihren ganzen Reiz verlieren und danach schal und wertlos erscheinen.[221]

Jede mit Hingabe getane Arbeit ist Gottesdienst. Der Mensch ist groß, und die Vorsehung hat jeden mit unsagbarer Energie und Kraft gesegnet. Setzt man diese richtig ein, so werden sie die gewünschten Ergebnisse erbringen können. Lernt einfach nur eine Sache zu einer Zeit zu tun, und zwar mit ungeteilter Aufmerksamkeit und Hingabe. Normalerweise verbrennen die Sonnenstrahlen nichts, aber wenn sie durch eine konvexe Linse geleitet werden, dann werden sie so kräftig, daß sie alles verbrennen, was man in ihre Reichweite legt. Ähnlich ist der Fall bei der konzentrierten Aufmerksamkeit, die es euch ermöglichen wird, auf jedem Gebiet eures Lebens, einschließlich dem der Meditation, fortzuschreiten. Sei dir bitte sicher, daß meine Liebe und meine Segnungen in allen edlen Unterfangen und Unternehmungen immer bei dir sind.[222]

In dem Verhältnis, wie sich die Verbindung von Gemüt und Materie löst, erhält die Verbindung des Gemüts mit der Seele Kraft. Überprüfe deshalb sorgfältig die Neigungen deines Gemüts, studiere seine Schwächen und versuche, sie zu überwinden. Solange Schmutz im Gemüt ist, kann es nicht innen bleiben. Seine Anbindungen ziehen es nach außen. Welche Schale der Waage auch beladen wird, diese Waagschale bewegt sich nach unten. Das Gemüt ist unser Feind und wie bei einem Feind sollte man seine Bewegungen beobachten. Die ganze Welt - Mensch, Tier, Vogel oder Insekt - tanzt nach der Musik des Gemüts. Jedes Geschöpf wird von ihm auf- und niedergeworfen. Die einzige Stelle, an der das Gemüt tanzt, ist, wenn es vor den Tonstrom gebracht wird. Nur dann wird es hilflos. Weder durch das Studieren von Schriften noch durch das Ausführen von Bußübungen kann es beherrscht werden; weder der Soldat noch der Krieger, noch der Eroberer, noch der Moralist haben sich gegen das Gemüt durchsetzen können. Wer jemals gegen das Gemüt erfolgreich war, dem gelang es durch das Ergreifen des Tonstromes.[223]

Quellenhinweise auf die englische Originalliteratur

Book I:
The Holy Path

The references to the books of Sant Kirpal Singh can be found in the following editions:

Morning Talks - fifth edition (1988)
Spiritual Elixir - second (one-volume) edition (1988)
Prayer - third edition (1970)
The Jap Ji - second edition (1964)
The Crown of Life - third edition (1970)
Naam or Word - fourth edition (1981)

1. *Sat Sandesh*, April 1972, p. 5
2. *Morning Talks*, pp. 150 - 151
3. *Morning Talks*, p. 152
4. *Morning Talks*, p. 152
5. *Sat Sandesh*, August 1972, p. 5
6. *Morning Talks*, pp. 152 - 153
7. *Morning Talks*, p. 151
8. *Sat Sandesh*, December 1973, p. 14/Circular 27, p. 11
9. *Sat Sandesh*, February 1970, p. 10
10. *Sat Sandesh*, August 1969, p. 10
11. *Spiritual Elixir*, pp. 69-70
12. *Spiritual Elixir*, pp. 70-71
13. *Spiritual Elixir*, pp. 71-73

14. *Sat Sandesh*, January 1970, p. 13
15. *Morning Talks*, pp. 60 - 61
16. *Sat Sandesh*, January 1970, p. 7
17. *Spiritual Elixir*, p. 295
18. *Sat Sandesh*, March 1971, pp. 5-6
19. *Sat Sandesh*, March 1971, p. 11
20. *Prayer*, p. 84
21. *Sat Sandesh*, September 1972, p. 20
22. *Prayer*, p. 85
23. *Prayer*, p. 86
24. *Prayer*, p. 87
25. *Sat Sandesh*, March 1969, p. 3
26. *Prayer*, pp. 40-41
27. *Sat Sandesh*, October 1971, p. 4
28. *Spiritual Elixir*, p. 24
29. *Sat Sandesh*, April 1970, p. 4
30. Sant - The Master (circular), p. 6
31. *Sat Sandesh*, December 1973, p. 5
32. *Sat Sandesh*, March 1972, p. 19
33. *Spiritual Elixir*, p. 209
34. *Sat Sandesh*, March 1972, p. 21
35. *Sat Sandesh*, March 1971, p. 14
36. *Sat Sandesh*, March 1969, p. 3
37. *Sat Sandesh*, October 1971, p. 16
38. *Spiritual Elixir*, p. 209
39. *Spiritual Elixir*, p. 215
40. *Spiritual Elixir*, p. 28
41. *Spiritual Elixir*, pp. 32 - 33
42. *Jap Ji*, pp. 117-118
43. *Spiritual Elixir*, p. 202
44. *Sat Sandesh*, March 1970, p. 13
45. *Simran*, p. 10
46. *Excerpts from Letters to New York Satsangis*, p. 25
47. *Sat Sandesh*, September 1970, p. 9

48. *Sat Sandesh*, May 1969, p. 3
49. *Sat Sandesh*, September 1970, p. 15
50. *Sat Sandesh*, February 1972, p. 9
51. *Spiritual Elixir*, p. 208
52. *Spiritual Elixir*, p. 217
53. *Simran*, pp. 3-4
54. *Sat Sandesh*, September 1970, p. 9
55. *Sat Sandesh*, November 1971, p. 32
56. *Sat Sandesh*, September 1970, p. 19
57. *Spiritual Elixir*, p. 235
58. *Sat Sandesh*, December 1973, p. 10
59. *Spiritual Elixir*, pp. 218 - 219
60. *Sat Sandesh*, July 1971, pp. 5-6
61. *Sat Sandesh*, July 1971, p. 5
62. *Crown of Life*, pp. 144-145
63. *Spiritual Elixir*, pp. 15 - 16
64. *Simran*, p. 10
65. *Excerpts from Letters to New York Satsangis*, p. 57
66. *Sat Sandesh*, July 1971, p. 28
67. *Sat Sandesh*, August 1970, p. 23/Circular 17, p. 4
68. Initiation Circular
69. *Naam or Word*, p. 275
70. *Naam or Word*, p. 278
71. *Naam or Word*, p. 279
72. *Excerpts from Letters to New York Satsangis*, p. 81
73. *Sat Sandesh*, February 1972, p. 11
74. *Sat Sandesh*, December 1969, p. 30
75. *Spiritual Elixir*, p. 52
76. *Sat Sandesh*, July 1971, pp. 30 - 31
77. St. Petersburg Darshan, December 4, 1972
78. *Excerpts from Letters to New York Satsangis*, p. 83
79. *Sat Sandesh*, December 1970, p. 13
80. *Morning Talks*, p. 187
81. *Sat Sandesh*, September 1970, back cover

82. *Sat Sandesh*, April 1972, p. 5
83. *Spiritual Elixir*, p. 109
84. *Sat Sandesh*, July 1970, pp. 19 - 20; Circular 22, pp. 2 - 3
85. *Sat Sandesh*, February 1971, p. 3
86. *Sat Sandesh*, February 1971, p. 4
87. Anaheim Farewell Talk, November 1972
88. *Sat Sandesh*, July 1968, p. 11
89. *Sat Sandesh*, October 1971, p. 5
90. *Sat Sandesh*, December 1970, p. 11
91. *Sat Sandesh*, June 1972, p. 9
92. *Spiritual Elixir*, p. 87
93. *Sat Sandesh*, October 1971, p. 5
94. *Sat Sandesh*, October 1970, p. 2
95. *Sat Sandesh*, December 1971, p. 22
96. *Sat Sandesh*, October 1971, p. 4
97. *Spiritual Elixir*, p. 74
98. *Sat Sandesh*, December 1971, p. 14
99. *Sat Sandesh*, July 1970, p. 20/Circular 22, p. 3
100. Letter to an Initiate
101. Santa Clara afternoon talk, November 17, 1972
102. Circular 66, p. 2
103. *Sat Sandesh*, April 1970, p. 25
103a. *Sat Sandesh*, November 1973, p. 14
104. *Sat Sandesh*, October 1971, p. 22
105. *Prayer*, p. 1
106. *Spiritual Elixir*, p. 219
107. *Prayer*, p. 14
108. *Spiritual Elixir*, p. 246
109. *Prayer*, p. 66
110. *Sat Sandesh*, September 1972, pp. 18-19
111. *Prayer*, p. 58
112. *Prayer*, pp. 58-59
113. *Spiritual Elixir*, pp. 125-126

114. *Prayer*, p. 43
115. *Spiritual Elixir*, p. 247
116. *Spiritual Elixir*, p. 248
117. *Sat Sandesh*, March 1970, p. 25/Circular 3, p. 4
118. *Sat Sandesh*, October 1971, p. 22
119. *Selections of Letters From Master*, p. 2
120. *Sat Sandesh*, February 1971, p. 4
121. *Sat Sandesh*, March 1970, p. 12
122. *Sat Sandesh*, November 1970, p. 8
123. *Sat Sandesh*, April 1972, p. 9
124. *Spiritual Elixir*, p. 111
125. *Excerpts from Letters to New York Satsangis*, p. 78
126. *Sat Sandesh*, April 1971, p. 14
127. *Sat Sandesh*, November 1970, p. 19; The Way of Love (circular), p. 2
128. *Sat Sandesh*, September 1971, p. 23
129. *Sat Sandesh*, March 1969, p. 10
130. Cincinnati Talk, Vernon Manor, November 4, 1972
131. *Sat Sandesh*, April 1972, p. 6
132. *Excerpts from Letters to New York Satsangis*, p. 42
133. *Jap Ji*, p. 93
134. *Morning Talks*, p. 151
135. *Sat Sandesh*, December 1970, p. 9
136. Message on Baba Sawan Singh Ji's Birthday, July
137. *Sat Sandesh*, February 1971, p. 6
138. *Sat Sandesh*, October 1971, p. 8
139. *Morning Talks*, p. 59, '70 ed. ; p. 77, '72 ed.
140. *Morning Talks*, p. 130, '70 ed.; p. 166, '72 ed.
140a. *Morning Talks*, pp. 131 - 132
141. *Morning Talks*, p. 61, '70 ed.; p. 79, '72 ed.
142. *Sat Sandesh*, October 1971, p. 6
143. *Sat Sandesh*, March 1970, p. 12
144. *Sat Sandesh*, December 1971, p. 31
145. *Sat Sandesh*, August 1970, p. 20/Circular 17, p. 2

146. *Sat Sandesh*, September 1972, p. 20
147. *Sat Sandesh*, July 1971, pp. 29-30
148. *Sat Sandesh*, Februar 1971, p. 5
149. *Sat Sandesh*, September 1972, p. 24
150. *Sat Sandesh*, February 1971, p. 12
151. *Sat Sandesh*, February 1971, p. 31
152. *Sat Sandesh*, September 1972, p. 22
153. *Sat Sandesh*, October 1971, p. 6
154. *Spiritual Elixir*, p. 306
155. *Spiritual Elixir*, pp. 302 - 303
156. *Spiritual Elixir*, p. 93
157. *Sat Sandesh*, April 1969, p. 9
158. *Sat Sandesh*, December 1970, p. 8
159. *Excerpts from Letters to New York Satsangis*, p. 75
160. *Sat Sandesh*, March 1970, p. 6
161. *Spiritual Elixir*, pp. 88 - 89
162. *Man Know Thyself*, pp. 15 - 17, ed. '88
163. *Sat Sandesh*, March 1970, p. 24/Circular 3, p. 3
164. *Spiritual Elixir*, p. 42
165. *Sat Sandesh*, February 1970, p. 7
166. *Sat Sandesh*, July 1971, p. 28
167. *Sat Sandesh*, February 1970, p. 9
168. *Spiritual Elixir*, p. 75
169. *Sat Sandesh*, February 1970, p. 7
170. *Sat Sandesh*, January 1970, p. 13
171. *Sat Sandesh*, January 1969, p. 8
172. *Spiritual Elixir*, p. 117
173. *Sat Sandesh*, April 1971, pp. 30 - 31
174. *Sat Sandesh*, December 1972, p. 7
175. *Excerpts from Letters to New York Satsangis*, p. 54
176. *Sat Sandesh*, January 1970, p. 15
177. Fort Lauderdale Talk, December 7, 1972
178. Cincinnati Talk, November 3, 1972

179. St. Petersburg Talk, Sandpiper Hotel, December 4, 1972
180. *Excerpts from Letters to New York Satsangis*, p. 56
181. *Sat Sandesh*, September 1970, p. 11
182. *Sat Sandesh*, February 1971, p. 11
183. *Excerpts from Letters to New York Satsangis*, p. 27
184. *Sat Sandesh*, June 1971, p. 32
185. *Sat Sandesh*, December 1970, p. 9
186. *Spiritual Elixir*, p. 139
187. *Sat Sandesh*, October 1971, p. 9
188. *Sat Sandesh*, April 1968, p. 12
189. *Sat Sandesh*, October 1971, p. 23
190. *Spiritual Elixir*, p. 10
191. *Sat Sandesh*, December 1970, p. 10
192. Fort Lauderdale Talk, December 8, 1972
193. Cincinnati Talk, November 3, 1972
194. *Sat Sandesh*, March 1970, p. 15
195. *Sat Sandesh*, February 1972, p. 8
196. *Morning Talks*, p. 248
197. Letter to an Initiate
198. *Spiritual Elixir*, p. 301
199. *Jap Ji*, p. 90, Stanza IV, '64 ed.; p. 118, '72 ed.

Book II:
Self-Introspection - Meditation

The references to the books of Kirpal Singh can be found in the following editions:

The Jap Ji - second edition (1964)
The Crown of Life - third edition (1970)
Spiritual Elixir - second (one-volume) edition (1988)
Morning Talks - fifth edition (1988)
The Wheel of Life - second edition (1986)
Prayer - third edition (1970)
Baba Jaimal Singh - fourth edition (1987)
The Mystery of Death - fourth edition (1986)
Godman - second edition (1971)
Seven Paths to Perfection
Naam or Word - fourth edition (1981)

Chapter 1: SELF-INTROSPECTION

1. *Sat Sandesh*, February 1971, p. 4
2. *Sat Sandesh*, October 1971, p. 4
3. *Sat Sandesh*, September 1971, p. 23
4. *Spiritual Elixir*, p. 119
5. *Spiritual Elixir*, p. 97
6. *Sat Sandesh*, October 1971, p. 18
7. *Morning Talks*, p. 118
8. *Morning Talks*, p. 122
9. Circular 66
10. Letter to an Initiate
11. *Excerpts from Letters to New York Satsangis*, p. 84

12. *Sat Sandesh*, March 1971, p. 14
13. *Sat Sandesh*, September 1971, p. 6
14. *The Way of Love* (Circular)
15. *Sat Sandesh*, April 1971, p. 29
16. Circular 17
17. *Sat Sandesh*, June 1970, p. 30
18. *Wheel of Life*, p. 50
19. *Excerpts from Letters to New York Satsangis*, p. 83
20. *Sat Sandesh*, April 1970, p. 25
21. *Sat Sandesh*, April 1971, p. 30
22. *Sat Sandesh*, March 1971, p. 30
23. *Sat Sandesh*, March 1972, pp. 3-4
24. *Morning Talks*, p. 154
25. *Sat Sandesh*, March 1972, p. 8
26. Circular 17, p. 4
27. *Sat Sandesh*, January 1968, p. 7
28. *Morning Talks*, p. 119
29. *Morning Talks*, p. 156
30. *Morning Talks*, p. 153
31. *Morning Talks*, p. 46
32. *Morning Talks*, p. 121
33. *Receptivity*, p. 10
34. *Excerpts from Letters to New York Satsangis*, p. 69
35. *Receptivity*, p. 9
36. *Sat Sandesh*, June 1971, p. 5
37. *Morning Talks*, p. 65
38. *Morning Talks*, p. 68
39. *Morning Talks*, p. 64
40. Circular 27, p. 10
41. *Excerpts from Letters to New York Satsangis*, p. 69
42. *Sat Sandesh*, March 1972, p. 31
43. *Excerpts from Letters to New York Satsangis*, p. 69
44. *Prayer*, p. 48
45. *Excerpts from Letters to NewYork Satsangis*, p. 78

46. *Sat Sandesh*, February 1971, p. 5
47. *Excerpts from Letters to New York Satsangis*, p. 53
48. Circular 22, p. 3
49. *Spiritual Elixir*, p. 102
50. *Excerpts from Letters to New York Satsangis*, p. 53
51. *Sat Sandesh*, February 1970, p. 28
52. *Wheel of Life*, p. 48
53. *Crown of Life*, p. 153
54. *Sat Sandesh*, October 1971, p. 7
55. Circular 17, p. 12
57. *Sat Sandesh*, September 1971, p. 24
58. Circular 29
59. *Spiritual Elixir*, p. 300
60. Letter to an Initiate
61. *Morning Talks*, p. 114
62. *Prayer*, pp. 17-18
63. *Spiritual Elixir*, p. 232
64. *Prayer*, p. 48
65. *Sat Sandesh*, July 1971, p. 3
66. *Excerpts from Letters to New York Satsangis*, p. 75
67. *Spiritual Elixir*, p. 249
68. *Prayer*, p. 81
69. *Prayer*, pp. 23-25
70. *Receptivity*, p. 16
71. *Excerpts from Letters to New York Satsangis*, p. 43
72. *Sat Sandesh*, September 1971, p. 22
73. Letter to an Initiate
74. *Sat Sandesh*, February 1971, p. 12
75. Circular 66
76. *Excerpts from Letters to New York Satsangis*, p. 42
77. *Receptivity*, p. 18
78. Circular 66
79. *Seven Paths to Perfection*, p. 19
80. *Seven Paths to Perfection*, p. 5

81. *Sat Sandesh*, December 1971, p. 10
82. *Seven Paths to Perfection*, p. 6
83. *Morning Talks*, p. 213
84. *Morning Talks*, p. 15
85. *Morning Talks*, p. 16
86. *Morning Talks*, p. 14
87. *Spiritual Elixir*, p. 128
88. *Sat Sandesh*, December 1971, pp. 31-32
89. *Excerpts from Letters to New York Satsangis*, pp. 74-75
90. *Morning Talks*, p. 16
91. *Morning Talks*, p. 124
92. *Morning Talks*, p. 126
93. *Sat Sandesh*, July 1971, p. 6
94. *Spiritual Elixir*, p. 9
95. *Sat Sandesh*, April 1971, p. 28
96. *Spiritual Elixir*, pp. 92-93
97. *Sat Sandesh*, February 1970, p. 28
98. *Spiritual Elixir*, p. 94
99. *Morning Talks*, p. 212
100. *Seven Paths to Perfection*, p. 6
101. *Excerpts from Letters to New York Satsangis*, pp. 79-80
102. *Sat Sandesh*, February 1970, p. 26
103. *Seven Paths to Perfection*, p. 5
104. *Sat Sandesh*, December 1971, p. 6
105. *Sat Sandesh*, January 1968, p. 27
106. *Wheel of Life*, p. 47
107. *Sat Sandesh*, November 1971, p. 10
108. *Wheel of Life*, p. 47
109. *Sat Sandesh*, December 1971, pp. 5-6
110. *Sat Sandesh*, December 1971, p. 29
111. *Seven Paths to Perfection*, p. 8
112. Circular 2

113. *Sat Sandesh*, April 1968, p. 5
114. *Seven Paths to Perfection*, p. 9
115. Circular 2
116. *Excerpts from Letters to New York Satsangis*, p. 53
117. *Excerpts from Letters to New York Satsangis*, p. 21
118. *Sat Sandesh*, June 1971, p. 4
119. *Morning Talks*, pp. 63-64
120. *Morning Talks*, p. 192
121. *Excerpts from Letters to New York Satsangis*, p. 19
122. *Seven Paths to Perfection*, pp. 12-13
123. *The Crown of Life*, p. 153
124. *The Crown of Life*, p. 138
125. *Seven Paths to Perfection*, p. 10
126. *Excerpts from Letters to New York Satsangis*, p. 19
127. *Excerpts from Letters to New York Satsangis*, p. 53
128. *Sat Sandesh*, July 1971, p. 27
129. *Sat Sandesh*, April 1968, p. 10
130. Letter to an Initiate
131. *Excerpts from Letters to New York Satsangis*, p. 61
132. *Excerpts from Letters to New York Satsangis*, p. 60
133. *Excerpts from Letters to New York Satsangis*, pp. 60-61
134. *Morning Talks*, p. 101
135. *Sat Sandesh*, April 1968, p. 10
136. *Spiritual Elixir*, p. 78
137. *Excerpts from Letters to New York Satsangis*, p. 59
138. *Sat Sandesh*, April 1968, pp. 11-12
139. *Sat Sandesh*, January 1968, p. 7
140. *Sat Sandesh*, January 1968, p. 13
141. *Sat Sandesh*, January 1968, p. 12
142. *Sat Sandesh*, January 1968, p. 28
143. *Sat Sandesh*, April 1968, p. 3
144. *Sat Sandesh*, January 1968, p. 12
145. *Sat Sandesh*, January 1968, p. 8

146. *Sat Sandesh*, January 1968, p. 9
147. *Sat Sandesh*, April 1968, p. 11
148. *Sat Sandesh*, January 1968, p. 11
149. *Sat Sandesh*, January 1968, p. 11
150. *Sat Sandesh*, January 1968, p. 10
151. *Sat Sandesh*, January 1968, p. 12
152. *Sat Sandesh*, August 1970, p. 26
153. *Spiritual Elixir*, p. 109
154. *Wheel of Life*, pp. 46-47
155. *Sat Sandesh*, February 1970, p. 25
156. *Sat Sandesh*, February 1970, p. 11
157. *Sat Sandesh*, April 1971, p. 30
158. *Seven Paths to Perfection*, p. 17
159. *Morning Talks*, p. 190
160. *Morning Talks*, p. 191
161. *Morning Talks*, p. 103
162. *Morning Talks*, p. 194
163. *Morning Talks*, p. 228
164. *Morning Talks*, p. 227
165. *Morning Talks*, p. 227
166. Letter to an Initiate
167. *Spirital Elixir*, p. 109
168. *Spirital Elixir*, pp. 115-116
169. *Spiritual Elixir*, p. 110
170. *Spiritual Elixir*, p. 111
171. *Sat Sandesh*, February 1970, p. 32
172. Circular 2
173. *Spiritual Elixir*, p. 107
174. *Morning Talks*, p. 22
175. *Sat Sandesh*, February 1970, p. 9
176. *Morning Talks*, p. 20
177. *Sat Sandesh*, April 1971, p. 27
178. *Morning Talks*, p. 21
179. *Excerpts from Letters to New York Satsangis*, p. 70

180. Circular 3
181. *Excerpts from Letters to New York Satsangis*, p. 70
182. *Excerpts from Letters to New York Satsangis*, p. 14
183. *Spiritual Elixir*, p. 48
184. *Seven Paths to Perfection*, p. 19
185. Circular 3
186. *Sat Sandesh*, August 1970, p. 25
187. From a tape recorded by Bob Redeen, Sept. 1970
188. *Sat Sandesh*, August 1970, p. 25
189. *Excerpts from Letters to New York Satsangis*, p. 73
190. *Excerpts from Letters to New York Satsangis*, p. 73
191. Circular 2
192. *Spiritual Elixir*, p. 106
193. *Excerpts from Letters to New York Satsangis*, p. 74
194. *Spiritual Elixir*, pp. 95-96
195. Circular 29
196. *Wheel of Life*, p. 46
197. *Spiritual Elixir*, p. 112
198. Letter to an Initiate
199. *Sat Sandesh*, December 1970, p. 11
200. *Morning Talks*, p. 2
201. *Seven Paths to Perfection*, p. 23
202. *Sat Sandesh*, July 1971, p. 8
203. *Sat Sandesh*, July 1971, p. 9
204. *Sat Sandesh*, July 1971, p. 9
205. *Wheel of Life*, p. 46
206. *Sat Sandesh*, June 1970, p. 32
207. *Sat Sandesh*, February 1972, p. 18
208. *Morning Talks*, p. 2
209. *Christmas Circular, December 1967*
210. *Morning Talks*, p. 11
211. *Morning Talks*, pp. 138-139
212. *Seven Paths to Perfection*, p. 24
213. *Spiritual Elixir*, p. 290

214. *Morning Talks*, p. 211
215. *Wheel of Life*, p. 49
216. *Morning Talks*, p. 11
217. *Seven Paths to Perfection*, pp. 26-27
218. *Sat Sandesh*, February 1972, p. 5
219. *Morning Talks*, p. 187
220. *Jap Ji*, p. 82
221. *Sat Sandesh*, March 1972, p. 8
222. *Morning Talks*, p. 171
223. *Morning Talks*, p. 169
224. *Morning Talks*, p. 169
225. *Morning Talks*, p. 52
226. *Jap Ji*, pp. 48-50
227. *Jap Ji*, p. 51
228. *Jap Ji*, p. 51
229. *Jap Ji*, p. 53
230. *Jap Ji*, p. 54

Chapter 2: MEDITATION

1. *Sat Sandesh*, October 1971, p. 7
2. *Spiritual Elixir*, pp. 188-190
3. *Simran*, p. 18
4. *Spiritual Elixir*, p. 210
5. *Sat Sandesh*, April 1971, p. 32
6. *Sat Sandesh*, June 1971, p. 5
7. *Sat Sandesh*, June 1971, p. 2
8. *Sat Sandesh*, June 1971, p. 8
9. *Sat Sandesh*, June 1971, p. 8
10. *Sat Sandesh*, March 1971, p. 6
11. *Sat Sandesh*, September 1971, p. 23
12. *Sat Sandesh*, May 1971, p. 7
13. *Sat Sandesh*, June 1971, pp. 7-8

14. *Spiritual Elixir*, p. 140
15. *Sat Sandesh*, January 1972, p. 11
16. *Sat Sandesh*, March 1971, pp. 28-29
17. *Sat Sandesh*, March 1970, p. 7
18. *Sat Sandesh*, March 1970, p. 11
19. Letter to an Initiate
20. *Sat Sandesh*, September 1971, p. 19
21. Letter to an Initiate
22. *Sat Sandesh*, October 1971, p. 2
23. *Sat Sandesh*, September 1971, p. 15
24. *Spiritual Elixir*, p. 261
25. *Spiritual Elixir*, p. 231
26. *Spiritual Elixir*, p. 204
27. *Sat Sandesh*, June 1971, p. 6
28. *Baba Jaimal Singh*, p. 101
29. *Naam or Word*, pp. 148-149
30. *Naam or Word*, pp. 142-143
31. *Jap Ji*, pp. 30-31
32. *Jap Ji*, pp. 31-32
33. *The Crown of Life*, pp. 144-146
34. *Spiritual Elixir*, pp. 169-170
35. *Sat Sandesh*, June 1971, p. 4
36. *Sat Sandesh*, February 1972, p. 32
37. *Sat Sandesh*, September 1970, p. 8
38. *Sat Sandesh*, April 1970, p. 23
39. *Excerpts from Letters to New York Satsangis*, p. 54
40. *Spiritual Elixir*, pp. 75-76
41. *Spiritual Elixir*, p. 260
42. *Sat Sandesh*, June 1971, p. 2
43. *Sat Sandesh*, July 1971, p. 31
44. *Spiritual Elixir*, pp. 154-155
45. *Jap Ji*, pp. 33-34
46. *Spiritual Elixir*, p. 260
47. *Spiritual Elixir*, p. 44

48. *Sat Sandesh*, August 1970, p. 26
49. *Excerpts from Letters to New York Satsangis*, p. 50
50. *Sat Sandesh*, February 1972, p. 11
51. *Sat Sandesh*, January 1972, p. 11
52. *Spiritual Elixir*, pp. 132-133
53. *Spiritual Elixir*, p. 147
54. *Spiritual Elixir*, p. 151
55. *Spiritual Elixir*, p. 265
56. Letter to an Initiate
57. *Sat Sandesh*, June 1970, p. 11
58. *Jap Ji*, p. 36
59. *Naam or Word*, pp. 152-153
60. *Jap Ji*, p. 95
61. *Jap Ji*, p, 96
62. *Jap Ji*, p. 96
63. *Jap Ji*, p. 96
64. *Jap Ji*, p. 96
65. *Spiritual Elixir*, p. 181
66. *Excerpts from Letters to New York Satsangis*, p. 44
67. *Spiritual Elixir*, p. 283
68. *Excerpts from Letters to New York Satsangis*, p. 57
69. *Excerpts from Letters to New York Satsangis*, p. 41
70. *Excerpts from Letters to New York Satsangis*, p. 25
71. *Excerpts from Letters to New York Satsangis*, p. 26
72. *Excerpts from Letters to New York Satsangis*, p. 27
73. *Spiritual Elixir*, p. 187
74. *Spiritual Elixir*, p. 172
75. Letter to an Initiate
76. Letter to an Initiate
77. *Spiritual Elixir*, pp. 156-157
78. Circular 4, p. 4
79. *Spiritual Elixir*, p. 144
80. *Sat Sandesh*, November 1971, p. 31
81. *Meditation and Spiritual Progress* (Circular)

82. *Excerpts from Letters to New York Satsangis*, p. 57
83. *Receptivity*, p. 8
84. *Spiritual Elixir*, p. 174
85. *Spiritual Elixir*, p. 162
86. *Baba Jaimal Singh*, p. 101
87. *Excerpts from Letters to New York Satsangis*, p. 23
88. *Spiritual Elixir*, p. 158
89. *Spiritual Elixir*, p. 152
90. *The Way of Love* (Circular)
91. *Spiritual Elixir*, p. 276
92. *Spiritual Elixir*, p. 188
93. *Sat Sandesh*, October 1970, p. 12
94. *Sat Sandesh*, June 1971, pp. 3-4
95. *Baba Jaimal Singh*, p. 122
96. *Sat Sandesh*, June 1971, p. 32
97. *Excerpts from Letters to New York Satsangis*, p.72
98. *Sat Sandesh*, April 1971, p. 26
99. *Spiritual Elixir*, p. 142
100. *Sat Sandesh*, January 1972, p. 11
101. *Spiritual Elixir*, p. 183
102. *Spiritual Elixir*, p. 182
103. *Excerpts from Letters to New York Satsangis*, p. 45
104. *Sat Sandesh*, November 1970, p. 3
105. *Spiritual Elixir*, p. 140
106. *Spiritual Elixir*, pp. 226-227
107. *Spiritual Elixir*, p. 209
108. *Spiritual Elixir*, pp. 62-63
109. *Spiritual Elixir*, pp. 17-18
110. *Sat Sandesh*, September 1970, p. 14
111. *Baba Jaimal Singh*, p. 105
112. *Excerpts from Letters to New York Satsangis*, p. 49
113. Letter to an Initiate
114. Letter to an Initiate
115. *Spiritual Elixir*, p. 137

116. *Spiritual Elixir*, p. 223
117. *Spiritual Elixir*, p. 130
118. Letter to an Initiate
119. Circular 29, p. 9
120. *Meditation and Spiritual Progress* (Circular)
121. *Morning Talks*, p. 114
122. *Simran*, p. 16
123. *Excerpts from Letters to New York Satsangis*, p. 22
124. *Simran*, p. 15
125. *Spiritual Elixir*, pp. 150-151
126. Letter to an Initiate
127. *Spiritual Elixir*, p. 175
128. *Morning Talks*, p. 82
129. *Spiritual Elixir*, pp. 137-138
130. *Morning Talks*, pp. 80-81
131. *Sat Sandesh*, January 1972, p. 5
132. *Christmas Message,* December 9, 1969
133. *Baba Jaimal Singh*, p. 103
134. *Godman*, pp. 104, 105, 107, 108, 112
135. *Spiritual Elixir*, p. 83
136. *Spiritual Elixir*, p. 156
137. *Baba Jaimal Singh*, p. 103
138. *Sat Sandesh*, May 1970, p. 13
139. *Spiritual Elixir*, p. 207
140. *Spiritual Elixir*, p. 138
141. *Spiritual Elixir*, p. 13
142. *Spiritual Elixir*, p. 78
143. *Spiritual Elixir*, p. 13
144. *Excerpts from Letters to New York Satsangis*, p. 63
145. *Simran*, p. 8
146. *Spiritual Elixir*, pp. 129-130
147. *Sat Sandesh*, November 1971, p. 19
148. *Sat Sandesh*, September 1971, p. 22
149. *Sat Sandesh*, September 1971, p. 20

150. *Spiritual Elixir*, pp. 253-254
151. *Spiritual Elixir*, p. 158
152. *Spiritual Elixir*, p. 87
153. *Spiritual Elixir*, pp. 261-262
154. *Spiritual Elixir*, pp. 192-193
155. *Meditation and Spiritual Progress* (Circular)
156. *Spiritual Elixir*, pp. 194-196
157. *Meditation and Spiritual Progress* (Circular)
158. *Meditation and Spiritual Progress* (Circular)
159. *Spiritual Elixir*, pp. 173-174
160. *Spiritual Elixir*, p. 174
161. *Spiritual Elixir*, p. 175
162. *Spiritual Elixir*, p. 165
163. *Mystery of Death*, p. 130
164. Letter to an Initiate
165. *Excerpts from Letters to New York Satsangis*, p. 23
166. *Spiritual Elixir*, p. 164
167. *Meditation and Spiritual Progress* (Circular), p. 3
168. *Spiritual Elixir*, p. 190
169. *Spiritual Elixir*, p. 146
170. *Excerpts from Letters to New York Satsangis*, pp. 50-51
171. *Spiritual Elixir*, p. 68
172. Letter to an Initiate
173. *Sat Sandesh*, April 1971, p. 30
174. *Sat Sandesh*, March 1971, p. 29
175. *Spiritual Elixir*, p. 75
176. *Spiritual Elixir*, p. 68
177. *Sat Sandesh*, September 1971, p. 14
178. *Sat Sandesh*, April 1971, p. 6
179. *Spiritual Elixir*, pp. 68-69
180. Letter to an Initiate
181. *Spiritual Elixir*, pp. 43-44
182. *Spiritual Elixir*, p. 80

183. *Spiritual Elixir*, p. 81
184. *Spiritual Elixir*, p. 81
185. *Spiritual Elixir*, p. 82
186. *Excerpts from Letters to New York Satsangis*, p. 44
187. *Spiritual Elixir*, p. 255
188. *Excerpts from Letters to New York Satsangis*, p. 44
189. *Sat Sandesh*, March 1971, p. 9
190. *Morning Talks*, p. 165
191. *Excerpts from Letters to New York Satsangis*, p. 56
192. *Excerpts from Letters to New York Satsangis*, p. 21
193. *Spiritual Elixir*, p. 252
194. *Sat Sandesh*, February 1971, p. 31
195. *Sat Sandesh*, March 1970, p. 14
196. *Spiritual Elixir*, p. 21
197. Circular 27, pp. 14-15
198. *Prayer*, p. 62
199. Circular 27, p. 10
200. *Sat Sandesh*, February 1971, p. 31
201. Circular 27, p. 5
202. Circular 27, p. 14
203. *Sat Sandesh*, January 1970, p. 12
204. Circular 27, p. 10
205. Letter to an Initiate
206. Circular 27, pp. 6-7
207. *Excerpts from Letters to New York Satsangis*, p. 45
208. *Sat Sandesh*, September 1971, p. 15
209. *Spiritual Elixir*, p. 73
210. Circular 27, p. 16
211. *Sat Sandesh*, September 1971, p. 19
212. *Sat Sandesh*, September 1971, p. 20
213. *Sat Sandesh*, September 1972, p. 19
214. *Sat Sandesh*, September 1971, p. 16
215. *Sat Sandesh*, September 1971, p. 21
216. *Sat Sandesh*, September 1971, p. 18

217. *Excerpts from Letters to New York Satsangis*, p. 44
218. *Sat Sandesh*, September 1971, p. 25
219. Letter to an Initiate
220. *Sat Sandesh*, December 1973, p. 10
221. Circular 27, p. 7
222. *Spiritual Elixir*, pp. 74-75
223. *Excerpts from Letters to New York Satsangis*, p. 72

Glossar

Emerson, Ralph Waldo: amerikanischer Philosoph und Dichter (1803-1882)

Gemüt: Der deutschen Sprache fehlt ein treffendes Wort, um jenen Begriff auszudrücken, welcher das eigentliche denkende «Ich» des Menschen bezeichnet. Im Englischen wird dafür das Wort «mind» verwendet. Neben dem «Gemüt» beinhaltet das Wort zugleich die Gedanken- und Gefühlswelt, das Vorstellungsvermögen, die Absichten und Wünsche eines Menschen.

Gurbani: Heilige Schrift der Sikh-Religion.

Guru: wörtl. Zerstreuer der Dunkelheit oder Lichtträger; Lehrer oder Führer; in der indischen Heiligen-Terminologie, der ältesten der Welt, ein Meister der höchsten Vollendung.

Gurmukh: Der Schüler, der seinem Meister ganz vertraut, von Liebe zu ihm erfüllt ist und seine Anweisungen genau befolgt.

Guru Nanak (1469-1539): Meister höchster Ordnung; erster der zehn Meister der Religionsgemeinschaft der Sikhs, als deren «Gründer» er bezeichnet wird.

Initiation: wörtl. Einweihung; Einführung in etwas Verborgenes; hier: Einführung durch den lebenden Meister in die Meditation auf Licht und Ton, die höchsten im Inneren wahrnehmbaren Offenbarungsformen der göttlichen Schöpferkraft.

Jap Ji: Prolog des Guru Nanak im «Guru Granth Sahib», der heiligen Schrift der Sikh-Religion.

Karma: wörtl. Handeln, Tun; das Gesetz von Ursache und Wirkung, demzufolge alles, was von uns ausgeht, wieder auf uns zurückkommt.

Lord Krishna: Hindu-Gottheit; Autor der berühmten «Bhagavad Gita».

Maulana Rumi (1207-1273): persischer Heiliger.

Naam: der innere Tonstrom; identisch mit Shabd, dem WORT, LOGOS, kalma (Koran), nad (Veden); die himmlische Musik der Sphären.

Nanak: wörtl. der Geringe; siehe Guru Nanak.

Sach Khand: fünfte spirituelle Region; Bereich der Wahrheit.

Sadhu: Heiliger.

Sant: Heiliger.

Sant Satguru oder *Satguru*: kompetenter Meister der höchsten Ordnung, der den Auftrag hat, Wahrheitssucher auf den Weg zurück zu Gott zu stellen.

Satsang: wörtl. Gemeinschaft mit der Wahrheit; Zusammensein mit einem vollendeten Meister; auch spirituelles Treffen der Schüler eines Meisters.

Shabd: siehe «Naam»

Sikhs: wörtl. Schüler, Jünger. Die Anhänger Guru Nanaks und seiner neun Nachfolger werden Sikhs genannt.

Surat Shabd Yoga: wörtl. surat, d.h. Aufmerksamkeit und shabd, d.h. der innere Tonstrom; praktische Anleitung zur Verbindung des individuellen Bewußtseins mit dem göttlichen Bewußtsein durch die Konzentration auf Licht und Ton im Inneren.

Weitere Werke von Kirpal Singh

DIE LEHREN KIRPAL SINGHS
Eine Auswahl aus Schriften von Sant Kirpal Singh
über alle wichtigen Gesichtspunkte
des spirituellen Weges

Band 1 & 2: Der heilige Pfad & Meditation
307 S.

Band 3: Das neue Leben
196 S.

DAS RAD DES LEBENS (KARMA)
Über Karma
oder
das Gesetz von Ursache und Wirkung
100 S.

DAS MYSTERIUM DES TODES
Das Rätsel des Todes
und ewiges Leben
144 S.

MORGENGESPRÄCHE
Gespräche von Herz zu Herz
über das Wesen der Liebe
236 S.

Edition Naam, Wiesenweg 12, D-90556 Cadolzburg
Tel. (091 03) 406; Fax (091 03) 56 08